Next 教科書シリーズ

道徳教育の理論と方法

羽田 積男・関川 悦雄 編

弘文堂

はじめに

　本書は、大学における教職課程で学ぼうとする学生を主たる対象として編まれている。教育職員免許法において規定されている「教育課程及び指導法に関する科目」における「道徳の指導法」に対応して構成されており、道徳教育の理論と方法とに関する内容が盛り込まれ、それが書名となっている。

　ところで、わが国の学校における道徳教育は、1872（明治5）年の「学制」に遡ることができるが、それからおよそ150年にもなろうとしている。

　江戸時代の手習塾や寺子屋では、道徳は教科のような枠組みでは教えられることはなかった。この時代は、孔子の学すなわち儒学が重んじられており、儒学はその内容に道徳的な内容を多く含んでいたからである。

　儒学の教えは、「修身斉家治国平天下」というその原理を示す文言から「修身」の2文字を取り、学制期以降に教科としてわが国の草創期の学校教育の中に位置づけられた。しかし学制期の学校教育は困難なものであり、修身が学校教育の重要な地位を占めるのは、1890（明治23）年の「小学校令」公布以降のことであった。

　第二次世界大戦後の教育改革の中では、「修身」は廃されて、学校における道徳の授業が復活したのは、1958（昭和33）年のことであった。この年から、「道徳」は教育課程の中に特設された1時間で教えられてきた。現在にいたっては、中学校では2019（平成31）年度からは「特別の教科」として教えられることが決まっている。

　こうして見ると、道徳教育のあり方は時代によって変わってきたといえよう。洋の東西を訪ねれば、道徳教育を学校の中に組み込む国々があり、宗教教育の中で行う国々があり、また社会主義思想や政治イデオロギーと合わせて行う国々も存在する。

　新しい教育基本法は、2006（平成18）年に成立し既に定着しているが、その教育の目標に関する第2条1号には、「豊かな情操と道徳心を培う」とある。国の教育政策はなお変わり続けているが、国の財政に問題があり公教育への支出もOECD諸国中でも最下位レベルとあって心許ない。経済的

な格差や社会的な格差が指摘され、教育の現場にもその格差は深く影を落としているように見える。

　本書では、こうした時代背景の中で学校教育に取り組み、新しい時代を切り拓いていこうと教員を志望する学生の育成を念頭においている。

　教職は現代においては専門職の1つに数えられるようになった。専門職としての教員には学び続ける志と自律性が高く求められよう。本書を通して、学生のさらなる成長と自律への志向を大いに支援したいと願っている。

　2016年7月

編者　羽田積男・関川悦雄

目　次　■　Next 教科書シリーズ『道徳教育の理論と方法』

はじめに…iii

序章　道徳とは何か…1

1　人間の生き方とその教育…2
A. 人間の発達と教育…2
B. 自らの生き方を決める人間…3
C. 戦後日本の道徳教育論より…4
［コラム］五戒と十戒――宗教的伝統の違いを超えて…7

2　現代社会と道徳…8
A. 道徳をどう捉えるか――クイズから考える…8
B.「道徳」の語義とクイズの解答例…9
C. いたるところにある道徳問題――クイズの再検討…10
D. 中高生への調査からいじめ問題を考える…11

3　道徳の語源と意味…14
A. 善く生きることとしての道徳…14
B. 道徳は教えられるか…14
C. エロス的人間観…16

4　道徳教育の可能性…16
A.『蜘蛛の糸』を例にとって…16
B. 徳目主義とその問題点…19
C. 道徳問題における行為決定のしくみ…21
D. 徳目主義克服のための道徳教育…23

●知識を確認しよう…26

第1章　わが国の道徳教育の歴史…27

1　戦前の修身の歴史…28
A. 近代化（西洋文化移入重視）路線における道徳教育（学制期）…28
B. 儒教道徳重視への路線転換（教育令以降の時期）…30
C. 教育勅語体制の確立…33
D. 大正自由教育と国家の統合、国民精神の統合…36
E. 戦時期までの国民学校における修身科教育…37
［コラム］戦前の修身の歴史…38

2　戦後道徳教育の歴史…40
A. 戦後道徳教育の改革…40
B. 1958（昭和33）年「道徳の時間」の設置…44

　　　　C. 低迷する「道徳の時間」と教科化…47
　　　●知識を確認しよう…52

第2章　道徳性の発達…53

　1　道徳性とは何か…54
　　　　A. 道徳性の広がり…54
　　　　B. 学校教育における道徳性…54
　　　　C. 道徳性の相対性…57
　　　　［コラム］されて嫌なことは、しない…58

　2　小学校児童の道徳性の発達…59
　　　　A. 文部科学省による道徳性とその発達…59
　　　　B. 学説における道徳性の発達…63

　3　中学校生徒の道徳性の発達…65
　　　　A. 生徒の発達段階に対応した道徳教育の充実…65
　　　　B. 中学生の道徳性の発達に応じた道徳指導…69

　4　高等学校生徒の道徳性の発達…71
　　　　A. 高校生の発達段階における特徴と課題…71
　　　　B. 高校生の道徳性の発達に応じた道徳教育の展開…74
　　　　［コラム］道徳教育の抜本的な改善・充実のための方策…75

　　　●知識を確認しよう…78

第3章　学校における道徳教育…79

　1　道徳教育の目標…80
　　　　A. 学校における道徳教育…80
　　　　B. 学校における道徳教育の目標…81
　　　　C. 道徳教育を進めるに当たっての留意事項…85

　2　道徳教育の内容…87
　　　　A. 道徳教育の内容…87
　　　　B. 道徳教育の内容の位置づけ…89
　　　　［コラム］学校教育における道徳教育の意義及び位置付け…90

　3　道徳教育の全体計画…91
　　　　A. 全体計画作成に際して配慮すべき事項…91
　　　　B. 道徳教育の全体計画…93

　4　道徳科との関係…98
　　　　A. 道徳科設置の経緯…98
　　　　B. 道徳教育と道徳科…99
　　　　C. 道徳教育の内容…100
　　　　D. 道徳教育の指導内容と生徒の日常生活…102

●知識を確認しよう…104

第4章　道徳科の目標と内容…105

1　道徳教育・道徳科と他の教育活動の関連…106

　　A. 道徳科と他教科の関連…107
　　B. 道徳科と特別活動の関連…109

2　道徳科の目標…110

　　A. 目標改訂の要点…110
　　B. 道徳科の目標…113

3　道徳科の内容…118

　　A. わが国学校の性格と道徳教育…118
　　B. 生活と道徳科…119
　　C. 道徳科の内容…120

4　道徳科の内容の取扱い…125

　　A. 関連的、発展的な取扱いの工夫…125
　　B. 各学校における重点的指導の工夫…127
　　［コラム］『小學教師心得』から学ぶ…129

●知識を確認しよう…130

第5章　道徳科の指導計画と実際の指導…131

1　道徳科の年間指導計画…132

　　A. 年間指導計画の意義…132
　　B. 年間指導計画編成に当たって工夫・留意すべき諸点…133
　　C. 年間指導計画の編成例…137

2　道徳科の指導方法…137

　　A. 道徳科の指導方法の課題と改善・充実に向けての報告・答申…137
　　B. 伝統的な道徳の指導方法の問題点——道徳的価値の注入…141
　　C. 道徳科の新しい指導方法——考える・議論する授業へ…142
　　D. 『心のノート』から『私たちの道徳』へ…143

3　道徳科の指導案作成と実践例…144

　　A. 道徳科の指導案の内容…145
　　B. 道徳科の指導案の作成例と実際の指導…147

4　道徳科における評価…149

　　A. 教科化の議論過程における評価のあり方…150
　　B. 指導計画の評価…151
　　C. 道徳科における授業の評価…152
　　［コラム］「考える・議論する道徳」の方法と評価…154

●知識を確認しよう…156

第6章　新しい道徳授業を求めて…157

1　『私たちの道徳』の取扱い…158
　A.『私たちの道徳』の作成趣旨…158
　B.『私たちの道徳』の特徴と活用…160
　C. 道徳の時間（道徳科）における『私たちの道徳』の活用…162

2　「特別の教科」化に伴う道徳授業…170
　A.「特別の教科」化に伴う道徳授業の方向性…170
　B. 従来の道徳授業に対する批判…171
　C. これからの道徳授業について考える…173
　［コラム］モラル・ジレンマ…177

　●知識を確認しよう…182

参考文献…183

資料編…187

おわりに…208

索引…210

編者・執筆者紹介…212

序章 道徳とは何か

本章のポイント

　道徳性の発達や道徳教育が課題となる前提には、「弱い者」として生まれ社会の中で育てられることを不可欠とする人間の条件がある。
　私たちにとって道徳は日常生活のいたるところに関わるものであり、道徳は社会規範に照らして個人の行為の善悪が問われるというだけでなく、私たちがどのような社会のあり方を望ましいと考えるのかということと不可分である。
　ソクラテス以来、「善く生きる」こととしての道徳をめぐり、「道徳は教えられるか」という問いが提出されてきた。現代の学校教育においては、大人があらかじめ決めた結論に子どもを誘導する徳目主義の授業を克服して、自主的な行為決定を可能とする道徳教育の実現が課題となっている。

1 人間の生き方とその教育

A 人間の発達と教育

　18世紀、フランス啓蒙期の思想家ルソー（Rousseau, J-J. 1712-78）は、近代教育思想の古典となる『エミール』（1762）の中で次のように述べている。

　「わたしたちは弱い者として生まれる。わたしたちには力が必要だ。わたしたちはなにももたずに生まれる。わたしたちには助けが必要だ。わたしたちは分別をもたずに生まれる。わたしたちには判断力が必要だ。生まれたときにわたしたちがもってなかったもので、大人になって必要となるものは、すべて教育によってあたえられる」[1]。

　ルソーはこのように「弱い者として生まれる」人間にとっての教育の必要性を主張する。「子どもの発見」の書とも呼ばれる本書において、ルソーは子どもが大人とは異なる存在者であることを強調し、子どもの発達に合わせて行われる教育の理想的なあり方を追求している。5つの編からなる『エミール』が、乳幼児期から成年にいたるまでの段階を追って構成されているように、そこには発達段階への着眼が明確に認められる。

　人間を発達するものとして捉え、子どもの発達に即した理想的な教育を追求することは、近代の教育思想に典型的な考え方である。「植物は栽培によってつくられ、人間は教育によってつくられる」というルソーの言葉や、「人間とは教育されなければならない唯一の被造物である」という哲学者カント（Kant, I. 1724-1804）の言葉（『教育学』1803）は、こうした近代的な教育の思想を象徴的に表現している。

　『エミール』の刊行から200年近くを経る20世紀の半ば、比較動物学者のポルトマン（Portmann, A. 1897-1982）は、人間は「弱い者として生まれる」というルソーの見方と呼応するような知見を発表している。

　ポルトマンは、人間と他の高等哺乳類（クジラやサルなど）との誕生時の状態を比較して、人間の新生児の状態を「生理的早産」として特徴づけた。他の高等哺乳類の場合、その種としての基本的能力を持って生まれるのに対し、人間の場合には、種に特有な直立姿勢をとり、コミュニケーション手段である言語の能力を獲得するのに、生後1年前後かかってしまう。こ

の点に注目してポルトマンは、「人間は生後一歳になって、真の哺乳類が生まれた時に実現している発育状態に、やっとたどりつく」と述べている[2]。

人間の新生児は、他の高等哺乳類の新生児と比較していかにも無力に見える状態で生まれてくる。まさに「わたしたちは弱い者として生まれる」のである。人間の子どもは、生まれ育つ過程で他者からの世話（care ケア）を受け、人間の社会の中で育てられることを不可欠の条件としている。

人間が「生理的早産」といわれる状態で誕生することは、また、人間は生後の経験を通して学習することにより、さまざまな能力を発達させていくのであり、人間はそうした学習の能力と発達の可能性を持って生まれてくる、ということにほかならない。

「教育とは、文化の伝達による人間の発達の過程の中で、その過程に対して目的を持って意識的、継続的に働きかける行為である」（宮澤康人）[3]と定義されるような教育は、そのような人間を育てることに関わる営みである。

人間が、生まれ育つ社会の規範をわがものとして内面化し、自己や他者の行為を判断する道徳性の発達や、それに関わる道徳教育が課題となるのは、以上のような人間の条件を前提としている。

B　自らの生き方を決める人間

ルソーは『エミール』の中で次のようにも語っている。

「社会秩序のもとでは、すべての地位ははっきりと決められ、人はみなその地位のために教育されなければならない。その地位にむくようにつくられた個人は、その地位を離れるともうなんの役にもたたない人間になる。教育はその人の運命が両親の地位と一致しているかぎりにおいてのみ有効なものとなる。［中略］／自然の秩序のもとでは、人間はみな平等であって、その共通の天職は人間であることだ。だから、そのために十分に教育された人は、人間に関係のあることならできないはずはない。わたしの生徒を、将来、軍人にしようと、僧侶にしようと、法律家にしようと、それはわたしにはどうでもいいことだ。両親の身分にふさわしいことをするまえに、人間としての生活をするように自然は命じている。生きること、それがわたしの生徒に教えたいと思っている職業だ」[4]。

ルソーはここで社会秩序と自然の秩序とを鋭く対立させ、自然の秩序に

従う教育に軍配を上げている。読者の皆さんの中には、「当然、社会秩序は大事なのではないか？」という疑問を抱く人がいるかも知れない。だが、ルソーがここで社会秩序という言葉によって問題にしているのは、身分制のことであるという点に注目してみたい。簡単な図式にしてみると、「社会秩序＝身分制⇔自然の秩序＝平等」という対立であり、教育は後者の秩序に従うべきだと考えたのである。

ルソーは、フランス革命 (1789-99) 前夜というべき時代に、旧来の身分制の秩序の崩壊を予感しつつ、人間の平等という新たな原理に立つ教育を構想した。つまり、生まれながら平等である人間が、自分自身で生き方を決めていくことを可能にする教育のあり方を追求したのである。

このように近代という時代には、身分制が否定され、伝統的な宗教の権威も弱まる中で、本来自由であり平等である人間の1人ひとりが、自らの意志で物事を判断し、自分自身の生き方を決めていくこと——すなわち自律して生きること——が可能となるように、子どもを教え育てることが教育の課題とされたのである。

C 戦後日本の道徳教育論より
[1] 道徳教育の再定義への挑戦

日本の場合には、19世紀後半、明治時代に近代国家建設という課題のもとに学校教育が制度化されて以来、学校での道徳教育は、道徳的価値を言葉で表現したものである徳目（「正直」「親切」「愛国心」など）による価値の教え込み (indoctrination インドクトリネーション) を特徴とし、これによる国民の価値観統制と国民統合の機能を担わされてきた面が強い。

1945（昭和20）年の敗戦を経て以降、戦後日本では、こうした伝統的な道徳教育のあり方に対し、個人の道徳的判断の自主性・自律性を中心として道徳教育を捉え直す挑戦が、何人かの教育学者により試みられてきた。ここでは勝田守一 (1908-69) と上田薫 (1920-) の言説に注目したい。

[2] 道徳的判断を成立させる「自主性」——勝田守一

勝田は、論文「公教育における道徳教育の問題」(1958) の中で、学校における道徳教育の基本を「自主的判断の能力を育てる」ことに置く考え方を

提出している。

「道徳は、慣習や規範と確かに無関係ではない。しかし、慣習や世の中に通用する規範が、矛盾するという事態が、社会の変化とともに起ってくる。古い伝統的な価値に新しい価値が対立する。そういう矛盾や対立に面して、人間ははじめて、道徳的な意識を目覚ますのである。つまり、自己の責任において、価値を選択する（判断する）という行動に、私たちは、基本的に道徳の意識を見いだすのである。／これを私たちは、自主的判断と名づけることができる。自主的判断は、自己が自己の責任において、評価した行為の内容を選ぶということである」[5]。

そして彼は「自主的な判断の能力によって、道徳が成立する」という。

勝田によれば、道徳教育は何らかの道徳的価値を教え込むことではない。むしろ、価値の矛盾・対立に直面して自主的に価値選択（価値判断）を行うところに道徳が成立するのであり、そうした自主的判断の能力を育てることに道徳教育の課題があるとされる。

勝田は、自主的判断の能力を育てる条件として、①子どもたちが自分で自由に判断できる環境と、②正しく判断できる能力を育てるための知的教科の学習、という2点を挙げている。すなわち、判断力の形成には、教育の場における精神的自由と、的確な判断を支える知的な面での学習が十分に保障されることが求められるのである。

だが、自主的判断を迫るような価値の矛盾・対立は学校教育の場でどのように生じるのか。勝田は「古い伝統的な価値に新しい価値が対立する」と述べているが、ここに、複数の価値を矛盾・対立するものとして顕在化させる教師の役割が暗示されているように思われる。つまり、古い価値に新しい価値を対置し、両者の矛盾・対立を現出させ、子どもに価値選択の機会を提供することが、学校教育の役割、そこでの教師の役割となるものと考えられる。

[3] 秩序を相対化する「自由」——上田薫

勝田が道徳の基本を価値判断の自主性にみるのに対して、やはり同時代に道徳教育について発言していた教育学者・上田薫は、既存の秩序を批判的に乗り越えていくところに道徳の性格をみている。『知られざる教育』

(1958)の中で上田は次のように述べている。

「真の道徳は、［中略］人びとが秩序をひたすら守ろうとするところにはなく、かえって秩序をたえずつくりなおしていくところにある。伝統慣習によりかかるところにはなく、それを批判的に生かしていくところにある。すなわち秩序も伝統も、つねに否定されることによって生かされなくてはならないのである」[6]。

このような道徳観は、自由と規律・秩序の関係についての次のような捉え方につながっている。『道徳教育の理論』(1960)には「秩序の否定としての自由」と題された項目がある。そこで上田は「自由はやはり現存する秩序の否定ではないであろうか」と問い、「秩序否定の精神が自由の根底を流れている」、「自由と規律とは、その根底において、どこまでも対立するものをもっている」と答えている。上田によれば、秩序は社会とともに動いており、その動きを止めることは不可能である。その秩序を動かすものは、「秩序のなかに矛盾を見いだす力、法や規則の新しい事態における不合理をつきとめる力、すなわち自由にほかならない」。こうした観点から「道徳教育とは規律をいかに相対化するかにかかわる教育だ」とされ、この点で特設道徳（1958〔昭和33〕年に「道徳の時間」として教育課程に特設された道徳教育）は無力だという。道徳教育の基本としての自由と規律の対立を克服する道は、相対化を確保することによってのみ保証されるのであり、「相対化こそ真の自由なのである」（傍点原文）という[7]。

勝田と上田では、表現こそ異なっていても、ともに既存の秩序（慣習や規範や規則）に矛盾を見いだし、それを克服していくところに自由や自主性を認める点で共通する。この意味で、上田の「自由」すなわち「相対化」の概念と、勝田の「自主性」の概念とは重なりあう部分を持っている。

彼らの主張は、いずれも徳目を中心とする価値の教え込み（インドクトリネーション）としての道徳教育を克服し、個人の道徳的判断の自主性・自律性を尊重してこれを育てようとする道徳教育を作ろうとする挑戦であり、これは今もなお未完のプロジェクトとして私たちの前にある課題である。

コラム　五戒と十戒——宗教的伝統の違いを超えて

　人がどのような規範に従って生きるべきかについては、伝統的に宗教の戒律という形で保持されてきた。それは宗教的伝統の違いにより多様であるが、基本的な規範に共通性が見られることも事実である。

　たとえば、仏教には「五戒」と呼ばれる在俗信者の保つべき5つの戒（習慣）がある。それは、①不殺生（生き物を殺傷しないこと）、②不偸盗（他人の物を取らないこと）、③不邪淫（邪な性関係を結ばないこと）、④不妄語（嘘・偽りを言わないこと）、⑤不飲酒（酒を飲まないこと）の5項からなり、原始仏教時代に既に成立していたとされるものである（『岩波　仏教辞典』岩波書店，第2版；2002による）。

　一方、キリスト教には「十戒」がある。戒めの区分については諸説あるとされるが、たとえば次のようなものである。①わたしの面前で君に他の神々があってはならない、②偶像を作ってはならない、③ヤハウェの名をいたずらに唱えてはならない、④安息日を覚えてこれを聖とせよ、⑤父と母を敬え、⑥殺してはならない、⑦姦淫してはならない、⑧盗んではならない、⑨隣人に偽証してはならない、⑩隣人の家を貪ってはならない。十戒は、神がモーセを通してイスラエルの人々に授けたものとして『旧約聖書』に伝えられているが、第4戒までは神に対する関係、第5戒以下は対人関係の戒めである（『岩波　キリスト教辞典』岩波書店，2002による）。

　両者は宗教的な伝統を異にしながら、五戒を（A）、十戒を（B）とすると、（A）①「不殺生」と（B）⑥「殺してはならない」、（A）②「不偸盗」と（B）⑧「盗んではならない」、（A）③「不邪淫」と（B）⑦「姦淫してはならない」、（A）④「不妄語」と（B）⑨「隣人に偽証してはならない」といった戒律の間に共通性が見られることが注目される。もちろん、これらの規範が正確に対応するわけではないが、宗教的伝統の違いを超えて基本的な社会規範に共通性があることに気づかせてくれる事例である。

2 現代社会と道徳

A 道徳をどう捉えるか——クイズから考える

そもそも「道徳」という言葉から、皆さんはどのようなことを思い浮かべるだろうか。小学校や中学校で受けた「道徳」の授業を思い出す人もいるかも知れない。人間の生き方や価値観に関わる大切なものだというイメージを抱く人もいるかも知れない。あるいは、善悪を論じる堅苦しさや実行できない善を勧めるような胡散臭さを感じる人もいるかも知れない。

「道徳」という言葉から思い浮かべることは人それぞれだと思うが、ここではまず、次のクイズによって具体的な問題を考えてもらうことから道徳に迫っていきたい。

問：次に挙げる7つの事柄は、それぞれ道徳に関わると言えるだろうか？
あなたの判断を下して、その理由を考えてみほしい。
（「道徳に関わると言える」と考えられる場合は○、「道徳に関わるとは言えない」と考えられる場合は×と判断）

①スーパーマーケットの前に千円札が落ちているのを見つけ、店の人に届けるか、放っておくか、自分のポケットに入れるか迷った。
　判断（　　　　　）
　理由（　　　　　　　　　　　　　　　　　　　　　　　）
　　　　　　　　　　　　　　　　〔判断と理由の欄は以下省略〕
②食堂で注文する際、トンカツ定食にするか、鯵フライ定食にするか迷った。
③授業中に私語をしている友だちを注意できなかった。
④旅行の前に、特急電車と高速バスの料金を比べ、安い方の高速バスに決めた。
⑤選挙のとき、自分が支持する政党の候補者に投票した。
⑥電車の座席に座っているとき、腰の曲がったお婆さんが来たので席を譲った。
⑦ピカソの絵の芸術性について、友だちとの間で意見が分かれた。

このクイズは、私たちの日常生活の中で起こりそうな具体的な事柄を考

えていくことを通じて、それぞれが捉えている道徳の意味内容を浮かび上がらせていこうとするものである。だが、○×については直感的に判断できても、その理由まで考えてみるとよくわからないという人もいるのではないだろうか。

B 「道徳」の語義とクイズの解答例

では、そもそも道徳とは一般的にどのようなものと考えられているのか。代表的な国語辞典の1つである『広辞苑』を繙いてみると、「道徳」という項目に次のような記述を見出すことができる。

「①人のふみ行うべき道。ある社会で、その成員の社会に対する、あるいは成員相互間の行為の善悪を判断する基準として、一般に承認されている規範の総体。法律のような外面的強制力を伴うものでなく、個人の内面的な原理。今日では、自然や文化財や技術品など、事物に対する人間の在るべき態度もこれに含まれる。［以下省略］」（『広辞苑』岩波書店，第6版：2008）

上の引用部分で特に注目したいのは、「行為の善悪を判断する基準」という言葉である。つまり〈ある社会の中で、ある人の行為が善いか悪いかを判断する基準〉ということが、道徳の常識的な意味と言えそうである。

『広辞苑』の記述に照らしてみると、行為の善悪に関わる場面は道徳に関わると言えるのではないか。とすると、冒頭のクイズは差し当たり次のように判断することができるのではないか。

①「スーパーマーケットの前に千円札が落ちているのを見つけ、店の人に届けるか、放っておくか、自分のポケットに入れるか迷った」場合は、その後に選択される行為の善悪が問われるので○。

②「食堂で注文する際、トンカツ定食にするか、鯵フライ定食にするか迷った」場合は、①と同様に行為の選択に迷うわけだが、どちらを選ぶかは食べ物の嗜好の問題であり、善悪は問われないので×。

③「授業中に私語をしている友だちを注意できなかった」場合は、友だちが私語をすることと、それを自分が注意できるかどうかという、2つの行為について善悪が問われるので○。

④「旅行の前に、特急電車と高速バスの料金を比べ、安い方の高速バスに決めた」場合は、料金の比較という経済的な観点からの行為選択であり、

善悪は問われないので×。
⑤「選挙のとき、自分が支持する政党の候補者に投票した」場合は、どの候補者に投票するかは政治的な観点からの行為選択であり、善悪は問われないので×。
⑥「電車の座席に座っているとき、腰の曲がったお婆さんが来たので席を譲った」場合、席を譲るかどうかについて行為の善悪が問われるので○。
⑦「ピカソの絵の芸術性について、友だちとの間で意見が分かれた」場合は、芸術的な価値についての判断が問題となっており、行為の善悪は問われないので×。

以上のように考えるならば、①・③・⑥については○（「道徳に関わると言える」）、②・④・⑤・⑦については×（「道徳に関わるとは言えない」）という判断が成り立つことになる。

C　いたるところにある道徳問題——クイズの再検討

しかし、事はそう簡単ではない。上でいったん×と判断した②・④・⑤・⑦についても、事例の捉え方によっては、あるいは判断する当事者の立場によっては、○と考えられるのだ。

たとえば②については、仮にあなたがイスラム教徒だったとしたら、これは食の嗜好の問題とは言えない。イスラム教の聖典『コーラン』では豚肉を食べることを禁じているので、トンカツ定食を選ぶことはイスラム社会のタブーを破ることとなってしまうのだ。

また④に関しては、料金の安い高速バスが、もし会社の杜撰（ずさん）な安全管理やドライバーの過酷な労働のうえに成り立っているサービスだとしたらどうだろうか。格安バスが時に重大な死亡事故を起こす事例を想起すれば、単純に「安い方が良い」とは言えないはずである。消費者としての行為選択が、無理のあるサービス提供を助長してしまう可能性を考えるならば、行為の選択内容に関して善悪を問うことが可能である。

⑤は選挙の際の投票についてだが、そもそも民主主義社会では国民が選挙で投票することで政治の方向性を決めていくので、棄権は主権者としての責任の放棄であり是認されない、という考え方も成り立つ。また、自分の投票行動によっては国の針路が誤った方に向いてしまうと考える人は、

自身の投票内容の善悪を問う可能性もある。

　最後の⑦については、芸術的な価値に関する判断が分かれた場合にどのような行動を取るかは多様な可能性がある。友だちとの意見の違いを認めつつ謙虚に耳を傾けるのか、あくまでも自分の価値判断を友だちに押しつけようとするのか、行為の善悪が問われ得るのである。

　以上のように考えてみれば、一見すると道徳とは関係なさそうな事柄も、見方を変えると行為の善悪が問われ得ること、すなわち道徳に関わる事柄であることがわかる。私たちが生活していく中で、自分自身や他者の行為が善いのか悪いのか、それを判断していく基準が道徳なのである。

　とするならば、道徳は日常生活のいたるところに関わっていると言える。

　そして道徳とは、社会規範に照らして個人の行為の善悪が問われるというだけでなく、④の経済的な行為選択や⑤の政治的な行為選択の例にもみられるように、私たちがどのような社会のあり方を望ましいと考えるのかということと不可分である。その意味では、道徳は社会の側から個人の行為を問う基準であるばかりでなく、私たち1人ひとりが社会の望ましいあり方に照らして社会の現実と自身の行為を問い返していく基準でもあるのだ。

D　中高生への調査からいじめ問題を考える

　ここで、道徳に関わる具体的な問題として、現在の日本の子どもたちにとって身近な問題である「いじめ」について考えてみたい。

　中学生・高校生を対象とする調査からいじめ問題の一端を見てみよう。NHK放送文化研究所が行った「中学生・高校生の生活と意識調査2012」（調査時期：2012年8月24日〜9月2日）[8]では、今の学年になってから「友だちにいじめられたこと」、「友だちをいじめたこと」、「友だちがいじめられているのを見聞きしたこと」の有無を訊ねている。次頁の表 序-1 はその結果を示したものである。

　いじめられた経験は中学生で約5パーセント、高校生で2パーセントとなっている。この数字を多いと見るか少ないと見るかは読者によって分かれるかも知れない。だが、質問内容が「今の学年になってから」と限定されており、しかも調査時期が8月下旬から9月初旬であることには注意が必要である。つまり4月の年度当初から夏休みの終わり頃までの5か月間

表 序-1　いじめに関わる経験の有無

今の学年になってから…	（単位：%）	1. あった	2. なかった	3. 無回答
A. 友だちにいじめられたこと	全体	3.7	95.6	0.7
	中学生	5.1	94.6	0.4
	高校生	2.0	97.7	0.4
B. 友だちをいじめたこと	全体	3.2	96.1	0.6
	中学生	3.7	96.1	0.2
	高校生	2.3	97.3	0.4
C. 友だちがいじめられているのを見聞きしたこと	全体	24.8	74.6	0.6
	中学生	31.8	67.9	0.4
	高校生	17.2	82.6	0.2

出典）NHK 放送文化研究所「中学生・高校生の生活と意識調査 2012」

に中学生の 20 人に 1 人がいじめられた経験をしていることになる。

　また、友だちがいじめられているのを見聞きしたことについては、中学生の約 3 割、高校生の 2 割弱が「あった」と回答しているが、その回答者に対していじめを見聞きした後の対応を訊ねた結果が、**表 序-2** およびそれをグラフ化した図 序-1 である。

表 序-2　いじめを見聞きした後の対応

（複数回答、単位：%）	全体	中学生	高校生
1. いじめている人を注意した	15.5	13.3	19.8
2. いじめられている人を助けたり励ましたりした	32.9	32.0	33.3
3. 何もしなかった	48.4	47.5	49.0
4. いじめに加わった	1.8	1.1	3.1
5. 先生に相談した	19.1	19.3	18.8
6. 学校のカウンセラーに相談した	2.1	1.7	3.1
7. 親に相談した	15.9	15.5	16.7
8. その他	1.8	2.2	1.0
9. わからない，無回答	1.4	1.1	2.1

（分母＝中学生 181 人／高校生 96 人）

出典）NHK 放送文化研究所「中学生・高校生の生活と意識調査 2012」

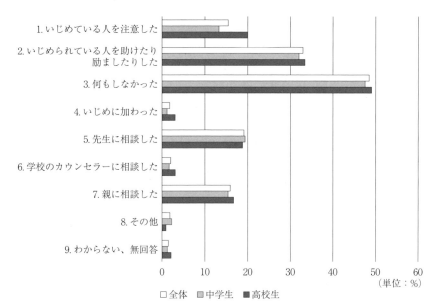

出典）NHK 放送文化研究所「中学生・高校生の生活と意識調査 2012」より作成.

図 序-1　いじめを見聞きした後の対応

　この調査結果で特に注目されるのは「何もしなかった」という回答の多さである。「いじめられている人を助けたり励ましたりした」という回答も約3分の1の割合で見られるが、「何もしなかった」という回答が約半数で突出して多いことが読み取れる。

　では、なぜ子どもたちはいじめを見聞きしても何もしないのか。

　土井隆義によれば、現在のいじめは友だち同士の過剰な配慮を必要とする親密圏の特徴に由来する「関係性の病」であり、「子どもたちは、自らの存在を安泰なものとするべく関係性のなかでお互いにすくみあい、その反動として、潜在的な集団規範へ過剰に同調せざるをえない状況」にあるという[9]。

　土井の指摘するように、いじめが「関係性の病」であり、子どもたちは、いじめに対して行動を起こせば今度は自分がいじめられるかも知れないリスクを抱え、いじめを容認する集団規範へいわば護身的に同調せざるを得ない状況にあるとするならば、いじめの克服のためには、子どもたちが生

きている関係性そのものを組み替えていくことが課題となるであろう。

3　道徳の語源と意味

A　善く生きることとしての道徳

まず、「道徳」というあいまいな言葉について、筆者なりの定義をしておこう。

道徳というのは、いわゆる中身的な、本質的な見方をすると、ソクラテス（Sokrates　前470-前399）が言ったように、「ただ生きるということではなくて、善く生きるということ」であろう。とすると、どう生きることが「善く」生きることになるのかという、「善く」の中身がただちに問題となる。これを今、仮に「善さ」という言葉で表しておこう。このような「善さ」が人に知られ、かつ教えられるか否かということが道徳では大問題なのである。

また、別の面、入れ物、方法から見ると、道徳とはやはり伝統的に解釈されてきたように、2つの言葉に分解して考えられるであろう。すなわち「道」とは、他人が作ってくれた道、つまりいわゆる慣習的な徳とか、道徳的な原理・原則であろう。これは普通、人間としての良さの中身を目録として表したもの、徳目としてまとめられている。「徳」の方は、ギリシア語の「アレテー」に相当する。アレテーとは、各々のものがそれぞれの持ち味、個性を十分に発揮した状態をいう。だからこれは自分で責任を持って作っていかなければならないことである。つまり、道徳というのはこういう2つの矛盾した言葉（あなたまかせと自分で自分の責任をとるという）が組み合わされ、くっついた言葉なのである。このことはいったい何を意味するのか。次にそのことを考えることで、道徳教育の性格、可能性といったような問題を考えてみたいと思う。

B　道徳は教えられるか

古来「道徳は教えられるか」ということが頻繁に論じられてきた。この

問題が史上初めて真剣に取り上げたのは、ソクラテスであった。アテネの名宰相ペリクレス (Pelikles 前495-429) が、その息子に当時考えられる限りのあらゆる最良の教育を施したが、善人といわれていたペリクレス自身の善さ（つまり道徳）はとうとう教えることができなかった。ペリクレスの息子は不肖の息子であった。だから道徳というのはこれを知識や技術のようには教えることができないのではないか、というのがソクラテスの問いであった。この問いは結局、積極的な解決をみないで現在まで続いている。

> このことは、現在の学校教育の中で考えれば、主に知識や技術を教える、身につけさせることが中心となっている教科における学習（しかも学校教育の大部分を占める）が、教育の最終目的とされる豊かな人格、言い換えれば道徳とどう関係しているのか、あるいはしないのか、というような問題として提起されていると言ってよいだろう。

このことについて私見を述べよう。先程言ったように、道徳とは、道（他人がつくって与えてくれるもの）と徳（自分で自分の持ち味を十分に開花させ、発揮すること）の組み合わせであった。私たちは道を手がかり・大本（おおもと）にして、これに反省や自問を加えながら、自分としての真の道徳を求めていくと考えられないか。そう考えると「道徳は教えられるか」の問いにもおのずと答えが出るだろう。つまり「道」は、徳目というような形で主として家庭のしつけなどで、その道徳の基礎を作ることになるのであり、したがってこれは教えることができるのである。しかし、「徳」の方は「道」を手がかり・大本としながら自分が経験の中において自分自身の努力・責任において作っていかなければならないものである。したがって、こちらの方は教えられないのである。道徳とは、このような構造のもとに成っているとすれば、教師は道を教え、かつ徳が主体的に育つような場を用意することが大切であり、ここに道徳教育の成立する要件もまたあると考えられるのである。

> 徳目の中には勇気や正義、節制といった人類が長い間かかって作り上げ、基本的な徳と認めて来たものが含まれている。これらのものはやはり子どもに教えられなければならない。しかし、それはあくまで入れ物であり、その入れ物の中に何を充たしていくかは各個人の責任によると考えられる。

C　エロス的人間観

　このような道徳（教育）観の前提になっているのは、エロス的人間観といわれるものである。エロスについては、プラトン（Platon　前427-前347）の『饗宴』の中に次のような説明があり、私たちの興味をひく。あるとき、善美の神様ポロスが酒に酔って森に出る。そのとき窮乏の女神ペニアと交わってできた子がエロスであるというのである。つまり、エロスは一般に鬼神などと訳されるが、善さの神を父とし、欠乏の神を母として生まれた子であり、それ故に両者の性格を備えているとする。つまり、自分自身は善でも悪でもないが、その中間にあって、常に善さに飢え、善さを求めている物として規定されているのである。

　つまりエロス的人間観とは、いつも善さを求めて生きている、善くなりたいと思うことが人間の本性であると捉える人間観のことをいうのである。もし、このような人間観に立たなければ、子どもに関わり、働きかける仕事としての教育は意味がなくなってしまうであろう。

　人間はそのように「求め」ている限りは、善さを得られる方向へ進んでいると考えられるのである。それはちょうど植物がどんな場合にも例外なくお日様に向かって伸びていくようなものであり、それがまた生命というものなのである。生命とはそのような意味で、不断に自己を成長させ、変化させていく力なのである。それが取りも直さず善く生きることの根源的な力なのである。だから、生命を畏敬し、そのような場を用意することが、また、教育の最大の仕事なのである。

4　道徳教育の可能性

A　『蜘蛛の糸』を例にとって

　芥川龍之介に『蜘蛛の糸』という周知の作品がある。以下がそのストーリーである。

　ある日の朝、お釈迦様が極楽の蓮池から地獄の底をご覧になると、他の罪人に混じってカンダタという男が苦しんでいるのがお眼に止まった。カ

ンダタは、人殺しや火つけの大泥棒だったが、「たった１つ、善いこと」をしたことがあったのだった。それは、踏み殺そうとしたクモを「いや、いや、これも小さいながら、命あるものに違いない。その命を無暗(むやみ)にとると言う事はいくらなんでも可哀そうだ」といって助けてやったことだった。

　そのことを思い出したお釈迦様は、クモの糸を地獄の底へと下ろしてやった。ある時、もがいていたカンダタの上にそのクモの糸が垂れて来る。カンダタは、手を打って喜び、この糸を上がっていったが、くたびれて一休みしていると、下からは他の罪人たちが蟻の行列のように上がって来るのが見えた。そこでカンダタは大声で「こら、罪人ども。この蜘蛛の糸は己(おれ)のものだぞ。お前たちは一体誰に尋(き)いてのぼってきた。下りろ。下りろ」とわめいた。その途端、「今まで何ともなかった蜘蛛の糸が、急にカンダタのぶら下がっている所からぷつりと音を立てて断(き)れ」て、カンダタは元の地獄にまっさかさまに落ちてしまうのである。それからまたお釈迦様はぶらぶら歩きをされた。その時極楽は午(ひる)近くであった。

　これを読んで、読者は正直どのような印象を持たれるであろうか。

　筆者は、これを読んでさまざまな感慨を抱いた。そのいくつかを列挙してみよう。

　まず、この話はすっきりしない点がある。なぜか。それは①カンダタが善いことをしたから助かった、あるいは②カンダタは悪いことをしたから助からなかった。そのどちらかなら話はすっきりするはずだ。ここではカンダタは１度はよいことをして、助かりそうになりながら、自分だけ助かろうとした（ように見える）、つまり悪いことをしたので、結局助からなかったのである。要するに、①と②が錯綜しているからすっきりしないのである。水戸黄門のドラマはいつもすっきりしている。それは必ず①か②の図式に当てはまるからである。だから、悩まないで安心して見ていられる。しかし、そのようなものは道徳ではない。

　道徳とはいつもすっきりしないもの、つまり問いを残している、あるいは問いを赤裸々に明らかにしているものなのだ、と筆者は考える。

　他にこんなことも考えられる。語り手である芥川が焦点を当てているのは、一見カンダタであるが、実はお釈迦様ではないかということである。お釈迦様に焦点を当てると、お釈迦様の行為そのものに問題があるのでは

ないかと思えてくる。他の罪人もいるのに、カンダタだけを簡単に救って やろうとするのは不公平ではないか。クモを助けてやるというくらいの善 行なら、他の罪人たちもしているのではないかと、誰も思うはずである。 いったい善悪は誰が決定するのか。この話を読むと、こういう問題はお釈 迦様でさえ解決がつかなかったようにみえてくる。

また、糸が切れた点について考えてみると、誰が切ったのか。糸を切ら せたものは何なのか。そこが興味深い点である。物語には糸を切った主体 は明示されていない。お釈迦様は最初と最後にぶらぶら歩きをしているだ けで、傍観者である。糸が切れたという行為は裁かれたことのようでもあ る。このことは、お釈迦様本人にも当てはまるように思える。

最後に1つ。カンダタの「下りろ」の言葉にうそ偽りはないのではない かということ。地獄に落ちた人間としての当然の「真実」の叫びなのでは ないか。果たして、カンダタと同じ立場で違う言葉が言えるのであろうか。 全くの善人が天国へ行き、全くの悪人が地獄へ行くのであれば、そういう 人間はいるわけはないのだから、天国と地獄の中間にいるカンダタのよう な存在こそが私たち人間のありのままの姿だとは言えないのか。

この話は、このような疑問を次々にわかせて筆者を苦しめる。筆者は『蜘 蛛の糸』を授業で大学生に読ませて、その率直な感想を聞くことがある。 上に述べてきたような意見もたくさん出るが、その他に次のようなものも ある。

- カンダタは、殺そうと思ったのをやめただけで何も積極的に善いことを したわけではない。
- クモ助けという救いの一面があったわけだが、お釈迦様はクモの糸を垂 らしてそれが本物かどうか確認したのではないか。
- クモの糸は自己の良心であり、それを切ったものはエゴである。

⋮

この『蜘蛛の糸』を使った中学校での授業実践について、村井実が興味 深い事例を紹介している。それは、その後「それからどうなったか、後日 譚を書け」というものであった。その中の1枚に(しかも見落とされていた) 次のようなものがあったと村井は報告している。

「そのお釈迦さまがお父様のところへいって、その日の出来事をお話して、

『人間のあさましさに、失望しました』というと、お父様は声をあらげて、『釈迦よ、おまえはそんなこともわからないで、人間を救おうなどと考えていたのか。もう一度、山へ入って修行しなおしてきなさい』とおしかりになりました、と書いてあった」という。

村井はこれを書いた中学生の目がお釈迦様の生き方に向けられていた、「人間をどう見るか、世界をどう見るかという、哲学的なところまで向けられていた」と評価している[10]。

以上述べてきたことからわかることは、この話を読んだ人の意見、感想、考え方はさまざまであるということである。そして、自分の生き方や経験に照らしてさまざまな読み方ができるということが、また、道徳の一番のうまみなのである。そのようないろいろな考え方がそれぞれ尊重され、保障されるのが道徳というものの前提になくてはならないと考える。『蜘蛛の糸』は、善悪というものがそんなに簡単には決められないことを私たちに暗示してくれている資料なのではあるまいか。

B 徳目主義とその問題点

しかし、この『蜘蛛の糸』が、学校の通常の「道徳」授業で取り上げられるとどうなるのか。小学校におけるある指導案の「ねらい」は次の通りである（他もだいたい同じであろう）。「常に自分の言動を反省するとともに、ものごとを深く考え節度のある生活をしようとする態度を養う。」つまり、この資料を通して、子どもに身につけさせようとする（あるいは子どもが身につけなければならない）道徳的内容、道徳的価値、つまり徳目とは「反省・節度」なのである。確かにこのような価値でこの資料を捉える子どもはいるかもしれないし、また、いてもよい。しかし、次のように考えることもできる。「反省・節度」と『蜘蛛の糸』は果たしてどのように関係するのか。たとえば、反省したらカンダタも罪人も助かったのだろうか？　つまり、「反省・節度」以外の読み方ではダメなのかということである。

1つだけ確かに言えることは、「私」がこの資料をどう読もうとそれは「私」の自由、勝手なのであり、その解釈を誰からも押しつけられる筋のものではないということである。いやしくも、道徳が主体性、つまり自分で考えて選択することを第一義に置いているとするなら、解釈の自由は保障

されるべきである。

　これらから明らかなように、徳目主義とは、大人があらかじめ決めた1つの結論「エンド」（多くは、ある道徳的内容＝人間の善さの中身、を徳目として表したもの）に子どもを誘導しようとする授業のあり方一般をいうのである。道徳というのが本来、個人の自由な意志を最大限に認めることをもってよしとするなら、徳目主義ほど不道徳なものはなかろうと思うのである。

　したがって、従来の一般的に行われている道徳授業は、そのほとんどが（実践者本人がそう思っていなくても）徳目主義型のものなのである。

　徳目主義に対する批判は、歴史的には誰もが指摘するように、1つは戦前の修身科教育への反発であり、もう1つは戦後輸入されたデューイ（Dewey, J. 1859-1952）の経験主義教育思想によってであろう。デューイの考えるように、教育とは「経験の絶えざる再組織」であり、「成長」であるとすれば、徳目を決めてそれに子どもに教えようとするような徳目主義は、当然批判の対象とならざるを得ないのである。

> 　徳目主義の最大の問題点は、以上のように1つの価値で資料を読ませることであるが、そこから現象的にいろいろな弊害が生まれてくる。
>
> 　たとえば、徳目主義は多く偉人の例え話によって徳目を押しつけようとするが、それは子どもにとっては、多くの場合、頭ではわかってもできないことの範示である場合が多い。私たちの生き方の参考になるのは、偉人の伝記より平凡な人間の一生の記録である場合が多い。私たちが、自分の両親から多くを学ぶのはこのことの証であろう。
>
> 　また、現実は、多くの条件の中で絡み合っているもので、その中での生き方になっていなければならない。つまり、徳目同士の対立が起こるのは、私たちが日常でよくこれを経験し得るところであり、徳目主義はそのようなことを考慮しないで無視するところに大きな問題があると考えられるのである。

　徳目主義というものを言い換えれば、道徳の目標を固定した人間像としてイメージするということである。そうではなく、人間はどこまでも「善さ」を求めて生きていくものである。1つ目標を決めておいて、そこに到達すれば一丁上がりという具合に行かないのが道徳である。もしそうだとすれば、そこで私たちの成長も進歩も止まってしまうことになるのである。

しかし、ある意味ではこのようなことが自明であるにもかかわらず、なぜ徳目主義は新しい衣を着つつ形を変えて繰り返されるのか。そこが問題である。筆者は次のように考える。
　私たち教師は、子どもに知らないことを教えるのは得意だが、もう既にわかっていることをさらに深くわからせたり、納得させたりすることは不得意なのだ。そして、道徳こそ最も多く教師をこのような場面に立ち会わせるのである。学校教育の中で、特に教科では問いには答えが必ずあり、しかも1つである。それはいわば答え（覚えさせたいこと）が先にあり、そこから問いを導き出すような方法ですべてが用意されているのである。そのようなところには探求や批判的検討の余地は残されていない。徳目主義は確実に1つの答えを用意する。そこに、教師も子どもも1つの安心感を見出すのではないか。だから、教師にとっても子どもにとっても答えは見え見えなのであり、授業は1つの儀式にならざるを得ないのである。ここにさらに悪い徳目主義のもう1つの弊害の側面があるのである。
　徳目そのものが悪いとは思わない。確かに徳目には、子どもが自分の経験の中だけでは獲得することが難しいような基本的な徳（たとえば勇気や正義や節制といったこと）が含まれているが、その扱い方が問題なのである。端的に言って、徳目を道徳教育の出発点（始点）として捉えるか、それとも終点（目的）として捉えるかが問題なのである。徳目主義は、徳目を至上普遍のものとして捉える。だから徳目は、それを身につけさせるための最終目標となる。徳目を各自が自分本来の徳を探求するための出発点、人間としての善さの入れ物として捉える。つまり自分本来の徳を確立していくための手がかり、大本、手段と捉えるのである。以下の克服の手立ても基本的に筆者のこのような立場からである。

C　道徳問題における行為決定のしくみ

　ここでは、まず徳目主義の克服のための道徳教育の基礎理論として、人間いかに生きるか、という道徳の問題、つまり個人の置かれているある社会的状況（人が2人以上いて関わり合って生きている状態）において、人がいかに意思決定し、どう行為するかという問題、における行為決定のしくみを考えてみたい。

通常、行為決定のしくみは次のように考えられる。
①既に学んでいる原理・原則的知識が個人の中に存在する。――大前提（③の行為決定をする場合）
②個人の置かれている社会的状況を、その個人が可能な限り正確に認識する。――小前提（③の行為決定をする場合）
③　①・②を照合して行為の決定をする。
　※上記の「行為決定のしくみ」は、アリストテレス（Aristoteles　前384-前322）が実践的三段論法として『ニコマコス倫理学』の中で指摘したものである。

しかし、道徳的行為の判断や決定は、一般的には、このように単純にはいかない。そこで次の例を考える。

父親の大切にしていた腕時計を、ある子どもの親友が誤って壊してしまったとする。そして、父親は、誰が壊したにしても、酷く怒ることが予想され、そのために子どもと親友との仲が壊れることが十分考えられるという状況認識があったとする。子どもは、自分自身と父親との関係では、「正直であれ」という行為原則に従うべきだと思うかもしれない。しかしまた、親友との関係では、「友情を大切にせよ」という原則が優先されるかもしれない。そして彼は、この事態をなんとか切り抜け、克服しようと悩み、苦しむのである。

以上のように、一般的に、道徳的行為の選択・決定の場合にも②の状況認識を①の原理・原則に突き合わせて、③行為決定をする、ことは構造的には同じである。しかし、例からもわかるように、日常生じてくる道徳の問題は決して単一の原理・原則で処理できるものではなく、いくつかの原理・原則が対立する形で現れる。この場合だと、「正直」と「友情」というように。ここに、道徳的な価値葛藤や心理的な葛藤が生じてくる。このようなとき、人はその中のどの道徳的原則を選択し、行為を決定するかについて、苦しみ悩まねばならない。つまり、このような葛藤の状態が、道徳的問題においては必然的に生じざるを得ないということである。

そしてその際、葛藤状態に決着をつけ、それを克服し、行為の選択・決定をさせるものが、道徳教育の基盤としての「相手を想い遣る心」なのである。

「正直」も「友情」も、皆、慣習的徳はすべて、この「相手を想い遣る心」、つまり、人間を大切にしようとする心から出てくる。だから価値同士が対立し、解決がつかないときは、基盤の「相手を想い遣る心」に戻って判断するのである。

あるいは、こうも考えられるだろう。

火の中に飛び込んでわが子を助けた母親の話を聞くことがある。この場合は、「勇気」があったからそうしたのであろうか。そうではあるまい。この場合、母親にあったのは、わが子を大切にしたいという一心であったろう。そういう状況の中での母親の行為を、人は「勇気」と呼ぶのである。「正直」であれ、「友情」であれ、「勇気」であれ、およそ私たちが一般に「徳」と呼んでいるものは、人を大切にしようとする心が、ある状況の中で具体的に表れたものを指していると言ってよいであろう。したがって「相手を想い遣る心」はすべての「徳」の基盤となっているという意味で、元徳（げんとく）ということができよう。

これまで述べてきた道徳問題の行為決定のしくみを整理すれば、表 序-3 のようになる。

表 序-3　道徳問題の行為決定のしくみ

| ① 道徳的原理・原則（慣習的な道徳知識） |
| ② 状況認識 |
| ③ ①と②の突き合わせ |
| ↓ |
| 原理・原則同士の対立 |
| ↓ |
| 道徳教育の基盤としての「相手を思い遣る心」からの行為決定 |

D　徳目主義克服のための道徳教育

このような道徳行為決定のしくみを踏まえれば、学校教育における道徳教育は、道徳の問題における行為決定の①から③の指導をすべて含むべきであろう。そのうち①と③の指導を道徳の授業において行うべきだと筆者は考える。

まず①の指導については、これは子どもに道徳的な原理・原則（慣習的徳）、

徳目という形で道徳的内容を示したもの(「正直であれ」「人に親切にせよ」「友だちとは仲良くせよ」など)を解説・教示することである。筆者は、これは子どもが道徳的に成長するための"大本（おおもと）"を作る指導だと考える。道徳的原理・原則は教え込まなければならない。それを学習しなければ、子どもは道徳的に育つことはできない。なぜなら、もとがなければ、道徳的判断のしようがなく、行為の選択・決定もできないからである。たとえば、「友達を大切にせよ」という原則を教えられているからこそ、具体的にはどうしたらよいかとか、それについてなぜ大切にしなければならないのかという問い返しや反省もわいてくるのである。

もともと道徳というものが、私たちが現実に生きて活動することを問題としており、「勇気」や「友情」といったことも、経験的な世界で与えられているものである以上、道徳的な高まりは、慣習的徳目を手がかりとして、それを批判・克服するような形でしか行われ得ないのである。ただし、道徳的原理・原則を教えないということは、それを実践させなければならないということと同じではない。実践はあくまでも子ども側の問題であり、教えるということは、あくまで"大本（おおもと）"を作るということなのである。

次に②の状況認識は、人間いかに生きるかという道徳の問題を中核に据えるような形で、各教科の指導が担当すべきであると考える。なぜなら教科指導というのは、生活・道徳のある部分を取り上げて、それを認識させるという意味で、まさに状況認識の基礎を与えるものであり、その意味で道徳教育を支えるものであると考えられるからである。

> ただし、現在の教科指導が、そのような意味で満足なものかどうかは、はなはだ疑問である。それは、現在の学校教育における道徳、特別活動、教科が横に並んでいるだけで構造化されていないためである。人間いかに生きるかという道徳の問題を学校教育の中核に据えて、それぞれを位置づけるような学校教育の構造化がなされるべきであろう。

最後に③の指導について。①の道徳原理・原則と②の状況認識との突き合わせ、そこから生じる葛藤状態を、「相手を想い遣る心」という道徳教育の根本精神をよりどころとして、行為の決定をする——そのケーススタデ

ィを道徳の授業ですべきである。これは一番重要だがきわめて複雑で困難な仕事である。

　たとえば、例に示した道徳問題（親友が父親の時計を壊してしまい、父親が許してくれそうもないが、どうするかという問題）の場合を、道徳教育の基盤としての「相手を想い遣る心」を踏まえて、どう行為決定すればよいのか。

　一例を挙げれば、次のような行為決定が考えられるだろう。親友との関係に関しては、親友がやったということはとりあえず伏せておく。父親との関係においては、とりあえず、自分がやったことにして決して故意でやったことではないことを説明し、理解してもらうよう努める。そのときは聞き入れてもらえなくても、父親を恨んだりせず、機会を見て繰り返し話をし、許してもらえるようにする。時が経って、父親に聞き入れてもらえた時点で、実は親友が壊したのだということを打ち明ける。

　もちろんこれが唯一の行為決定の方法ではない。さまざまな行為のとり方があり得るだろう。こういう八方美人的な解決法を好まぬ人もいるだろう。そういう人は怒られてもすっきりした方がいいと思うかもしれない。また、怒られて壊れるようなら本当の友情ではないと思う人がいるかもしれない。しかし、どのような行為をとるかには、そのときのその人の人生観や人柄が自然に表れているとみてよいだろう。

注）

1) ルソー，J.-J. 著／今野一雄訳『エミール（上）』岩波文庫，岩波書店，1962，p. 24.
2) ポルトマン，A. 著／高木正孝訳『人間はどこまで動物か——新しい人間像のために』岩波新書，岩波書店，1961，p. 61.
3) 宮澤康人編『近代の教育思想』3訂版，放送大学教育振興会，2003，p. 12.
4) 前掲書1），pp. 30-31.
5) 勝田守一『勝田守一著作集4（人間形成と教育）』国土社，1972，p. 467.
6) 渥美利夫ほか編『上田薫著作集1（知られざる教育）』黎明書房，1992，p. 151.
7) 渥美利夫ほか編『上田薫著作集6（道徳教育論）』黎明書房，1993，pp. 29-35.
8) 調査結果については次を参照。
　http://www.nhk.or.jp/bunken/summary/yoron/social/pdf/121228.pdf
　なお、この調査を紹介・分析した書籍として、NHK放送文化研究所編『NHK中学生・高校生の生活と意識調査2012——失われた20年が生んだ"幸せ"な十代』NHK出版，2013がある。

9) 土井隆義『「個性」を煽られる子どもたち——親密圏の変容を考える』岩波ブックレット，岩波書店，2004，p. 20.
10) 村井実『道徳教育原理』教育出版，1990，pp. 77-79.

知識を確認しよう

問題
(1) 日常生活で直面するような「行為の選択に迷う場面」を2、3例挙げて、それが道徳に関わると言えるかどうかを、理由とともに述べなさい。
(2) 道徳教育における徳目主義の問題性と、それを克服する道徳教育の可能性について述べなさい。

解答への手がかり
(1) 本章の第2節にあるクイズとその解説を参考にして、事例を多角的に検討してみよう。
(2) 本章の第4節の記述などを参考にして、徳目主義の問題性と道徳教育の可能性についてポイントをまとめてみよう。

第1章 わが国の道徳教育の歴史

本章のポイント

　「道徳」を学校教育において「特別の教科」として取り扱うことになる。「○○を教えること」が求められるということは、「それが十分ではない」と実感され「それが必要だ」と政策として判断されたということになる。それでは、これまでに学校で「道徳」は教育されて来なかったのか。あるいは、どのような道徳教育が行われてきたのか。また、道徳教育のその実施状況について、理由や背景はどのように説明されているのか。

　以上の問いについて考えるために本章では、日本における道徳教育の歴史を概観しておきたい。道徳政策の判断や実感が正しかったのかについてはさまざまな論争があるが、その評価のためにも「道徳」教育の実像を理解することが有効となる。

1 戦前の修身の歴史

A 近代化（西洋文化移入重視）路線における道徳教育（学制期）

　明治政府は、1872年9月4日（改暦前のため、元号で表記すれば明治5年8月2日）、日本最初の近代的学校制度を創設するとして、「学事奨励に関する被仰出書」（太政官布告第214号、「右之通被　仰出候」という表現から、従来は通例として「被仰出書」と表記されることも多いが、正式には「学制布告書」）を出して新たな学校教育についての基本的な理念を示した。その翌日に文部省布達第13号別冊として、「学制」全109章（学制章程）を発布して、統一的な学校制度を発足させた（後の誤謬訂正版まで含めて学制条文となる）。学制の序文としての意味を持つ「学事奨励に関する被仰出書」では、「学問は身を立るの財本」として立身出世のための学校教育制度（国民皆学）の実現を説いていた。また、これまで（明治期以前の教育機関で）は、「学問は士人以上」（武士階級のみ）であったと批判し、稀に他の身分の者が学ぶ例があったにせよ「国家の為に」と考えられ、自己実現のためとは考えられず、内容も「詞章記誦」（暗記中心）で「空理虚談」（机上の空論）の実学とはほど遠いものであったとされている。さらには「自ら奮て必ず学に従事せしむべき」と受益者になるのだから自ら積極的に学費を負担してでも学ぶべきだとの構想も示されていた。このようにきわめて近代的な個人の発達、自立のための学校教育という構想であった。

　そして、序文の冒頭部分に学校教育の設置目的として、「身を修め智を開き才芸を長ずるによるなり」と記されていた。ここに知識（智）と技能（才芸）とともに「身を修め」ることが記されている。この学制以降、戦前期までの「道徳」教科の名称として設定されたのが「修身」であるが、この字義は自分の行いや心がけを正しくすることを意味している。この学制序文においても、個人の自立や成長のためにも、道徳、知識、技術などが重要であると明示されているのであった。

　その「修身」科（道徳教育）を含む、学制期の教科の序列・授業時間数についてみておきたい。現在の小学校課程にあたるのが、下等小学4年、上等小学4年（それぞれ半年ごとの等級で8級制）の計8か年の修業年限であった

が、まず低学年にあたる下等小学の教科は、綴字、習字、単語、会話、読本、修身、書牘、文法、算術、養生法、地学大意、理学大意、体術、唱歌（当分之を欠ク）であり、上等小学校の教科はこれに、史学大意、幾何学罫画大意、博物学大意、化学大意が加わり、外国語（1〜2）、記簿法、画学、天球学が地域の事情に応じて教授されることとなっていた。記載の順序でいえば「修身」は6番目となる。

　学制には、設置される予定の各学校の教授内容については詳しくは示されていない。小学教育の教科の内容・方法については、「小学教則」（1872年10月10日、文部省布達番外）に記されている。それによると、下等小学の第1・2学年（8級〜5級）でのみ「修身口授（ぎょうぎのさとし）」の時間として毎週2時間から1時間程度、授業が行われていたに過ぎず、上等小学には修身科の授業自体が置かれていない。つまり8年制の小学校課程であるが道徳教育の授業は、低学年の2か年だけということになる。他の科目の授業時間数は「綴字」が週に6時間と記され、習字、単語、算術も同じく6時間（単語は学習方法により4時間のものもある）となっていたことから、単純な記載の順序だけではなく、実際に修身の授業時数が少ないことがわかる。

　ちなみに、修身の教科書は、『民家童蒙解』『童蒙教草』など（8、7級）、『泰西勧善訓蒙』『修身論』『性法略』など（6、5級）を用いることとされ、教員が翻訳書の内容を口頭で説諭するという方法が採られていた。また、1873（明治6）年5月19日の「改正小学教則」（文部省布達第76号）でも、「国体学口授」が週に1時間加えられたが（下等8、7級）、その分、同級における修身口授の時数が削られていた。このように、学制期において修身は、小学校教育全体の中で特に重視される位置にはなかったことがわかる。それは近代教育制度をいち早く導入することを目指した学制の性格ゆえに、西洋の近代科学（洋学の知識）を中心に教育内容が編成され、方法論も翻訳書を教科書として用いて教えることとなったためである。したがって道徳の内容も、西洋の教科書に記される個人の自由、平等を基本にした欧米の近代市民道徳に関するものが教えられることになった。

　小学を経て入学する中学も下等・上等と分けられていたが、下等中学教科は、国語学、数学、習字、地学、史学、外国語学、理学、画学、古言学、幾何学、記簿法、博物学、化学、修身学、測量学、奏楽（当分欠）とされ、

修身科（道徳）の位置づけは同じく低く設定されていた。

B 儒教道徳重視への路線転換（教育令以降の時期）
[1] 教育令の制定

学制が廃止され、代わって1879（明治12）年9月、「教育令」（太政官布告第40号）が制定された。学制の構想であった全国各地へ早急に学校を設置し、学校教育を普及するということは一朝一夕に実現できるものではなかった。財政上の限界もあることから、学制に定められた学区制を廃止し、簡易な巡回教授も認めることで地方町村の教育費負担の軽減を図るなどし、また、児童6歳から14歳までの学齢期間中に最低16か月の普通教育を受けさせればよいとするなど、就学年限や年間出席日数の短縮が容認されたのが「教育令」である。この小学校設置運営などについての自由な方針の背景として、当時の自由民権運動の影響が結びつけられ、「自由教育令」と称されることもある。なお、小学校の教科については、読書、習字、算術、地理、歴史、修身などとされ、学制からは「国語」系科目が整理されたのみで、修身について変更はみられない。そのため、学制や、より自由度の増した教育令について、西洋的な風潮や道徳教育のあり方はこれでよいのかという厳しい追及が表面化するようになってくる。

[2] 教学聖旨

教育令の発布とほぼ同じ頃（1879年8月）、「教学聖旨」（教学大旨、小学条目二件）が（政府最上層部の数人にのみ内示された極秘文書であったが）著された。この時期に明治天皇は、東北、北陸、東海地方を巡幸し、教育の実情を視察しているが、その天皇の意を記すものとして侍講の元田永孚（1818-1891）が起草したのが教学聖旨である。

教学聖旨では、「教学ノ要」は「仁義忠孝ヲ明カニシテ智識才藝ヲ究メ以テ人道ヲ盡ス」こととしている。これは学制序文に学校教育の設置目的として記された「道徳」「知識」「技術（才芸）」とも一致する。ただし、西洋化（欧米化）の方向性に関する評価が異なり、ここでは"近年では西洋化・文明開化路線の中で失われたものがある"として「品行ヲ破リ風俗ヲ傷フ者」が出てきたことを嘆いていた。この弊害により将来において道徳的なもの

が失われることを危惧し、日本の国家のための教育としては「祖宗ノ訓典ニ基ヅキ専ラ仁義忠孝ヲ明カニシ道徳ノ学ハ孔子ヲ主トシテ」行うべき（儒教道徳が必須である）と明記していた。

また、「小学條目二件」のうち一件目には、「仁義忠孝ノ心」を育むためには「幼少ノ始ニ其脳髄ニ感覚セシメテ培養スル」必要があるとし、幼年期からの道徳教育の重要性を提起する。さらに二件目として、「農商ノ子弟」の教育として「農商ニハ農商ノ学科」が必要で高尚な学問ではなく別途のカリキュラムが必要としていた。このように道徳（儒教道徳）や封建身分制（伝統的社会観）の乱れを注視していたのであった。

[3] 品行・人物重視の方針

明治維新の舵取り役として、開化路線推進派であった政府側からも、たとえば開明派の伊藤博文（1841-1909）から欧米化は避けられないなど「教育議」と題する反駁もされたが、自由民権運動が歯止めなく進められることへの危機感が共有されることにより、この"国家主義"的路線へと転化していくことになる。ちなみに、西洋の学問・知識重視を批判し、道徳を重視するという点では、この時期より教員養成においても「知識重視」よりも「人物重視」への変化がみられた。1881（明治14）年6月18日の小学校教員心得（文部省達第19号）では、知識よりも生徒を「導キテ善良ナラシムル」ことが大切であり、「教員タル者ハ殊ニ道徳ノ教育ニ力ヲ用ヒ」て、生徒を皇室や国家、父母等を敬うように育てていくことが重視されるべきとした。もちろん「教員タル者ノ品行」の他に学識、経験を積むことは重要だが、それらも「品行」を高くすることでより輝くのだとされていた。ここにも近代科学の内容よりも、人物・道徳性重視へシフトする風潮が現れている。

[4] 教材・教科書（教育内容）

また、教材（教育内容）についても、この頃から「修身」重視が明確になってくる。1880（明治13）年3月25日の文部省機構改革により編輯局が設置され、西村茂樹（1828-1902）がその初代局長となり、西村のもとで儒教主義的な教科書である『修身訓』が刊行される。同時期には前掲の翻訳的著

作『泰西勧善訓蒙』(後編, 続編) が教科書として使用禁止書目とされるなど、教育内容についても変化がみられる。1880年4月7日、神奈川県から「読書」科の教材として地理・歴史・修身のものを用いた場合に、それらの教科を合わせ開いたとしてよいかとの照会があったが、これに対して地理・歴史は許すが修身については代替措置を禁ずると回答している。以上、1880年以降、このように「修身」重視が方針として明確化されていく。

[5] 教育令の改正

結局、1879年に学制を改正するものとして示された教育令は、翌1880年に改正されることとなる。改正教育令 (1880年12月28日、太政官布告第59号) は、小学校の教科を「修身読書習字算術地理歴史等ノ初歩トス」(3条) と規定し、修身科を教科の筆頭の位置においてその重要性を示している。ここが従前の学制・教育令とは異なる。また、土地の状況により罫画、唱歌、体操らを加えることができたが、但し書きとして、やむを得ぬ理由のあるときは「修身読書習字算術地理歴史」のうち「地理歴史」を減らせると記されている。つまりは、修身、読書、習字、算術は欠くことのできない科目とされていることがわかる。教学聖旨の意見が反映されたとみることができるが、これ以降、修身科は、各種法令において常に教科の最上位に位置づけられるようになった。また、就学義務については旧教育令 (自由教育令) が16か月という短縮を認めたことと比して、最低でも「小学科三箇年ノ課程」とあらため (15条)、相当の理由がある場合を除きそれ以降も毎年就学しなければならないとして、8年間の修学を課している。他にも、公立学校設置義務 (9条)、私立学校の設置許可制 (21条) など、より中央集権的な統制を強化する形となっている。教員については「品行不正ナルモノハ教員タルコトヲ得ス」(37条) とされ、これが前述の小学校教員心得に対応することになる。

1881 (明治14) 年5月4日には各府県に対して、小学校の教育課程の基準である「小学校教則綱領」が示された (中学校教則大綱は7月)。そこでは、小学校を初等科3年、中等科3年、高等科2年の通年8年制で組織されている。修身科の授業数は、初等科および中等科では毎週6時間、高等科では3時間となっている。学制期の授業時数 (低学年のみ週に1〜2時間) と比べて

道徳教育に関する著しい増加がみられた。

C 教育勅語体制の確立
[1] 小学校令

前項でみてきたように、1870年代（明治初期）の開明的な近代化路線は1880年代前後（明治10年代半ば以降）に道徳重視の保守主義的な方向へ急カーブを切ることとなった。この路線変更を受けて、1890年代あたりから、急速に国家主義的な体制が整えられ、戦前期の日本の姿が形作られていくことになる。

新しい内閣制度において、初代文部大臣となった森有礼（ありのり）(1847-1889)のもと、1886（明治19）年、帝国大学令、中学校令、小学校令、師範学校令の各学校令が制定された。「小学校令」（勅令第14号）の定める小学校の構成は、尋常科4年、高等科4年の8年制であり、尋常科就学が義務（無償制義務は明治33年より）となった。尋常小学校の学科は、別に文部省令第8号として定められ、修身、読書、作文、習字、算術、体操を基本とし、土地の状況によっては、図画、唱歌の1科もしくは2科を加えることができるとした。また、小学校令第13条には、小学校の教科書は文部大臣の検定したものに限るとして、教科書検定制度が採用された。このようにしだいに小学校における教科課程・教科書（教育内容）が国家の統制の下に置かれ、国家主義的教育が推し進められることとなっていく。

[2] 教育勅語

1889（明治22）年2月、大日本帝国憲法の発布と翌年の議会開設により、近代国家としての体制が整えられていく。教育についても、徳育の方針を確定するため1890（明治23）年10月、「教育ニ関スル勅語」（教育勅語）が発布された。教育勅語は全文315字の短文であるが、そこには当時の国家指導層の国民の道徳（教育）に対する要請がきわめて率直に表明されている。

本書巻末に資料として教育勅語の全文を掲載しているので参照されたい（p.190）。本項には読み仮名と句読点を入れたものを載せておく（**資料1-1**）。

資料1-1　教育ニ關スル勅語（1890年10月30日）

朕惟フニ、我カ皇祖皇宗、國ヲ肇ムルコト宏遠ニ、德ヲ樹ツルコト深厚ナリ。我カ臣民、克ク忠ニ克ク孝ニ、億兆心ヲ一ニシテ、世々厥ノ美ヲ濟セルハ、此レ我カ國體ノ精華ニシテ、教育ノ淵源亦實ニ此ニ存ス。爾臣民、父母ニ孝ニ、兄弟ニ友ニ、夫婦相和シ、朋友相信シ、恭儉己レヲ持シ、博愛衆ニ及ホシ、学ヲ修メ業ヲ習ヒ、以テ智能ヲ啓發シ德器ヲ成就シ、進テ公益ヲ廣メ世務ヲ開キ、常ニ國憲ヲ重シ國法ニ遵ヒ、一旦緩急アレハ義勇公ニ奉シ、以テ天壤無窮ノ皇運ヲ扶翼スヘシ。是ノ如キハ、獨リ朕カ忠良ノ臣民タルノミナラス、又以テ爾祖先ノ遺風ヲ顯彰スルニ足ラン。斯ノ道ハ、實ニ我カ皇祖皇宗ノ遺訓ニシテ、子孫臣民ノ俱ニ遵守スヘキ所、之ヲ古今ニ通シテ謬ラス、之ヲ中外ニ施シテ悖ラス。朕爾臣民ト俱ニ拳々服膺シテ、咸其德ヲ一ニセンコトヲ庶幾フ。

明治二十三年十月三十日
　　御名　御璽

　この勅語を起草したのは井上毅（1844-1895）と教学聖旨をまとめた元田永孚である。文章としては、見ての通り2段落に分けられている（改行部分より）が、内容的には86字目「爾臣民父母ニ孝ニ」の前が前文であり、その後が具体的な徳目となっている。改行された「斯ノ道ハ」以下で、それまで述べてきた道徳を共有するべく（天皇の）願いが記されている。

　前文にあたる「朕惟フニ」（天皇自身の思い）から「此ニ存ス」までの部分から簡単に筆者なりの意訳を試みる。「祖先としての神々や歴代天皇がはじめたこの国（日本）やそこに道徳を樹立したのは素晴らしいことであり、それらは臣民（臣下としての国民）の献身や努力によりつくりあげられてきたものであり、教育の根源もまさにこれではないか」と読める。

　次に「爾臣民父母ニ孝ニ」以下、「顯彰スルニ足ラン」までは個別の徳目が次のように並べられている。「父母に孝行をつくす。兄弟（姉妹）仲良くする。夫婦で仲良く支え合う。友人間で信じ合う。他人にはうやうやしく自らは慎み深く。博愛をもって周囲に対する。学問・実業の習得に励み、知能と道徳を伸ばす。さらに公共の利益につながる事業を行う。国のきまりを（憲法）を尊重し法に従う。」とあった。しかし「国の非常事態には国家

（皇室）を救うために奉仕すること」とされ、書き出しから「汝ら臣民に対して言うが」という形態をとったが、こうしたことは「臣民」であるからというだけでなく、祖先から受け継がれてきたことなのだから、それを継承し「顕彰」することになるのだとまとめられていた。

　最後は、段落の代わった「斯ノ道ハ」以下「庶幾フ」までである。「以上は、私（天皇）の祖先や神々から受け継がれてきた教訓であり、皇孫である皇族も臣民もともに守るべきものである。歴史的にも、世界的にも間違いのないものだ」とし、「天皇として、臣民たちとともに、道徳を一つとしていくよう願っている」と読むことができる。

　ちなみに、日付の後の「御名御璽」は天皇の名と押印を指す表現であるが、実は下賜・頒布された勅語のうち「謄本」（全国の学校に配布された分）がこの表示で閉じられており、直轄学校には明治天皇の名である「睦仁（むつひと）」と署名され、「天皇御璽」という朱印が押されていた。つまり前者（多くの学校）は複写版、あるいは記名を簡略化したものともいえる。

　文部省は、この教育勅語謄本を全国の学校に下賜し、祝祭日、卒業式、創立記念日などの折に勅語を奉読することや内容の解説を行うことを求めた。さらには各地域（府県）や学校単位でその施行について結果を報告することが求められた。1891（明治24）年6月には「小学校祝日大祭日儀式規定」が制定され、天皇・皇后の「御真影」（天皇の写真）に対する敬礼、学校長の勅語奉読と訓話、式歌斉唱という学校儀式の形式が定められている。教育勅語は、「御真影」や奉安殿（所蔵庫）らとセットになって、学校全体の雰囲気や儀式という威厳をも合わせた形で児童生徒へと注入されていくことになった。

[3] 小学校令の改正

　教育勅語の発布に備えるために1890（明治23）年10月7日、小学校令が改正された（勅令第215号）。第1条で小学校の本旨（目的）として「小学校ハ児童身体ノ発達ニ留意シテ道徳教育及国民教育ノ基礎並其生活ニ必須ナル普通ノ知識技能ヲ授クルヲ以テ本旨トス」と記され、道徳教育と国民教育の基礎が中心として規定されていた。従前の「普通教育」に比して、目的が具体的に記されていた。教科目は修身、読書、作文、習字、算術、体操

とその状況により数科目を加えられるとされていた。修身科の授業に関しては、翌1891年11月17日（文部省令第11号）に制定された「小学校教則大綱」第2条において、修身は教育勅語の旨趣に基づき、児童の良心を啓培してその徳性を涵養し、人道実践の方法を教授することと定められた。1900（明治33）年8月、小学校令は再び改正されたが、この方針は継承され、これ以後、1941（昭和16）年3月の「国民学校令施行規則」にいたるまで、修身科の授業は教育勅語の精神に基づいて行われるとの方針が継続されていく。

[4] 教育内容の統制

　教科書については、1886年から教科書検定制度が実施されていたが、教科書作成、販売状況の変化や質の問題などが問題視されていた。議会においても、国費を用いて政府の管理下で完全な修身教科書を作成すべきであるとか、修身教科書国定の建議も出されている。この時期に、いわゆる教科書疑獄事件が起きている。1903（明治36）年、文部大臣菊地大麓により、小学校の教科書を国定とすること、修身科と国語科は翌1904（明治37）年4月から実施することが決められた（国定教科書）。

D　大正自由教育と国家の統合、国民精神の統合

　ここまで、1890年代の明治中期以降から、道徳教育が重視され、その教材や内容面まで国家による統制が進んできたことをみてきた。これは、日本の戦前期における国家体制としての天皇制が確立してきた流れとも共通する。それでは、続く時代の「大正期」にはどうであったのか。

　大正期といえば、「大正デモクラシー」という言葉が連想されることが多く、多くの小説・文学作品も著され、またその舞台となった時代であることから、「明治維新期」と同じく西洋（欧米）風な開かれた文化や生活がイメージされるのではないか。実際に日本の教育史上においても「大正自由教育」という名称で表現される「子どもの自発性や個性」を尊重しようとする自由主義的な教育実践が展開されていたことが特色となっている。それは欧米諸国からの「新教育」の導入であり、師範学校付属小学校（明石女子師範付属小学校主事の及川平治による分団式動的教育法や、奈良女子高等師範付属小学

校の主事である木下竹次の合科学習が有名）や新設された私立学校（玉川学園、成城小学校、成蹊学園、自由学園など）での進歩的な教育実践に注目が集まった。子どもの生活現実が学習教材とされ、経験主義の立場で行われた学習指導であるから、修身科の教材についても教科書の徳目を教授するのではなく、生徒自らが体感的に理解し習得することを求めて学習が形成された。その意味で道徳教育についても大きな変化の可能性を持っていた。

しかし、一方でこの時期の内外情勢（第一次世界大戦への参戦、ロシア革命によるシベリア出兵、関東大震災後の不況や混乱など）から、この可能性は摘まれ、従前から積み上げられてきた天皇制国家体制のラインへと収束されていく。

1917（大正6）年9月、政府は内閣直属の諮問機関として「臨時教育会議」を設置した。この会議では、いくつかの答申および建議がまとめられているが、その中では「国体観念」「国家思想」の涵養が強調されている。また、第2回答申では小学校における教育の目的について、国民教育および道徳教育の徹底であり、修身・歴史・国語は、徳性を涵養するための最も重要な教科であるとしている。

以上のように、新しい可能性や試みも地域や学校レベルでは見られたものの、国家側としては教育による国家の統合や国民精神の統合を課題として政策が進められていき、その圧力と対外関係の中での日本の立ち位置の変化により、戦前日本の国家体制完成（統合の強化）へと向かっていくことになる。

E　戦時期までの国民学校における修身科教育

1930年代以降（昭和5年前後）、日本は戦時体制下に入るや、教育は"皇国主義"へとさらに傾倒する。1935（昭和10）年、教学刷新評議会が設置され、祭祀と政治及び教学は根本的に一体不可分のものであり、三者は切り離すことができないとする答申が出された。この答申に基づいて、1937（昭和12）年には、政府の国体観を明らかにした『国体の本義』が発行され、同年12月には、戦時体制下の教育制度・内容を改革する具体的方針を明らかにすることを目的にした内閣直属の「教育審議会」が設置された。

1941（昭和16）年の「国民学校令」により、小学校の名称は、国民学校と改められ、「戦時体制下における皇国民の錬成」が徹底されることとなる。

その基本理念は文部省訓令第9号「国民学校令並ニ国民学校令施行規則制定ノ要旨」に示されている。そこでは、「未曽有ノ世局ニ際会シ庶政ヲ一新シテ国家ノ総力ノ発揮ヲ必要トスル」と時節が把握されていて、「克ク皇国ノ負荷ニ任ズベキ国民ノ基礎的錬成ヲ完ウ」するために国民学校による教育を重視するとされていた。

国民学校の目的は第1条に「皇国ノ道ニ則リテ初等普通教育ヲ施シ国民ノ基礎的錬成ヲ為スヲ以テ目的トス」と規定されている。この「皇国ノ道」とは、教育勅語に示された"皇運扶翼の道"を指すと理解されている。

教育内容については、皇国民の錬成を目的に教科の統合が行われ、国民科、理数科、体錬科、芸能科、これに高等科では実業科が加えられる5つの教科として教育内容が再編成された。修身、国語、国史、地理を内容とする国民科は、国体の精華を明らかにして国民精神を涵養し、皇国の使命を自覚させることを要旨とするものであり、各教科の中核となっている。最重要の科目としての修身科では、国民科修身用の国定教科書(『ヨイコドモ』上下巻、『初等科修身』1～4巻など)が編まれて用いられたが、その内容は「天長節、明治節、国旗、国歌」といった教材を通して、天皇の神聖を教え、国体の尊厳を説くものとなっていた。

教育方法としては、主知的教授を排していたことと、儀式・学校行事の教育的意義を重んじて、これを教科と合わせ一体とすることが特色であり、修身の内容として勅語奉読などの儀式が重視されていたことがわかる。このような教育方法・内容から、歴史研究上において、国民学校を「皇国民錬成の道場」として位置づけられるとの評価もある。

この国民学校令が示された同年に太平洋戦争へと進んでいくが、第1条で教育勅語に基づく「皇国の道」を教育の目的に掲げたことを含む教育の国家的統合が、戦後においては「戦争長期化の責任の一端」として問われることとなり、修身科は歴史(国史)、地理とともに停止されることにつながっていくのである。

コラム　戦前の修身の歴史

次の図表は、1872年の学制発布以降、教育令、改正教育令、森文政期の

小学校令、そして1941年の国民学校令の各制定における授業科目（教科）一覧を示し、簡略にまとめたものである。私たちは学問の知識や理論を学ぶとき、授業を受講するときも、自己学習の際でも文献や資料から学ぶことになる。本章の学びも、歴史的事実やその解説を「文字」による「論述」で示してきたが、その記述は「文字（文書）資料」に基づくものであり、現在の科目名と異なるものも多く、また学校制度にも差異があるため、いささかわかりにくい箇所も多いのではないか。そのとき、自分なりに図示するなど、まとめてみることをおすすめしたい。学制以降の「修身」科は6番手あたりの優先度であったが、いつから筆頭教科となり、以降どこまで続いたのか。その転機となった意見書は何であったか（答：「教学聖旨」）。その前後の事項や背景、あるいはどのような立場のどのような層の人物が関係したのであったか。あるいは、「教育勅語」はどの法令やカリキュラム（教科目一覧）の時代に作られたのか、など、さまざまな問いかけをして、自問自答していただきたい。自分で歴史を他者に説明できるレベルで把握する。それが、教員を目指す学びのうえで、必須の水準となるのではないか。自分なりの理解のためのまとめ方を工夫していただきたい。

江戸時代（幕府藩体制下の教育）	1872（明治5）学制	1879（明治12）教育令	1880（明治13）教育令	1890（明治23）小学校令	大正自由教育	1941（昭和16）国民学校令
（武家・藩校）儒教 武術 ――――― （庶民・寺子屋）読 書 算	綴字 習字 単語 会話 読本 修身 書牘 文法 算術 養生法 地学大意 理学大意 △体術 △唱歌	読書 習字 算術 地理 歴史 修身 ○罫画 ○唱歌 ○体操 ○物理 ○生理 ○博物 ○裁縫	修身 読書 習字 算術 ○地理 ○歴史 ○罫画 ○唱歌 ○体操 ○物理 ○生理 ○博物 ○裁縫	修身 読書 作文 習字 算術 ○体操 ○日本地理 ○日本歴史 ○図画 ○唱歌 ○手工 ○裁縫		国民科 修身 国語 国史 地理 理数科 算術 理科 体錬科 体操 武道 芸能科 音楽 習字 図画 工作 裁縫

図　明治期以降の小学校授業科目一覧

2 戦後道徳教育の歴史

A 戦後道徳教育の改革
[1] 戦後民主化における教育課程改革と道徳教育

　1945（昭和20）年8月15日、敗戦を迎えた日本は、連合国軍最高指令官総司令部（GHQ）の占領下、新しい民主主義国家へと大きく舵を切り、公教育も大改革が断行された。9月22日、GHQ内に教育など文化政策を担当する民間情報教育局（CIE）が設立され日本に対し指令、指導がなされていった。GHQは10月以降、戦前期教育政策の否定的措置としていわゆる教育の四大指令を次々に発した。これらの指令により軍国主義的超国家主義的教職関係者が教職から追放され、その思想的基盤をなしたとされる国家神道、神社神道に対する政府の保証、支援、保全などが禁じられた。さらに12月31日には「修身、日本歴史及ビ地理停止ニ関スル件」を命じた。この3教科は戦前期国家体制に大きく影響を与えた教科とされ、授業の停止と教科書の回収が指示された。日本歴史と地理は翌年10月に再開されたのに対し、修身についてはそのまま廃止された。

　一方で、日本側も早い段階から教育改革に乗り出していた。敗戦から1か月が経った1945年9月15日、文部省は「新日本建設ノ教育方針」を発表し、その中で世界平和と人類の福祉に貢献すべく戦争遂行の要請に基づく教育施策を一掃し、文化国家、道義国家建設を目指す考えを示した。以後、戦後教育改革の中で道徳教育も大きな変化を遂げていった。

　文部省は、修身科に代わる戦後の新しい道徳教育体制として、公民科設置の検討に乗り出した。同年11月11日に公民教育刷新委員会を設置し、12月に2つの答申が発表された。そこでは戦前期修身科を反省的に捉えたうえで、修身は公民的知識と結合して初めて具体的内容を得るものであり、現実社会で実践させるべきであるという考え方が示された。そして公民科の中で、文化国家、平和国家としての国際協調の精神の徹底、封建的遺制の克服、基本的人権の尊重のうえに立った民主主義の指導を図ることが位置づけられた。また、戦前期のような徳目教授型の指導方法を改め、各人が自主的自発的に共同生活の向上発展に努める具体的実践を通した教

育にすべきであるとされた。このように、戦前期修身科と公民科を融合させながら、民主主義に基づく公民概念に道徳を包含する形で道徳性に関わる新教科が意図された。この公民科は、単なる一教科の位置づけを超え、国民教育の基礎構築の中心とする考え方をも有していた。

もう1点、この答申で注目すべきは、新教科としての公民科を提示するとともに、公民的実習の場として現在の特別活動にあたる集団的自治活動、たとえば、生徒会や学級会、寄宿舎、消費組合、修学旅行、討論会、運動会などが示されていた点である。このように、教科としての公民科で自身の生活を公民的に理解しながら、その知識を学校生活の場で実践するという形で新しいカリキュラム像が提示された。

文部省は、この答申を受けて公民科の設置に動き出した。1946（昭和21）年5月7日に、文部省は「公民教育実施に関する件」を通達、同時期に発表れた『新教育指針』では、人間のほんとうの生き方に基づいて修身と公民を1つにまとめたものとして公民教育を位置づけた。そして、10月には教員の指導手引きとして『公民教師用書』を発行し、具体的な指導方法を提示した。

このような流れの中で公民科設置への動きは加速するかと思われたが、1946年の10月頃には公民科ではなく、歴史、地理を含んだ「社会科」の構想に方針転換していった。この経緯についてには、公民教師用書が米国で採用されていた社会科に類似しており、CIEからの要請があった他、戦時期の広域カリキュラム、特に修身、国語、地理、国史を包含した国民科の考え方の影響があったともいわれているが、いずれにしても公民科の理念は翌1947（昭和22）年3月の『学習指導要領』で誕生した社会科に引き継がれることとなった。

[2] 学習指導要領の誕生と道徳教育

戦後初の学習指導要領（試案）が1947年3月に文部省より示され、新教科、社会科が誕生した。この社会科は、前述の公民科の構想を引き継ぎつつ、戦前期の修身・地理・日本歴史をなくし、民主主義社会の建設にふさわしい国民として、社会生活についての良識を養うことを目的に新たに設けられた教科だった。その指導方法は、青少年の生活の問題を適確に捉え

てその解決のための活動を指導していく、いわゆる問題解決学習を重視していた。

社会科の一般的目標には、社会連帯性の意識、共同生活の進歩への貢献、礼儀正しい社会人としての行動、社会の秩序や法の尊重、正義・公正・寛容・友愛の精神など徳目的内容も含まれていたが、それらはすべて問題解決学習や民主的な生活指導の中で実践的に身につけるべきものと捉えられており、戦前の修身とは教育方法的にも大きく異なっていた。

また、公民教育のもう１つの柱として意図されていた公民的実践の場は「自由研究」という新教科で実現を目指した。しかしながらこの教科は各教科の主体的学習の場という要素が強く、生徒の自治的訓練の場としては限定的にしか位置づけられていなかった。そこで 1949（昭和 24）年から 1951（昭和 26）年にかけて自由研究を改廃し新たに誕生したのが「特別教育活動」（小学校は「教科以外の活動」）であった。その内容は、生徒会、委員会、集会、学級会、クラブ活動など生徒の自治的取り組みによって構成され、この取り組みにより「生徒を望ましい社会的行動に導くことができ、道徳教育として目指すものの多くをも、実践を通じて体得させることができる」ことが期待されていた。

以上のような社会科を中心にしながら教科外活動、他の教科も含めた学校カリキュラム全体で道徳教育を構成する考え方は全面主義と呼ばれ、戦後道徳教育の基本的な方針として形作られた。

[3] 民主化と国体護持との狭間で揺れる道徳教育

戦後の道徳教育改革は民主主義の理念を基盤に行われてきたが、一方でそれは既存の道徳観、とりわけ国家観との関係において動揺をもたらすものでもあった。そのことが最も端的に表れていたのが、教育勅語の取扱いであった。

連合軍、とりわけ米国は日本占領以前より教育勅語の扱いに重大な関心を示しており、当時の日本教育に関する研究の中でも教育勅語の徹底排除を含めた否定的意見が示されていた。GHQ は占領後の 1945（昭和 20）年 10 月以降、前述の通り四大指令によって教育の現場から軍国主義的イデオロギーを排除する施策を進めていったが、その頃になると天皇制そのものは

存置する方針に傾く中で、教育勅語の存廃については CIE 内部でも意見が分かれていた。やがて、教育勅語の超国家主義的な解釈を否定しつつ、その存在自体は残し、民主的解釈による新しい教育勅語渙発案が検討され、1946 年以降日本側もその方針を受け入れる姿勢を見せていた。

　一方、日本側では占領当初より国体護持のために教育勅語を守る意図が強く示されていた。「新日本建設ノ教育方針」では、戦後の新しい教育理念が示された一方で、「今後ノ教育ハ益々国体ノ護持ニ努ムルト共ニ軍国的思想及施策ヲ払拭シ平和国家ノ建設ヲ目途ト」することも述べられていた。「国体」とは天皇の統治に基づく国家政体、秩序の考え方であるが、これと民主主義、平和主義の考え方は矛盾しないことを前提としていた。前述した「公民教育刷新委員会答申」でも「わが国民教育が『教育に関する勅語』の趣旨に基く限り公民教育もまたその立場に立って行はるべきであるのはいうまでもない」としている。このような国体護持と民主化の両立論は当時の文部大臣らによって強く主張されていった。新教育勅語論はこのような状況を打開する方策として受け入れられたものといえるだろう。しかし、日本国内世論の批判や米国国内の批判、さらに田中耕太郎文部大臣の反対などの影響もあり、新教育勅語案は実現しなかった。

　1946（昭和 21）年 3 月 31 日の「第一次米国教育使節団報告書」では、儀式における教育勅語の奉読や御真影への拝礼は、思想統制の強力な手段であったとしてこれを廃止することが勧告された。この勧告の一方で田中文相の強硬な教育勅語有効論もあり、CIE 内では再度教育勅語に関する議論が起こり、1946 年 10 月 8 日文部省より「勅語及詔書等の取扱について」が示されるにいたった。ここでは、教育勅語を我が国教育唯一の淵源としないこと、式日などにおける奉読を行わないこと、神格化しないことなどが示されていた。

　しかしながら、教育勅語の存廃そのものは結論が出ず、教育基本法制定過程においても教育勅語存置論が強く存在していた。たとえば、髙橋誠一郎文相は「此の法案の中には、教育勅語のよき精神が引き継がれて居ると考へるのであります。教育勅語をあへて廃止すると云ふ考はないのでございます」と述べている。このように政府側は教育基本法制定まで一貫して教育基本法と教育勅語の併存・両立論の立場をとっていた。

結局、教育勅語が正式に廃止されたのは 1948（昭和 23）年 6 月であった。占領軍にとって「国体護持」の精神を存置した民主的な教育改革は容認できるものではなく、GHQ 民政局による口頭命令によって、衆議院「教育勅語等排除に関する決議」と参議院「教育勅語等の失効確認に関する決議」がなされた。これによって教育勅語は歴史から完全に姿を消すこととなったが、これ以降も教育勅語再評価論は歴代首相をはじめ政府要人からたびたび繰り返され、近年でも下村博文文相が 2014（平成 26）年に「教育勅語は至極真っ当なことが書かれている」と発言している。

B　1958（昭和 33）年「道徳の時間」の設置
[1] 戦後社会科の低迷と修身、教育勅語体制への憧憬

　戦後始まった社会科を中心とした道徳教育は早い段階で方針転換が求められるようになった。その 1 つの理由に社会科の不振があった。経験主義に基づく社会科は民主主義教育の理想的カリキュラムとして華々しく登場したが、現場の教員がその理念を理解しきれず不徹底に終わったこと、「這い回る経験主義」と揶揄されるような経験自体の重視とそれに伴う知識の習得や理解不足、学力低下論などに起因して多くの批判が生まれた。そして、道徳教育としてもその機能が十分に発揮されていないという批判も多かった。たとえば、1951（昭和 26）年に子どもの非行件数がピークになったことも社会科における道徳教育の不振がその一因とされた。

　一方、修身科の廃止、教育勅語の失効という事態にいたり、政府部内においては修身科や教育勅語の意義を見直すべきという思いが燻っていた。たとえば、教育勅語失効に前後して、それに代わるものとして 1948（昭和 23）年 6 月に「教育憲章」が、翌 1949（昭和 24）年に「教育宣言」の制定が議論されていた（いずれも制定には至らず）。

　このような状況下、戦後道徳教育改革のあり方に一石を投じ、後の変革の流れに影響を与えた人物が天野貞祐文部大臣であった。カント研究で著名な哲学者であった天野は 1950（昭和 25）年 5 月に文部大臣に就任し、同年 11 月には社会科の道徳教育上の不振を指摘しながら修身科の必要論と教育勅語に代わる教育要綱の構想を各所で示した。1950 年 11 月 16 日、教育課程審議会に対して天野の考えに基づく道徳教育振興を諮問したが、翌

1951年1月の同答申では天野の意志に反し、道徳に関する教科の特設は望ましくないという結論が示された。しかしその後も天野の道徳教育への意欲は衰えず、同年11月、サンフランシスコ講和条約締結による日本独立に際して、国民のよって立つべき道義の確立を目指すべく「国民実践要綱」を示した。自主独立と和の精神を道議の両面とし、個人、家、社会、国家の4領域にわたり40の徳目を示した。その基調は戦後の平和主義にも立脚していたが、戦前をイメージさせる徳目の列挙という面もあり賛否を呼び、結局天野はこの案を撤回することとなった。

[2] 東西冷戦体制の影響

　冷戦構造の本格化に伴う世界情勢の激動は日本の戦後民主主義教育に大きな動揺を与えた。特に朝鮮戦争の勃発（1950）は戦後の再軍備につながる決定的な流れを生み出し、教育政策の流れも民主化から中央集権型の教育行政へと舵を切った。このことは、社会科による道徳教育への懸念や道徳教育の戦前回帰ともいうべき意見を推し進める力に繋がっていった。

　天野の後を継いだ岡野清豪文相は1952（昭和27）年に生活道義科を特設し、歴史科の独立を図るべきと述べた。また同年、自由党は総選挙に際して、道義の昂揚、愛国心の涵養のための修身・地理・歴史教育の教科を文教政策に掲げた。そして岡野文相は教育課程審議会に対し、「社会科の改善、特に地理、歴史、道徳教育について」を諮問した。翌1953（昭和28）年8月に発表された答申では戦後教育理念に基づく全面主義的道徳教育が継承されていたが、続く中央教育審議会「社会科教育の改善に関する答申」では、民主的道徳の解釈について、「その中心が人格の尊重、ひいては社会公共への奉仕にある」というそれまでにはみられなかった表現をみせるようになってきた。

　1953年10月には池田・ロバートソン会談が行われ、日本側文書において「自分の国は自分が守るという基本観念を徐々に持つように、日本政府は啓もうしていく必要がある」と明記された。これ以降、社会科の改革、道徳の時間の設置に向けた動きが本格化していった。

[3]「道徳の時間」の設置

　1956（昭和31）年3月、文部省より教育課程審議会に対し「小学校・中学校教育課程の改善について」が諮問された。1958（昭和33）年3月に答申が提出され、これに従い同年10月に学習指導要領が改訂された。この改訂はそれまでの学習指導要領のあり方を大きく転換させるものとなった。それまであった「試案」の文字が消え、告示の形で法的な拘束力を持つものとなった。教育課程の理念は問題解決学習重視から系統的な学習重視となり、社会科においても地理、歴史、公民の系統的学習重視の方向性が示された。その結果、社会科の道徳教育の機能は弱まり、それを補強するものとして小・中学校に新たに設置されたのが「道徳の時間」であった。この時間は週1時間以上を必修とし、教科としては取り扱わず教科外の領域として位置づける形を取った。

　道徳教育専門の時間を設置して指導する方法を「特設主義」と呼ぶが、文部省は道徳の時間の設置をもって特設主義とは捉えず、あくまで全面主義は堅持されており、その中で道徳の時間は、各領域で学んだ道徳的知識や身につけた道徳的資質を「補充・深化・統合」する役目を持つものと説明した。他の領域で学び足りない点を補い、理解の浅い点を深め、バラバラに学んだことを1つの考えに統合する、という意味である。

　また、道徳性のあり方と習得のプロセスについて、望ましい道徳的習慣、心情、判断力を養い、社会における個人のあり方についての自覚を主体的に深め、道徳的実践力の向上を図るという構造を明確化した。

　その目標は、人間尊重の精神を社会の具体的な生活の中に活かし、個性豊かな文化の創造と民主的な国家および社会の発展に努め、進んで平和的な国際社会に貢献できる日本人を育成することと位置づけ、内容項目について「日常生活の基本的行動様式」「道徳的心情・道徳的判断」「個性の伸長・創造的な生活態度」「国家・社会の成員としての道徳的態度と実践的意欲」の4領域に分け、小学校で36項目、中学校で21項目を設定した。その内容自体はおおよそ旧教育基本法の理念に立脚すると捉えることは可能であり、また指導上の留意点として、一方的な徳目教授にならず、子どもの生活上の問題や時事的問題を取り入れ、生徒の自主性を尊重することも示すなど、予想される批判にも対応する意図がみられた。

しかしながら、いわゆる反動化の教育行政改革動向、道徳の時間設置までの経緯の強引さ、教育勅語や修身科復活論を背景にした政府要人の見解、愛国心が内容項目に規定されていたこと、そしてなにより国が決めた規範を教えるという指導方法が民主主義に馴染まない点などが主に左派陣営からの強い批判を呼ぶこととなり、結果として道徳教育全体が左右の政治的対立を軸に論じられるという状況を堅持させることになった。

C　低迷する「道徳の時間」と教科化
[1]「道徳の時間」の形骸化

多難な状況の中で新しく始まった道徳の時間は、政治的対立に起因する道徳の時間そのものへの批判のみならず、実際の指導方法やその教育効果、さらには実施状況の点からも問題が指摘されていた。

実施から5年後の1963（昭和38）年、教育課程審議会は「学校における道徳教育の充実方策について」（答申）を示した。その中で、教師や学校側の問題として次のように指摘している。「教師の中には倫理的秩序の価値観に相違がみられ、道徳教育についての指導理念を明確に把握していない者、熱意に乏しく自信と勇気を欠いている者が認められ、一部には道徳の時間を設けていない学校すらある。また各学校において指導計画の作成や教材の選定に困難を感じている者も多く道徳の適切な指導に欠いている。」そして、その充実方策として目標内容の具体化や重点化、教師用指導資料の豊富な提供、読み物資料の使用、教員養成の改善や現職教育の充実、校内の指導体制の確立、家庭や社会との協力、教育委員会による指導強化を挙げた。

その2年後の1965（昭和40）年「道徳の読み物資料について」という文部省通知が出された。これは各教育委員会への通知で、適切な読み物資料の選択についての要件をまとめたものであった。これによりその指導方法が読み物指導中心へと方向づけられ、学習指導要領で示されていたような子どもの生活上の問題や時事的問題を取り入れた生徒の自主性を尊重するような指導がしにくくなるという弊害をかえって生み出す結果にもなった。

やがて道徳の時間の低迷は形骸化として定着した。1983（昭和58）年に行われた道徳教育の実施状況に関する調査では、道徳の時間の実施状況に

ついて、おおむね適切に行われたという回答は小学校で77%、中学校では63%という低い数字を示していた。1998 (平成10) 年6月の中央教育審議会答申では、道徳の時間の標準時間数35時間を確保した学校が小学校で6割、中学にいたっては2割に留まるという実態が示され、心に響かぬ形式化した授業の問題が指摘された。近年でもこの状況は大きくは変わらず、2008 (平成20) 年中央教育審議会答申でも同様の指摘がなされている。

すなわち、道徳の時間の不振は1958年に設置されて以降、現在までほぼ断続的に続いているのが実態といえよう。

[2] 審議会答申などにみる道徳教育の改善要求

道徳の時間の不振が続く一方で、戦後日本社会の急激な変化に対応すべく、道徳教育の充実やその改善方策はたびたび指摘されてきた。とりわけ1980年代後半以降はそれが強まり、やがて政権側の道徳教育観と融合しつつ道徳の時間の教科化へと向かっていくことになる。

高度経済成長を終え安定成長期に入った1970年代後半以降に顕在化した国際化、情報化社会の進展、受験競争の激化、青少年非行の増加、いじめや登校拒否など教育問題への対応を目指し、首相直轄の諮問機関として1984 (昭和59) 年に臨時教育審議会が発足した。その答申では個性重視を中心とした教育改革の方向性が示されたが、道徳教育に対してはその第二次答申 (1986〔昭和61〕年) において人間形成の基盤としてその充実を求めている。その内容として、生活習慣のしつけや基本的行動様式の形成・定着、「生き方」の指導の充実、自然の中での体験学習、集団生活の機会、ボランティア活動への参加促進、道徳の時間の内容の見直し、道徳教育の充実のため補助教材の使用の奨励、教員の指導力を高めるため、教員養成、現職教育の充実・改善を挙げている。

1998 (平成10) 年6月の中央教育審議会「幼児期からの心の教育のあり方について」答申では、低迷する道徳の時間の充実に関する提言がなされた。その対応策として、体験的実践的活動との関連を重視し子どもが自ら考える授業を重視すること、教材を工夫し子どもの心に響き感動を与える授業を行うこと、子どもに結論や答えを教えてよい子を作ろうとするのではなく、子どもと共に考え悩み、感動を共有していくという考え方で授業を行

うこと、道徳教育に対する教員の意識の向上とその為の教員の啓発などが挙げられた。

2000（平成12）年3月、小渕恵三首相の私的諮問機関として発足した教育改革国民会議は同年12月に「教育を変える17の提言」を出した。その内容は教育基本法の改正などが目玉となっていたが、道徳教育については「学校は道徳を教えることをためらわない」としたうえで、「小学校に『道徳』、中学校に『人間科』、高校に『人生科』などの教科を設け、専門の教師や人生経験豊かな社会人が教えられるようにする」と道徳の教科設置を提言した。国の審議組織の答申レベルで教科化が具体的に示されたのは、戦後これが初めてのことであった。

2002（平成14）年4月22日、文部科学省は道徳の補助教材『心のノート』を全国の小・中学校に無償配布し、翌年7月には教師用の指導手引き書『「心のノート」を生かした道徳教育の展開』も刊行された。『心のノート』の配布は、形骸化が続く道徳の時間の指導に具体的な方向性を示した一方で、それが道徳教育国定教科書の再来であるという批判もあり、議論を呼んだ。

このような2000年代前半の動きを経て、道徳の教科化が具体的に動き出したのは2006（平成18）年であった。

[3]「特別の教科　道徳」の設置へ

2006年に教育政策課題として大詰めを迎えていたのが教育基本法改正であり、同年12月15日に成立した。道徳教育の視点からこの改正で注目すべきは、旧法ではみられなかった教育の目標が新たに明記された点である。そこには、正義と責任、男女の平等、自他の敬愛、生命を尊び自然を大切にする、環境の保全に寄与する、伝統と文化の尊重、我が国と郷土を愛する、他国の尊重、国際社会の平和と発展に寄与する態度といった内容が示されているが、これらはもともと学習指導要領「道徳」の目標・内容において示されていた内容である。道徳の目標・内容規定が教育基本法の目標に位置づくことと連動して道徳教育教科化の流れは加速していった。

この年の9月26日に首相に就任した安倍晋三は、その政策課題として教育再生を1つの旗頭に掲げていた。安倍首相は就任直後の10月10日、内閣に教育再生会議を設置し、教育改革の具体化にとりかかった。その中

の1つの重要項目が道徳教育であった。その第二次答申（2007〔平成19〕年6月）では、いじめや犯罪の低年齢化など子供を取り巻く現状を踏まえ、全ての子供たちが社会の規範意識や公共心を身につけ、心と体の調和の取れた人間になるために、徳育を教科化し、現在の「道徳の時間」よりも指導内容、教材を充実させることを提言した。また、小学校で1週間の自然体験、中学校で1週間の社会体験、高等学校で奉仕活動の必修化も提言した。これは2008（平成20）年学習指導要領改訂を念頭にした現実的な提言であったが、2008年1月に示された中央教育審議会の「学習指導要領の改善に関する答申」は、道徳教育の充実を指摘したものの、教科化の提言にはいたらなかった。さらに2009（平成21）年の民主党政権誕生に至り、道徳の教科化は完全に棚上げとなった。

　道徳教科化の動きが復活したのは、自民党が復権した第二次安倍政権であった。2012（平成24）年12月26日に第二次安倍政権が誕生すると、翌年1月に教育再生実行会議を設置した。そして同年2月に「いじめ問題等への対応について」（第一次提言）を発表、その中で道徳教育の教科化をあらためて提言した。これに基づいて同年3月文部科学省に「道徳教育の充実に関する懇談会」が設置され、翌2013（平成25）年12月26日に「今後の道徳教育の改革・充実方策について―新しい時代を、人としてより良く生きる力を育てるために―」（報告）を発表した。これまでの道徳教育の問題点を指摘したうえで、道徳の時間の枠組みをあらため「特別の教科　道徳」とし、道徳教育の目標、内容、指導方法、評価、検定教科書の導入、教材の改善等について提言した。

　2014（平成26）年10月21日、中央教育審議会より「道徳に係る教育課程の改善について」（答申）が提出され、翌2015（平成27）年3月27日、学校教育法施行規則改正、学習指導要領一部改訂公示によって「特別の教科　道徳」（以下、道徳科）が誕生した。同年からの移行措置期間を経て、小学校は2018（平成30）年より、中学校は2019（平成31）年より全面実施となる。

　内容の詳細は第3章以降に譲るが、道徳科の特徴について「学習指導要領解説」では、いじめの問題への対応の充実や発達の段階を踏まえた体系的なものとする観点から、価値観の押しつけや、児童・生徒の主体性を抑制する指導を否定し、内容の改善や問題解決的な学習の導入など指導方法

の工夫を図り、多様な価値観や対立にも誠実に向き合う「考える道徳」、「議論する道徳」へと転換を図るものと位置づけている。

　道徳科の評価については、児童の学習状況や道徳性に係る成長の様子を継続的に把握し指導に活かす一方、数値化は行わないものとした。

　教科書については検定教科書を導入することを適当とし、2015（平成27）年7月23日に教科用図書検定調査審議会が「『特別の教科　道徳』の教科書検定について」（報告）でその基本的な方針を示している。また、道徳教育用教材『心のノート』は教科化前年の2014（平成26）年4月に『私たちの道徳』として全面改定され、全国の小・中学校に配布された。

　以上、戦後道徳教育史について教科化の観点を軸に概観してきた。戦前の教育勅語や修身科体制による国家主義的道徳教育への反省をもとに、日本国憲法や教育基本法の理念に基づく新しいあり方が模索されてきたが、それは政治情勢、社会的要求、教育方法観などさまざまな対立的要素に翻弄されながら絶えず不安定に揺れ動いてきた歴史であった。教科化にいたったといっても、それは全面主義的道徳教育の1つの枠組みが強化されたに過ぎない。これまでの歴史を反省的に踏まえつつ、これからの道徳教育を子どもたちの生きる力を真に育てる教育に改善することこそが教員をはじめとしたすべての教育関係者に求められている。その努力こそがこれからの道徳教育の歴史を作り上げていくはずである。

知識を確認しよう

問題

(1) 明治期において、修身科が筆頭教科とされ重視された理由はなぜか。そこにはどのような「ねらい」があったのかを論述してみよう。

(2) 戦後、「道徳の時間」がどうして設置されたのかをまとめてみよう。

解答への手がかり

(1) 第1節の［2］［3］とコラムを参照しながら、明治政府の政策転換について考えてみよう。

(2) 国家観対立の視点、教育方法的対立の視点の両面から考察してみよう。また、社会科を中心とした道徳教育、道徳の時間を要とした道徳教育それぞれの有効な点、問題点についても検討してみよう。

第 2 章 道徳性の発達

本章のポイント

　本章では、道徳性の発達について解説する。

　まず、道徳性とは何か、を考える。文部科学省による道徳性についての見解を概観し、さらにその絶対性／相対性についてもデュルケムを引き合いに考察する。

　次に、小学校児童の道徳性の発達について検討する。やはり文部科学省による見解を見てゆくが、それとともに古典として現在も参照されるピアジェの学説にも言及する。

　さらに、中学校生徒の段階における特徴や重視すべき課題、中学生の道徳性の発達に応じた道徳の指導について述べ、中学校における道徳教育のあり方について、『中学校学習指導要領』、中央教育審議会の答申等を手掛かりに検討する。そして、最後に、高等学校生徒を取り巻く現状と発達段階における特徴と課題、高校生の道徳性の発達に応じた道徳教育の展開について、各教科および特別活動と道徳教育との関連から検討する。

1 道徳性とは何か

A 道徳性の広がり

道徳性とは何か——辞書を開いてみると、「道徳の本質」(『広辞苑』岩波書店，第6版：2008) や「道徳の本性」(『大辞泉』小学館，第2版：2012) という具合に説明されている。これらを利用して問いを置き換え、「道徳の本質とは何か」あるいは「道徳の本性とは何か」というふうに問い直してみよう。

このように多少答えやすくした場合でも、誰もが納得できるたった1つの答えを思い浮かべることができるだろうか。むしろ、個人的な経験や価値観あるいは信仰といったものに基づいた、あまりにもいろいろな答えが返ってくることが予想されてしまうのではないだろうか。

ここでは差し当たり、「道徳性とは何か」という問いは広がりを持っている、という理解を持っておくことにしよう。

B 学校教育における道徳性
[1] 学習指導要領と道徳性

現代日本における各種の学校教育は、道徳科（特別の教科　道徳）に限らず、学習指導要領に即して行われることになっている。したがって、「道徳性とは何か」という問いは広がりを持ってはいるが、「学校教育における道徳性とは何か」については、学習指導要領とその関連文献を参照することによって限定していくことができる。

言い換えれば、それは、文部科学省が道徳性をどのように考えているのか、ということである。以下で確認しよう。

2015（平成27）年3月に一部改正された『中学校学習指導要領』では、「第3章　特別の教科　道徳」の「第1　目標」に、「道徳性」についての次のような言及が見られる（『小学校学習指導要領』でも同じ部分に同様の言及が見られる）。

> 第1章総則の第1の2に示す道徳教育の目標に基づき、よりよく生きるための基盤となる道徳性を養うため、道徳的諸価値についての理解を基に、自己

> を見つめ、物事を広い視野から多面的・多角的に考え、人間としての生き方についての考えを深める学習を通して、道徳的な判断力、心情、実践意欲と態度を育てる[1]。

　また、同じ2015年の7月に示された『中学校学習指導要領解説　特別の教科　道徳編』においては、「第2章　道徳教育の目標」の「第2節　道徳科の目標」の「4　道徳的な判断力、心情、実践意欲と態度を育てる」の冒頭部分において、次のように述べられている（『小学校学習指導要領解説　特別の教科　道徳編』においても、同じ部分で同様のことが述べられている）。

> 道徳性とは、人間としてよりよく生きようとする人格的特性であり、道徳性を構成する諸様相である道徳的判断力、道徳的心情、道徳的実践意欲と態度を養うことを求めている[2]。

　以上に見てきた文言を分析・整理すれば、文部科学省は道徳性を、第1に「様相」によって分解できるものであり、第2に「道徳的判断力」、「道徳的心情」、「道徳的実践意欲と態度」から構成されるものと考えている、と言えよう。

[2] 道徳的判断力、心情、実践意欲と態度

　ここでは、道徳的判断力、道徳的心情、道徳的実践意欲と態度について、その内容を確認する。『中学校学習指導要領解説　特別の教科　道徳編』においては、先程引用したマニフェスト的な部分に続く形で、それぞれの内容についての解説がなされている（『小学校学習指導要領解説　特別の教科　道徳編』においても、同じ部分で同様のことが述べられている）。以下に、(1)～(3)として示す。なお、この(1)～(3)の道徳性の諸様相については、特に序列や段階があるということではない、とされている。

(1) 道徳的判断力

　それぞれの場面において善悪を判断する能力のこと。人間として生きるために道徳的価値が大切なことを理解し、さまざまな状況下において人間としてどのように対処することが望まれるかを判断する力ともいえる。的

確な道徳的判断力を持つことによって、それぞれの場面において機に応じた道徳的行為が可能になる。

(2) 道徳的心情

道徳的価値の大切さを感じ取り、善を行うことを喜び、悪を憎む感情のこと。人間としてのよりよい生き方や善を志向する感情ともいえる。それは、道徳的行為への動機として強く作用する。

(3) 道徳的実践意欲と態度

上記の道徳的判断力や道徳的心情によって価値があるとされた行動をとろうとする傾向性のこと。このうち、道徳的実践意欲は、道徳的心情や道徳的判断力を基盤として道徳的価値を実現しようとする意志の働きのことであり、一方、道徳的態度は、それらに裏付けられた具体的な道徳的行為への身構えのことである[3]。

ちなみに、以前の『小学校学習指導要領解説　道徳編』[4]および『中学校学習指導要領解説　道徳編』[5]では、以上の(1)〜(3)に加えて、4番目に「道徳的習慣（長い間繰り返して行われているうちに習慣として身に付けられた望ましい日常的行動の在り方のことで、最も基本となるものは「基本的な生活習慣」と呼ばれ、やがて第二の天性と言われるものとなる）」が取り上げられていたのだが、今回の『小学校学習指導要領解説　特別の教科　道徳編』および『中学校学習指導要領解説　特別の教科　道徳編』では見当たらなくなった。

[3] 『生徒指導提要』と道徳性

実は、道徳性については、文部科学省が著作権を有する『生徒指導提要』においても次のような言及がなされている。学校教育における道徳性とは何か、あるいは文部科学省が道徳性をどのように考えているのか、という問いに対する答えでもあるので、取り上げておくことにしよう。

> 道徳性とは、人間としての本来的な在り方やよりよい生き方を目指してなされる道徳的行為を可能にする人格的特性であり、人格の基盤をなすものです。すべての生命のつながりを自覚し、すべての人間や生命あるものを尊重し、大切にしようとする心に根ざして、向上心や思いやり、公徳心などの道徳的価値が形成されていきます[6]。

そもそもこの記述は、いずれも 2008 (平成 20) 年に示された『小学校学習指導要領解説　道徳編』および『中学校学習指導要領解説　道徳編』の中にあった文言[7]を、一部省略し圧縮したものである。現在は引用文の方だけが残り、言わば出典を失った格好になっていることを言い添えておく。

C　道徳性の相対性
[1] デュルケムと道徳性

エミール・デュルケム (Durkheim, Émile　1858-1917) という人を知っているだろうか。教職課程を履修している大学生なら、理系であっても名前を聞いたことくらいはあってほしいのだが、ここではそこにはこだわらないことにしよう。デュルケムは、社会学の歴史に恐らくは永遠にその名をとどめる偉人である。偉大なデュルケムは、社会学にとどまらず教育学の領域においても活躍し、すなわち道徳について論じているのだが、文部科学省のように、道徳性を分解的＝構成的に捉えている。

とはいえ、それは文部科学省とは異なった分解＝構成の仕方である。デュルケムは、道徳性を「様相」ではなく「要素」によって分けている。

デュルケムのいう要素とは、「道徳的性向の基底にある基本的感情」であり、簡単に言えば「精神状態」のことである。その主要なものとしてデュルケムは、「規律の精神」と「社会集団への愛着」、さらにそれらに加えて「意志の自律性」を挙げている[8]。

[2] さまざまな道徳性

デュルケムは、約 100 年前の時代を生きたフランス人であり、すなわちその道徳論は違う時代の違う国のものである。当時のフランス（ヨーロッパ全体を含む）が抱えていた特有の事情が、デュルケムの道徳論には介在している。それは、キリスト教（教会）の影響力から学校教育を独立・自律させなければならないという事情であった。

デュルケムは、現代に連続する近代的な学校教育を前提にして、道徳の授業をも想定しつつ、それまで支配的だった宗教道徳やそれに基づく家族道徳に取って代わり得る公民道徳を探求し構想した。その道徳論は今日においても価値を減じていないと言われている[9]。

以上から何を言いたいかというと、要するに、文部科学省のいう道徳性が唯一絶対のものではない、ということである。本節の冒頭でイメージとして捉え、そして今デュケムを例に挙げて考察したように、「道徳性とは何か」という問いは、いくつかの、あるいはいくつもの答えを持っている。

　道徳性についてはいろいろな考え方がある。学校において教員は、学習指導要領にそくして道徳その他の教育活動を実践・展開しなければならないが、一方でこのような相対化の視点もしっかりと持っておいた方がよい。文部科学省（当時の文部省）が戦前・戦中の時期、今日からすれば到底肯定し得ない道徳（修身）教育を唱えていたのに対して、デュルケムの道徳論は100年以上の時間の流れに風化することなく輝き続けているのである。このこと1つをとっても、文部科学省のいう道徳性を唯一絶対のものとすることのリスクがわかるのではないだろうか。

コラム　されて嫌なことは、しない

　「どうしたらよく生きられるのか」というきわめて道徳的な問いは、青年期を中心に多くの人に抱かれるものだろうが、筆者（山岸）は今日いうひきこもりだった時期があり（大学には27歳で入学した）、もしかしたら人よりも深く思い悩んだのではないかと思う。人類の歴史は何千年とあるのだから、自分より頭のよい人がどこかに「よく生きること」に関する答えのようなものを記してあるのではないかと考え、いろいろと本も読んだ。

　ヴォルテール（Voltaire　1694-1778）は、世界史その他の教科書で取り上げられている偉人中の偉人だが、彼はその『寛容論』で次のように述べている――「この（引用者注：自然法と人定法という人類の）二つの法の大原理、普遍的原理は地球のどこであろうと、『自分にしてほしくないことは自分もしてはならない』ということである」[10]。この「されて嫌なことは、しない」というヴォルテールのシンプルな主張は、50歳を前にした今でもそう思うのだが、まさにそのシンプルさゆえに美しく、当時まだ20代前半であった筆者の内面に道徳律として深く刻み込まれたものである。

　ところが、本を読み続けていたらやはり教科書級の偉人であるイマヌエル・カント（Kant, I.　1724-1804）がその『道徳形而上学の基礎づけ』におい

て、「『自分にされたくないことを、他人にしてはならない……』といった陳腐な表現を、規範や原理として利用できると考えてはならない」と述べていた。ややや……。カントによれば「自分が他人に親切にしなくて済むのなら、他人が自分に親切にしてくれなくても構わない」と考える人は多いのだし、極論すれば「自分が与えられたくない処罰を私に与えてはいけない」と犯罪者が裁判官に向かって主張することも可能になってしまう、だから「されて嫌なことは、しない」は規範や原理にならない[11]。

このように道徳的なものをめぐる問いは相対化の余地を持っていることが多く、それゆえに唯一絶対の答えを返すのは大抵の場合、困難なのである。

さて、悩んだり考えたり、あるいは先人の優れた考えを知ろうと努力するのをやめたわけではない筆者だが、このことに関しては自分の直感にしたがって今も「されて嫌なことは、しない」を自分のルールにしている。もっともいつもそうできているか、それは心もとないのだけれど。

2 小学校児童の道徳性の発達

A 文部科学省による道徳性とその発達
[1] 『学習指導要領解説』と『生徒指導提要』

本節においては、「小学校児童の道徳性の発達」を取り扱う。「小学校児童の道徳性の発達」であることから、現代日本の小学校教育を前提として、文部科学省による見解（考え方）を中心に記すこととする。

2008（平成 20）年 8 月に示された『小学校学習指導要領解説　道徳編』においては、その一部で、小学校児童の道徳性の発達が直接的に取り扱われていた。それは、「第 1 章　総説」の「第 2 節　道徳教育の基本的な在り方」の「2　道徳性の発達と道徳教育」の部分であった。

しかしながら、2015（平成 27）年 3 月の『小学校学習指導要領』の一部改正に伴い、同年 7 月に示された『小学校学習指導要領解説　特別の教科

道徳編』においては、当該部分を含む「第2節」自体がなくなってしまっている。このため、文部科学省が小学校児童の道徳性の発達をどのように考えているのか、現在は不明瞭になってしまったと言えなくもない。とは言え、「小学校児童の道徳性の発達」というものは、その性質上、常識的に考えて数年間のうちにその実質が大きく変質してしまうようなものではないはずである。そこで、以下には、2008（平成20）年の『小学校学習指導要領解説　道徳編』に記されていた内容を示すこととする。

なお、以下に示す小学校児童の道徳性の発達についての内容は、実は2010（平成22）年に公刊された『生徒指導提要』の中に、現在も一部省略され圧縮された形で確認できるものでもある[12]。今のところ『生徒指導提要』の改訂は行われておらず、したがってこの点からも2008年の『小学校学習指導要領解説　道徳編』に示された小学校児童の道徳性の発達についての記述は生きている（有効である）と考えられる。

[2] 道徳性の発達と留意点

文部科学省[13]によれば、道徳性は、生まれた時から身に付けているものではなく、人間はその萌芽をもって生まれてくるのであり、人間社会におけるさまざまな体験を通してそれを学び、開花させ、固有のものを形成する。つまり、そこで道徳性は、本人（個人）において発達するもの、と想定されていると言えよう。

また、一方で教育する側は、それが適切に発達するように働きかける役割を負う、ということになる。

文部科学省は、道徳性の発達には、さまざまな要素が関わり合っているので、特に次の3点に留意する必要がある、としている。すなわち、①よりよく生きる力を諸能力の発達に合わせて自ら引き出すこと、②体験等の広がりに合わせて豊かな関わりを発展させていくこと、③認識能力や心情等の発達にあわせて道徳的価値の自覚を深められるようにしていくこと、以上の3点である。

[3] 小学校の各学年段階における道徳性

文部科学省[14]はまた、道徳性を①低学年、②中学年、③高学年、の3段

階に分けて考えている。それぞれの段階別の特性を箇条書きにして整理してみよう。

(1) 小学校低学年の道徳性
- 自分でしなければならないことができるようになる（これは道徳性の基本である）。
- 他人の立場を認めたり理解したりする能力も徐々に発達してくる（ただし幼児期の自己中心性はかなり残っている）。
- 動植物などへも心で語りかけることができる。
- 善悪の判断や行為について行ってよいことと悪いことについての理解ができるようになる（ただし教師や保護者の影響を受ける）。
- 上記のような諸能力の発達そのものがよりよく生きる力を引き出す。
- 仲間関係では次第に自分たちで役割分担して生活や遊びができるようになる。
- 家庭や学級においてさまざまな役割を期待され行うことによって、集団の一員としての意識をもって関わりを深めていく。

(2) 小学校中学年の道徳性
- 身体が丈夫になり、運動能力・知的能力が大きく発達する。
- 社会的活動能力が広がり、地域の施設や行事などに興味を示し、自然などへの関心も増す。
- 問題解決能力が発達し学習活動に一層の興味を示す。
- 計画的に努力する構えも身に付く。
- 自分の行為の善悪をある程度反省しながら把握できるようになる。
- 性差を意識するようになる。
- 上記の発達特性のよさを実感し伸ばそうとすることで、よりよく生きる力が具体化される。
- 徐々に集団の規則や遊びのきまりの意義を理解して、自分たちできまりをつくり守ろうとするなど自主性が増してくる。
- 学級では仲間集団ができ集団の争いや集団への付和雷同的行動も現れる。
- 自然や崇高なものとの関わりで、不思議さやすばらしさに感動する心が一層はぐくまれる。
- 快活さと興味の拡大から自己中心的な行動をする傾向もある。

(3) 小学校高学年の道徳性

- 抽象的、論理的に思考する知的能力が増し、行為の結果とともに動機を熟慮できるようになり、相手の立場で人を思いやる共感能力の発達を示す。
- 上記の発達にあわせて、ともによりよく生きようとする力が引き出される。
- 理想主義的な傾向が強く、自分の価値判断に固執しがちである。
- 自律的な態度が発達し、自分の行為を自ら判断するようになり、責任感が強くなり、批判力も付いてくる。
- 異性に対して、対立的にではなく、積極的な興味を抱くようになる。
- 多様な体験から協同的な態度が引き出されるようになる。
- 所属する集団や社会での自分の役割や責任などについて自覚が深まる（この傾向は6年生による校内の集団生活のリーダー経験で強められる）。
- 仲間集団は開放的で柔軟なものへ変わる傾向があり、活動の場を広げる。
- 自然や崇高なものとの関わりでは、環境保護などへも目が向き、人間の力を超えたものへの畏敬の念も培われてくる。

[4] 一般論である文科省見解

　ところで、上記の「各学年段階における道徳性」を見て、ところどころ疑問を持った人はいないだろうか。たとえば「その子その子によって違うんじゃないかと思うものがあるけどなぁ」と思った人、あるいは「自分の初恋は幼稚園の時だったから、小学校中学年で性差を意識するというのはちょっと違和感あるな」と感じた人などいたのではないかと思う。

　このような疑問は、恐らく正当性を持っている。なぜなら、「個人差」という言葉が存在する限りにおいて「その子その子によって違うんじゃないか」という問いは否定され得ないからである。また、「初恋は幼稚園の時でした」と芸能人などがメディアで話しているのを、見聞きした人も少なくはないだろうからである。

　要するに、文部科学省の見解は一般論である、という留保をわれわれは忘れてはならないのである。このことは、ただし道徳教育を超えてもっと大きな学校教育をめぐる問題につながっている。一人ひとりに丁寧に対応

した教育が理想的であることは疑いのないことだが、そうすることは学校教育の実際においてはきわめて困難である、という問題である。「学校教育の理想と現実」の問題と言ってもよいだろう。

多くの子どもを集めて行われる学校教育においては、どうしても（公約数的な）一般論が前面に来ることにならざるを得ない——この際なので、このことにまで理解を広げておいてほしいと思う。

B 学説における道徳性の発達
[1] 学説を学ぶ必要性

学習指導要領は、文部科学省告示である。これは法規の一種であり、法的拘束力を持つとされている。また、それに基づいて作成される各種の『学習指導要領解説』、あるいは『生徒指導提要』もまた、文部科学省が著作権を所有するものである。したがって、これらにのっとって教員が学校で道徳教育を展開している限り、問題視されることはまずないだろう。

しかしながら『学習指導要領解説』や『生徒指導提要』における文部科学省による記述は、断定的ではあるが、文献などその根拠が示されていないものでもある。それゆえ、教員や教員志望の者は、学説に学んでおく必要もあるのではないのだろうか。

[2] ピアジェとコールバーグ

道徳性の発達に関して有力な学説を唱えた代表者は、まず何と言ってもジャン・ピアジェ（Piaget, J. 1896-1980）である。彼の研究成果は今日においては、もはや古典として輝かしく君臨しているといってよい。それから、このピアジェに影響を受け、継承的に研究を発展させたローレンス・コールバーグ（Kohlberg, L. 1927-1987）の名前も忘れずに挙げておかなければならない。

小学校児童の道徳性の発達ということで該当するのは、ピアジェである。コールバーグは、主にそれ以降の時期（青年期）における道徳性の発達を取り扱っている。

[3] ピアジェの学説

　道徳性の発達をめぐって、今日なお無視することのできないピアジェの著作として『児童の道徳的判断』が挙げられる。これは、『児童道徳判断の発達』というタイトルに改題されて日本語訳もされている。

　ピアジェは、4歳から12、3歳までの約20人の男の子を対象に、人気のある伝統的なゲーム（マーブル・ゲーム）を利用して、このゲームの規則を子どもたちがどのように実行するか研究（調査、分析）した。

　そして研究の結果として、第1に、子どもたちには①拘束＝他律の道徳、および②協同＝自律の道徳、という2種類の道徳があること、また第2には、拘束＝他律の道徳が発展して協同＝自律の道徳へと進化すること、を明らかにしている[15]。

　もう少し具体的に述べると、子どもたちは、小学校低学年くらいまでは、ゲームの規則は大人が決めたものであり修正できない、と考えているが、それが高学年くらいになると、規則に従うことも必要だが、規則というのはゲーム参加者の同意に基づいたものであるから皆の同意によっては修正も可能だ、と考えるようになる——ピアジェの唱えた、拘束＝他律の道徳から協同＝自律の道徳への発展・進化、というのは、たとえばこういうことである[16]。

　要するにピアジェは、道徳性が年齢を目安に段階的な発達をたどること、すなわちステップを踏みながら良質化されていくことを明らかにした。ごく当たり前のことに思われるこの事実を、ただし科学的な方法を用いて根拠（証拠）を示しながら最初に明らかにしたのがピアジェなのである。

　小学生の道徳性の発達に関する文部科学省の見解は、ピアジェの研究結果と整合的であるだろう。ということは、何らかの形でそれは、ピアジェの知的遺産のうえに成立しているものだということを意味してもいるのである。

3 中学校生徒の道徳性の発達

A 生徒の発達段階に対応した道徳教育の充実
[1] 中学生の発達段階を踏まえた道徳教育の充実

　2015（平成27）年7月に一部改正された『中学校学習指導要領』で道徳教育の目標は、「教育基本法及び学校教育法に定められた教育の根本精神に基づき、人間としての生き方を考え、主体的な判断の下に行動し、自立した人間として他者と共によりよく生きるための基盤となる道徳性を養うこと」とされた。また、「道徳の時間」に代えて設置する「特別の教科　道徳」（以下「道徳科」）の目標を「道徳的諸価値についての理解を基に、自己を見つめ、物事を広い視野から多面的・多角的に考え、人間としての生き方を深める学習を通して、道徳的な判断力、心情、実践意欲と態度を育成する」と示した。そして、道徳教育はすべての学校段階において一貫して取り組むべきものであり、幼稚園、小・中学校・高等学校の学校段階や小学校の低・中・高学年の学年段階ごとにその重点を明確にし、より効果的な指導が行われるようにしなければならないとした。小・中学校においては、道徳科を要として、各教育活動における道徳教育の特質に応じて児童生徒の発達の段階を考慮して適切な指導を行わなければならない。その際、道徳性を養うことの意義について、生徒自らが考え、理解し、主体的に学習に取り組むことができるようにすること。さまざまな価値観について多面的・多角的な視点から振り返って考える機会を設けるとともに、児童生徒が多様な見方や考え方に接しながら、さらに新しい見方や考え方を生み出していくことができるようにすること。児童生徒の発達の段階や特性等を考慮し、指導のねらいに即して問題解決的な学習、道徳的行為に関する体験的な学習等を適切に取り入れるなど、指導方法を工夫することなどに配慮する必要があるとした。

　とりわけ、中学校においては、小学校における道徳教育の指導内容をさらに発展させ、自立心や自律性を高め、規律ある生活をすること、生命を尊重する心や自らの弱さを克服して気高く生きようとする心を育てること、法や決まりの意義に関する理解を深めること、自らの将来の生き方を考え

主体的に社会の形成に参画する意欲と態度を養うこと、伝統と文化を尊重し、それらを育んできたわが国と郷土を愛するとともに、他国を尊重すること、国際社会に生きる日本人としての自覚を身につけることも重要な留意事項として挙げられている。

この道徳教育の目標および道徳科の目標は、2014（平成26）年10月に出された中央教育審議会の答申「道徳に係る教育課程の改善等について」がもとになっている。この答申では、児童生徒の発達段階を踏まえ、道徳教育の充実・改善のための具体的な基本方策が、次のように明記されている。

（1）目標を明確で理解しやすいものに改善する

道徳教育の目標については、現行の規定を整理し、簡潔な表現に改める。道徳教育の目標は、児童生徒の道徳性を養うことであるという根本を明確にしたうえで、その育成に当たり、特に留意すべき具体的な事項を併せて示す。また、小学校、中学校のそれぞれの発達の段階に即した重点についても工夫する。

（2）道徳の内容をより発達の段階を踏まえた体系的なものに改善する

現行の4つの視点の意義を明確にするとともに、その順序などを適切なものに見直すこと。内容項目については、いじめの問題への対応をはじめ、児童生徒の発達の段階や実態、児童生徒を取り巻く環境の変化などに照らし必要な改善を行うとともに、キーワードを活用しつつ、より体系的で効果的な示し方を工夫すること。

（3）多様で効果的な道徳教育の指導方法へと改善する

「道徳科」の授業における内容項目のより柔軟な扱い方を工夫することや、小学校と中学校の違いを踏まえた指導方法の工夫など、指導の効果を上げるための多様な取組を行う必要があること。学校における指導体制の充実および小・中学校の連携を一層図る必要があること。

（4）一人ひとりのよさを伸ばした、成長を促すための評価を充実する

道徳教育の充実のためには、目標を踏まえ、指導のねらいや内容に照らして、児童生徒一人ひとりのよさを伸ばし、道徳性に係る成長を促すための適切な評価を行うことが必要であること。

この答申では、道徳教育の目標についても、一人ひとりが生きるうえで出あうであろうさまざまな場面において、主体的に判断し、道徳的行為を

選択し実践することができるよう生徒の道徳性を育成するものであることをより明確にする必要があるとされた。その際、生徒の発達の段階を踏まえ、小学校の低学年、中学年、高学年および中学校の区切りごとに特に重視すべき点を示すなど、発達の段階の違いを踏まえることが指導の効果を上げるうえで有効に働くものと考えられる、としている。これは、生徒の道徳性を豊かに育むためには、小学生から中学生へと子どもたちが見せる成長発達の様子やそれぞれの段階の実態等を十分考慮して、適切な道徳の指導を進めることが重要と考えられるからである。

[2] 中学生の発達段階における道徳的価値の理解

中学校における生徒の発達段階の特徴については、さまざまな意見や主張がある。文部科学省では、「子どもの発達段階ごとの特徴と重視すべき課題」[17]として、発達段階ごとの子どもの成長の主な特徴を次のように示している。

● 青年前期（中学校）

中学生になるこの時期は、思春期に入り親や友人と異なる自分独自の内面の世界があることに気づき始めるとともに、自意識と客観的事実との違いに悩み、さまざまな葛藤の中で自らの生き方を模索し始める時期である。また、大人との関係よりも友人関係に強い意味を見いだし、親に対する反抗期を迎え、親子のコミュニケーションが不足しがちな時期でもあり、思春期特有の課題が現れる。また、仲間同士の評価を強く意識する反面、他者との交流に消極的な傾向もみられる。性意識が高まり、異性への興味関心も高まる時期でもある。現在、生徒指導に関する問題行動などが表出しやすいのが、思春期を迎えるこの時期の特徴である。

これらを踏まえて、青年前期（中学校）の子どもの発達において、重視すべき課題は、人間としての生き方を踏まえ、自己を見つめ、向上を図るなど自己のあり方について思考すること、社会の一員として自立した生活を営む力を育成すること、法やきまりの意義の理解や公徳心の自覚を促すことなどが挙げられている。

そこで、中学校段階における道徳教育は、思春期の特質を考慮し、社会

とのかかわりを踏まえ、人間としての生き方を見つめさせる指導の充実を図ることが求められる。

　従来の道徳教育は、「豊かな心」の育成に偏り、読み物の登場人物の心情を理解させ、教材に込められた道徳的価値を自覚させることに重点が置かれていた。そのため、「生徒が登場人物の心情や行為の意味を理解しても、そこで学んだ道徳的価値を日常生活に生かす必要がないため、実効性が乏しく」[18]、学年の段階が上がるにつれて生徒の受け止めがよくない、などの指摘がなされている。

　前述のように道徳教育の目標は、よりよく生きるための基盤となる道徳性を育成することである。このような道徳性を育成するためには、生徒に道徳的価値を自覚させ、深めさせるだけでなく、その道徳的価値を具体的な問題場面に汎用し、さまざまな問題や課題を主体的に解決する資質・能力を育成することが大事なことになる。

　中学生の段階においては、日常生活において分かっていると信じて疑わない道徳的価値について、学校・家庭・地域社会におけるさまざまな経験や道徳科の教材との出あいによって、自分とのかかわりについて問い直すことから、本当の道徳的価値についての理解が始まる。また、時には複数の道徳的価値が対立し、どの価値を優先するのかの判断を迫られる場面に直面することもある。その際に生徒は、心の葛藤・揺れや選択した結果などから道徳的価値の理解が始まる。このような経験を通して、生徒は道徳的価値が人間としてのよさを表すものであり、「人間尊重の精神と生命に対する畏敬の念に根ざした自己理解や他者理解、人間理解、自然理解へとつながっていく」[19]ものであることを理解して、道徳的価値を実現するための適切な道徳的行為を主体的に選択し、実践することができるようになる。そのような道徳的実践を繰り返すことによって、道徳的実践力も強くなる。したがって、中学生の時期は、道徳的価値に基づき、いかによりよく生きるかという人間としての生き方について、自覚を深めさせながら指導してこそ、真に道徳的実践力の育成が可能となる。

B 中学生の道徳性の発達に応じた道徳指導
[1] 中学生の段階における道徳性の育成

　中学校の道徳教育においては、道徳的価値や人間としての生き方についての自覚を深め、道徳的実践につなげて行くことができるよう、学習内容や方法を工夫していくことが求められている。

　道徳科の目標には、よりよく生きるための基盤となる「道徳性」を育成することとあり、道徳の指導を通して、道徳性を構成する諸様相である「道徳的な判断力、心情、実践意欲と態度」を育てなければならない。

　道徳的判断力は、さまざまな場面において、人間として生きるために道徳的価値が重要であることを理解し、人間としてどのように対処することが望ましいことかを考え、主体的に判断する力のことをいう。こうして生徒は、人生において出あう多様な状況において、機に応じた適切な道徳的行為のあり方を判断することができる。道徳的心情は、道徳的価値の大切さを感じとり、善を行うことを喜び、悪を憎む感情であり、人間としてよりよい生き方や善を志向する感情である。こうした道徳的心情は、自尊心や自制心の基礎を培い、道徳的行為の動機にもつながる。道徳的実践意欲は、道徳的判断力や道徳的心情と結びついて道徳的価値を実現しようとする意志の働きであり、道徳的態度は、実践意欲にも基づいて実際の道徳的行為に向かおうとする身構えである。

　中学校においては、道徳性を育成するために「主として自分自身に関すること」「主として人とのかかわりに関すること」「主として集団や社会とのかかわりに関すること」「主として生命や自然、崇高なものとのかかわりに関すること」の4つの内容について指導することになる。この内容は、学校の教育活動全体で行われる道徳教育や道徳科を指導する際の基本となる。

　中学校の段階は、小学校段階よりも心身両面にわたって発達が著しく、他者との連携を求めると同時に主体的な自我の確立を求め、自己の生き方についての関心が高まる時期であり、生徒は、自分はどのように生きるべきかなどについて、悩み、葛藤し、激しい心の揺れを経験しながら自己を確立していく大切な時期である。中学校の道徳の内容項目は、このような発達的特質を考慮して示されたものである。したがって、中学校の道徳科

においては、生徒の発達段階に応じて、それぞれの内容に含まれる道徳的価値について理解させ、生徒の道徳的判断力や心情、主体的に道徳的な実践を行う意欲と態度を育み、道徳的行為を導き出すよう指導する必要がある。このような授業が展開されることによって、生徒は、道徳的行為を実践する基盤となる道徳的価値を自覚し、実践につなげる内面的な能力としての道徳的実践力を身につけることができるようになる。

[2] 中学生の道徳性の発達に配慮した道徳指導

『中学校学習指導要領解説　特別の教科　道徳編』(「以下、『特別の教科　道徳編』)には、道徳指導の基本方針として「道徳科の目指すものは、個々の道徳的行為や日常生活の問題処理に終わるものではなく、生徒自らが時と場に応じて望ましい道徳的な行為が取れるような内面的資質」[20]を高めるようにしなければならない。つまり、中学校における道徳科は、道徳的価値について単なる知識的理解に終始したり、道徳的行為の仕方そのものを指導したりする時間ではなく、ねらいとする道徳的価値について生徒自身がどのように捉え、どのような葛藤があるのか、また、道徳的価値を実現することにどのような意味があるのかを考える時間にしなければならない。したがって、生徒が道徳的価値を内面的に自覚できるような指導方法の工夫に努めなければならない。その際、生徒の発達には、著しい個人差があること、日々の生活において個々の生徒がさまざまな発達の課題を抱えていることなどを十分把握して指導に当たる必要がある。

そこで、『特別の教科　道徳編』では、「生徒が多様な感じ方や考え方に接する中で、考えを深めたり、判断し、表現する力などを育むことができるよう、自分の考えを基に討論したり書いたりするなどの言語活動を充実すること」[21]として、生徒の多様な考えを活かすための言語活動の充実を求めている。道徳の指導において、自分の考えを表現させることは、書くことや話すことを通して、自分が感じたこと、考えたことを明確にすることができ、また、互いに考えを伝え合い意見を交換することで、さまざまな考えがあることを知り、自分の考えを深め他者とかかわることの大切さを体験することになる。このような、言語活動や表現活動を通して、生徒はさまざまな価値観について多面的に・多角的に内省し、熟慮し、自らの

考えを深めていくことができるようになる。つまり、言語活動の充実は、道徳的価値に基づいた人間としてのあり方生き方についての自覚を一層深めることに直結する。それは、道徳教育の本来の目標である、豊かな心の育成に連動し、生徒に希薄な自尊感情や自己肯定感などを育む基盤ともなる。

さらに、生徒の内面に根ざした道徳性を育成するためには、学校の教育活動全体において各教育活動の特質を生かしながら、生徒の興味・関心を考慮して、豊かな体験、たとえば、職場体験活動やボランティア活動、自然体験活動などの体験活動を生かしたりするなどの多様な指導方法の工夫を行う必要がある。特に、中学生の時期は、自己を見つめ将来における自分のあり方生き方について関心を持つようになる。

道徳科の授業に体験的な学習を取り入れる際には、生徒が体験を通じて学んだことを振り返り、その意義について考えを深めるように指導することが大切である。

4 高等学校生徒の道徳性の発達

A 高校生の発達段階における特徴と課題
[1] 高等学校における道徳教育の目標

『高等学校学習指導要領』の総則には、「各学校においては、(中略) 生徒の心身の発達の段階及び特性等を十分考慮して、適切な教育課程を編成する」ものとある。これは、各学校において教育課程を編成する場合、生徒の調和のとれた発達を図るという観点から、生徒の発達の段階と特性などを十分把握して教育課程を編成する必要があるということを強調したものである。高校生という段階は、大人社会に踏み出す直前の準備期間であり、身体、生理面はもちろん、心身の全面にわたる発達が急激に進む時期である。

このような発達段階に即して、高等学校においては、生徒が人間としてのあり方生き方について自ら考え、さまざまな体験活動や思索の機会を通して自分自身の判断基準を確立し、自分にふさわしいよりよい生き方を選

択できるようになることを目指し、中学校の道徳教育の指導内容を踏まえた道徳教育を行うことが大切であるとされている。しかし、高等学校では、小・中学校における「道徳科」が設けられていないことや高等学校における道徳教育についての実践研究が少なく、道徳教育の具体的なイメージがつかめないことなどから、道徳教育が浸透し充実しているとは言い難い状況である。

　高等学校の道徳教育の目標は、人間尊重の精神と生命に対する畏敬の念を培うこと、豊かな心を育むこと、伝統と文化を尊重しそれらを育んできたわが国と郷土を愛し、個性豊かな文化の創造を図る人間を育成すること、公共の精神を尊び、民主的な社会および国家の発展に努める人間を育成すること、他国を尊重し、国際社会の平和と発展や環境保全に貢献する人間を育成すること、未来を拓く主体性のある日本人を育成すること、そのための基盤としての道徳性を養うこととされている。道徳性とは、人間らしいよさであり、人格の基盤をなすものであり、人間としての本来的なあり方やよりよい生き方を目指してなされる道徳的行為を可能にする基本的資質である。この道徳性は、道徳的判断力、道徳的心情、道徳的実践意欲と態度からなる道徳的実践力で構成されている。高校生の段階では、道徳的実践力を高めることによってより確かな道徳的実践ができるようになり、それらの道徳的実践を繰り返し積み重なることで道徳的実践力もさらに深まり、道徳的習慣が形成されるようになる。こうした、道徳的習慣が形成されることで、道徳的判断力や心情、実践意欲と態度が一定の心的傾向となり、道徳的行為が自然にできるようになる。

　道徳的習慣が定着してくると、自らの生命の大切さを深く自覚し、自他の生命を尊重する精神や他者の考え方を尊重しつつ、自らの考え、自らの意志で決定し、その行為の結果には責任を持つという「自立の精神」や自分が社会の一員であることを認識し、その中での役割を自覚し主体的に協力していくことのできる「社会連帯の精神」などの道徳性が育成され、芯のある人格が形成されるようになる。

　したがって、高等学校における道徳教育を進めるに当たっては、生徒の内面に根ざした道徳性を養うこととのかかわりにおいて道徳的実践力を高めるよう配慮して指導することが大切である。

[2] 高校生を取り巻く現状と道徳教育の推進

　さて、最近の生徒たちの現状を見ると、生徒たちを取り巻く環境の変化、家庭や地域社会の教育力の低下、体験活動の減少などの中、生命尊重の心の不十分さ、自尊感情の乏しさ、基本的な生活習慣の未確立、規範意識の低下、人間関係を形成する力の低下など、生徒の心の活力が弱まっていることが社会的に危惧されている。このような状況から、学校における道徳教育の果たすべき役割は大きくなっている。

　文部科学省の「子どもの発達段階ごとの特徴と重視すべき課題」[22]によれば、高校生の発達段階の特徴と課題を次のように示している。

●青年後期（高等学校）

　親の保護のもとから、社会へ参画し貢献する自立した大人となるための最終的な移行期であり、思春期の混乱から脱しつつ、大人社会を展望するようになり、大人社会でどのように生きるかという課題に対して、真剣に模索する時期である。現在、こうした大人社会の直前の準備時期であるにもかかわらず、自らの将来を真剣に考えることを放棄し、目の前の楽しさだけを追い求める刹那主義的な傾向の若者が増加している。さらには、特定の仲間集団の中では濃密な人間関係を持つが、集団外の人間に対しては無関心となり、社会や公共に対する意識・関心の低下といった指摘がなされている。

　これを踏まえて、高等学校の時期を道徳的な発達面からみると、生徒は、自分の人生の生き方やその意味について考え思い悩み、「自分自身や自己と他者との関係」、さらに「国家や社会について関心を持ち、人間や社会のあるべき姿について考え」るのを深める時期である。そして、生徒は、それらを模索する中で生きる主体としての「自己を確立」し、自らの「人生観」や「世界観」ないし「価値観」を形成し、「主体性をもって生きたいという意欲」を高めていくのである。また、高等学校の段階ともなれば、人間としての道徳意識や常識を持ち合わせ、かなりの道徳観が備わっていると思われる。そして、人間としてしてはならない最低限の規範意識や自他の生命の尊重、自分への信頼感や自信などの自尊感情、他者への思いやりなどの道徳性が十分に養われていると思われる。したがって、高等学校に

おいては、このような生徒の発達の段階を考慮し、人間としてのあり方に深く根ざした人間としての生き方に関する教育を推進する必要がある。

B 高校生の道徳性の発達に応じた道徳教育の展開
[1] 道徳教育の基盤としての教科の目標

高等学校における道徳教育は、人間としてのあり方生き方に関する教育として、公民科やホームルーム活動を中心に各教科・科目等の特質に応じ学校の教育活動全体を通じて、生徒が人間としてのあり方生き方を主体的に考え、豊かな自己形成ができるように適切に指導を行わなければならないと『高等学校学習指導要領』で位置づけられている。

各教科に属する科目の目標や内容には、道徳性の育成に関係の深い事柄が直接的・間接的に含まれている。各教科において道徳教育を適切に行うためには、それぞれの特質に応じて道徳教育に関わる側面を明確に把握することが大切である。そして、それらに含まれる道徳的価値を意識しながら生徒の発達段階に応じた指導をすることで、道徳教育の効果を一層高めることができる。

たとえば、国語科の目標である、表現力や理解力を育成すること、互いの立場や考えを言葉で伝え合う力を高めることは、学校の教育活動全体を通じて行われる道徳教育の基盤となるものである。また、生徒が国語科の授業の中で、思考力や想像力を伸ばし、心情を豊かにし、言語感覚を磨くことは、道徳的心情や道徳的判断力を養うための基本となる。このように、国語科の授業を通して生徒は、道徳性を育むことができる。

高等学校の各教科・科目は、中学校の内容を比べると専門性が高く、道徳教育の内容と乖離しているように思われるが、教員は「自分自身」「他の人とのかかわり」「自然や崇高なものとのかかわり」「集団や社会とのかかわり」の4つの視点からなる内容項目を理解し、生徒の道徳的発達段階にふさわしい高等学校における道徳教育を行い、生徒の道徳性を育むように指導することが大切である。

[2] 公民科および特別活動と道徳教育との関連

また、公民科（「現代社会」「倫理」）の指導においては、人間としてのあり方

生き方についての自覚を深めることを重視しており、高等学校における道徳教育の中核的な指導の機会となっている。特に、倫理科では、人間としてのあり方生き方への関心を高め、その手掛かりとして先哲の考え方を取り上げて自分自身の道徳的判断基準を形成するために必要な倫理的な価値について理解することを目標としている。さらに、課題を探究する学習を重視し、論述や討論などの言語活動を充実させ、社会の一員としての自己の生き方を探求できるようにすることとされている。生徒は、倫理科におけるさまざまな教材を学習することによって、道徳的価値に気づき、それらに照らして自らの考えを深め、道徳的判断力や思考力および道徳的実践意欲を向上させることで道徳性を育むことができるのである。

さらに、特別活動も、その目標に「人間のあり方生き方」を挙げていることから、公民科とともに、人間としてのあり方生き方に関する教育について中核的な指導の場となる。特別活動では、ホームルーム活動、生徒会活動、学校行事を通して、よりよい人間関係を築く力、集団や社会の一員としてよりよい生活づくりに参画する態度を育成することが求められている。特に、生徒は、ホームルーム活動を中心に、社会の一員としての自己の生き方を探求するなど、人間としてのあり方生き方について考えるようになり、道徳性を育むことができる。

コラム　道徳教育の抜本的な改善・充実のための方策

「道徳の時間」は、各教科に比べて軽視されがちであり、読み物の登場人物の心情理解のみに偏った形式的な指導や発達段階などを十分に踏まえず、児童生徒に望ましいと思われる分かりきったことを言わせたり、書かせたりする授業が行われてきたとの批判があった。そこで、文部科学省は、道徳教育の抜本的改善・充実を図るため教育再生実行会議の提言、道徳教育の充実に関する懇談会の報告、中央教育審議会の答申を踏まえ、「道徳の時間」(小・中学校で週1時間)を「特別の教科　道徳(道徳科)」(引き続き週1時間)として新たに教育課程に位置づけ、学習指導要領の一部を改正することにした。

具体的な改善・充実のポイントは、「特別の教科　道徳」に検定教科書を

導入すること、内容については、いじめの問題への対応の充実や発達段階をより一層踏まえた体系的なものに改善すること、その際、「個性の伸長」「相互理解・寛容」「公正・公平・社会正義」「国際理解・国際親善」「よりよく生きる喜び」の内容項目を小学校に追加すること、問題解決的な学習や体験的な学習などを取り入れ、指導方法を工夫すること、数値評価ではなく、児童生徒の道徳性に係る成長の様子を把握すること、「考え、議論する」道徳への転換により児童生徒の道徳性を育むことを明示した。そして、小学校は2018（平成30）年度、中学校は2019（平成31）年度から検定教科書を導入して「特別の教科　道徳」を実施することとした。この道徳教育の抜本的改善・充実のための方策には、「問題解決的な学習」「体験的な学習」「考え、議論する」道徳などの新しいキーワードが示されており、このキーワードを教科化された道徳の授業でどのように実現していくのか、大きな課題であると思われる。さらに、「特別の教科　道徳」は、学習指導要領に示された内容に基づき、体系的な指導により道徳的価値にかかわる知識・技能を学び教養を身につけるという「教科」と共通する側面を有している。また、それらを踏まえて、自ら考え、道徳的行為を行うことができるようになるための道徳性を育成するという側面も有している。今後は、双方の側面からより総合的な充実を図ることも課題となる。

注）

1) 文部科学省『中学校学習指導要領』文部科学省ウェブサイト，2015, p.100（2016年4月1日閲覧）．
http://www.mext.go.jp/a_menu/shotou/new-cs/youryou/__icsFiles/afieldfile/2015/03/26/1356251_1.pdf
2) 文部科学省『中学校学習指導要領解説　特別の教科　道徳編』文部科学省ウェブサイト，2015, p.17（2016年4月1日閲覧）．
http://www.mext.go.jp/component/a_menu/education/micro_detail/__icsFiles/afieldfile/2016/01/08/1356257_5.pdf
3) 前注に同じ．
4) 文部科学省『小学校学習指導要領解説　道徳編』東洋館出版社，2008, p.28.
5) 文部科学省『中学校学習指導要領解説　道徳編』日本文教出版，2008, p.29.
6) 文部科学省『生徒指導提要』教育図書，2010, p.48.

7) 前掲書4), pp. 16-17、および、前掲書5), p. 16.
8) デュルケム, E. 著／麻生誠・山村健訳『道徳教育論』講談社学術文庫, 講談社, 2010（原訳書, 1964）.
9) 麻生誠「学術文庫版のあとがき」, 前掲書8), pp. 466-468.
10) ヴォルテール著／中川信訳『寛容論』中公文庫, 中央公論新社, 2011（原訳書, 1970）, p. 51.
11) カント, I. 著／中山元訳『道徳形而上学の基礎づけ』光文社古典新訳文庫, 光文社, 2012, pp. 139-140。筆者が当時読んだのは、カント著／篠田英雄訳『道徳形而上学原論』岩波文庫, 岩波書店, 1976, pp. 105-106、であるが、ここでは新訳でありよりわかりやすいと思われる中山訳を引用した。
12) 前掲書6), pp. 48-49.
13) 前掲書4), pp. 17-18.
14) 前掲書4), pp. 18-20.
15) ピアジェ, J. 著／大伴茂訳『児童道徳判断の発達』臨床児童心理学3, 同文書院, 1957, 第1章。なお今日においては、ピアジェがマーブル・ゲームを通して男子だけを対象化した点には研究の限界性が指摘できるかもかもしれない。
16) 久保ゆかり「科学性の成長と世界の拡大」無藤隆・久保ゆかり・遠藤利彦『発達心理学』現代心理学入門2, 岩波書店, 1995, p. 106.
17) 子どもの徳育に関する懇談会『子どもの徳育に関する懇談会（審議の概要）』文部科学省, 2009.
18) 柳沼良太『問題解決的な学習で創る道徳授業　超入門――「読む道徳」から「考え、議論する道徳」へ』明治図書出版, 2016, p. 18.
19) 文部科学省「中学校学習指導要領解説　特別の教科　道徳編」文部科学省ウェブサイト 2015,（2016年4月1日閲覧）, p. 15.
20) 前掲書19), p. 74.
21) 前掲書19), p. 91.
22) 前掲書17).

知識を確認しよう

問題

(1) 学習指導要領に基づいて「道徳性」を構成する様相にどのようなものがあるかを述べ、また、そのそれぞれについて説明してみよう。
(2) 中学校の「道徳科」の指導における配慮事項は何か、考えてみよう。
(3) 高等学校段階の道徳教育の重点が「人間としてのあり方生き方」となっている理由は何か、考えてみよう。

解答への手がかり

(1) 『小学校学習指導要領』および『中学校学習指導要領』の「第3章 道徳」の「第1 目標」を参照し、さらに『小学校学習指導要領解説 特別の教科 道徳編』および『中学校学習指導要領解説 特別の教科 道徳編』も紐解くこと。
(2) 生徒の意見に対する教員の姿勢、道徳的価値の自覚、体験活動による道徳性の育成から、検討してみよう。
(3) 生徒の発達段階、人生観・世界観・価値観の形成という点から、検討してみよう。

第 3 章 学校における道徳教育

本章のポイント

　学校の道徳教育は、道徳科を要に学校教育活動全体で行う。道徳教育の目標は「教育基本法」と「学校教育法」の教育の根本精神に基づき道徳性を養うことで、道徳性は道徳的判断力・心情・実践意欲と態度で構成される。道徳教育の内容は小・中学校学習指導要領の道徳科に示される。

　全体計画は、校長の方針の下に「道徳教育推進教師」が中心となって全教師が協力して作成する。各教科等における道徳教育の指導・内容・時期の明示が求められるとともに、積極的に公開することで家庭・地域などの理解と協力につなげる意義もある。

　現在、グローバル化など児童生徒を取巻く環境の変化、家庭や地域社会の教育力低下などから、学校の道徳教育の改善や充実が一層求められている。

1　道徳教育の目標

A　学校における道徳教育

　現在の日本の学校における道徳教育は、1958（昭和33）年の小・中学校学習指導要領改訂による「道徳の時間」特設以来、学習指導要領による公示をもとに、「道徳の時間」を要に学校の教育活動全体を通じて行われてきた。その方針や進め方は、2014（平成26）年の中央教育審議会の答申「道徳に係る教育課程の改善等について」の中で、「学校における道徳教育の抜本的な改善・充実が図られるとともに、学校と家庭や地域との連携・協力が強化され、社会全体で道徳教育に取り組む気運が高まることを願っている」とされた。翌2015（平成27）年3月に学習指導要領の一部改正によって「道徳の時間」が「特別の教科　道徳」（道徳科）として新たに位置づけられた現在もその基調は継続しているため、学校における道徳教育とその目標と内容については学習指導要領を参考にする必要がある。

　新『中学校学習指導要領』（平成20年3月告示・平成27年3月一部改正）の「第1章　総則」第1の2（以下、「総則」）では、学校における道徳教育について次のように示している。

> 　学校における道徳教育は、特別の教科である道徳（以下「道徳科」という）を要として学校の教育活動全体を通じて行うものであり、道徳科はもとより、各教科、総合的な学習の時間及び特別活動のそれぞれの特質に応じて、生徒の発達の段階を考慮して、適切な指導を行わなければならない。

　ここでは、道徳教育は「人格形成の根幹に関わるものであり、同時に、民主的な国家・社会の持続的発展を根底で支えるものでもあることに鑑みると、生徒の生活全体に関わるものであり、学校で行われる全ての教育活動に関わるものである」（『中学校学習指導要領　総則編（抄）　平成27年7月』p.5）とされている。

　また、学校の教育活動である各教科、総合的な学習の時間、特別活動などには各々に固有の目標や特質があり、それらの授業の中では各々の指導

に重点がおかれ、道徳性や道徳的価値についての指導を十分に計画的に展開することは難しい。その一方で、各教科などの指導の中には道徳的価値についての指導が可能となったり、指導すべき場面もある。そうしたことから、学校における道徳教育は学校の教育活動全体を通じて行うとされる。その学校教育活動全体を通じて行う道徳教育の要、すなわち中核的な役割を果たすものとして道徳科が位置づけられている。

B　学校における道徳教育の目標

　学校における道徳教育は、道徳性を養うことが目標である。その道徳性は、道徳的判断力、道徳的心情、道徳的実践意欲と態度の諸様相で構成される。この道徳教育の目標は道徳科の目標となる。

　学校の道徳教育は道徳科を要として学校の教育活動全体を通じて行われる。そのため、2015（平成27）年の『中学校学習指導要領』の一部改正では、学校の教育活動全体で行う道徳教育の目標、内容、指導計画の作成と内容の取扱いに関わる規定が「総則」で具体的に示され、それぞれは明確で理解しやすいものとなった。また、同第3章には「特別の教科　道徳」ついて示されており、道徳教育と道徳科の各々の役割と関連性を明確化して規定している。

　道徳教育の目標は、「総則」に以下のように示されている。

> 　道徳教育は、教育基本法及び学校教育法に定められた教育の根本精神に基づき、人間としての生き方を考え、主体的な判断の下に行動し、自立した人間として他者と共によりよく生きるための基盤となる道徳性を養うことを目標とする。

　上記は、中学校における道徳教育の目標であり、道徳教育の要としての道徳科においても、各教科、総合的な学習の時間、特別活動においても目指すべき目標となる。それは、道徳教育は学校の教育活動全体を通じて行う教育活動であることによる。

　また学校における道徳教育も、道徳科も、その目標は道徳性を養うことを前提に、その役割や関連性が明確化されており、中学校の道徳教育は、

生徒が「よりよく生きるための基盤となる道徳性を養うことを目標」としている。このように道徳教育は生徒の未来を拓くものである必要がある。

以下の項では、上記の目標の各内容について『中学校学習指導要領解説 総則編（抄）』をもとに説明していく。

[1] 教育基本法と学校教育法の根本精神に基づく道徳教育

道徳科を要とした学校における道徳教育が目指すものは、上述の『中学校学習指導要領』「総則」にある通り、特に「教育基本法及び学校教育法に定められた教育の根本精神に基づき」行われなければならない。

日本の教育は、「教育基本法」第1条で示されるように、「人格の完成を目指し、平和で民主的な国家及び社会の形成者として必要な資質を備えた心身ともに健康な国民の育成を期して行われなければならない」ものである。その「人格の完成」と「国民の育成」の基盤となるのが道徳性であり、道徳性を身に付けた人格の完成が教育の目的となる。そのため、道徳教育は道徳性を育てることが使命となる。そして、学校における道徳教育の目標は「教育基本法」の根本精神に基づき「人間としての生き方を考え、主体的な判断の下に行動し、自立した人間として他者と共によりよく生きるための基盤となる道徳性を養うこと」と示されており、学校の教育活全体を通じて、道徳性の育成に配慮した道徳教育が展開されることが期待されている。その際、各教科などにおいては固有の目標や特質に重点がおかれ、道徳指導が常に最優先されるとは限らないが、道徳性の育成を進める必要がある。

「教育基本法」第1条で示された教育の目的を達成するための目標として、第2条では「真理を求める態度を養い、豊かな情操と道徳心を培う」ことや「個人の価値を尊重」し「自主及び自律の精神を養うとともに、職業及び生活との関連を重視し、勤労を重んずる態度を養う」ことが示されている。また「正義と責任、男女の平等、自他の敬愛と協力を重んずるとともに、公共の精神に基づき、主体的に社会の形成に参画し、その発展に寄与する態度を養う」ことも記されている。さらに「生命を尊び、自然を大切にし、環境の保全に寄与する態度を養うこと」、「伝統と文化を尊重し、それらをはぐくんできた我が国と郷土を愛するとともに、他国を尊重し、国

際社会の平和と発展に寄与する態度を養う」ことが規定されている。

　第5条第2項では義務教育としての普通教育については、「各個人の有する能力を伸ばしつつ社会において自立的に生きる基礎を培い、また、国家及び社会の形成者として必要とされる基本的な資質を養うことを目的」とすることが規定されている。その目的を実現するために、学校教育法では達成すべき目標を次のように示している。

　「学校教育法」第21条では、義務教育の目標を学校内外における社会的活動や自然体験活動を促進し「自主、自律及び協同の精神、規範意識、公正な判断力並びに公共の精神に基づき主体的に社会の形成に参画し、その発展に寄与する態度を養うこと」、「生命及び自然を尊重する精神並びに環境の保全に寄与する態度を養うこと」と示している。さらに、「伝統と文化を尊重し、それらをはぐくんできた我が国と郷土を愛する態度を養うとともに、進んで外国の文化の理解を通じて、他国を尊重し、国際社会の平和と発展に寄与する態度を養うこと」、「勤労を重んずる態度」などについても示し、これらの目標を達成するように学校における道徳教育が行われる必要があることを提示している。

[2] 人間としての生き方を考える道徳教育

　『中学校学習指導要領』の「総則」では、学校における道徳教育では「人間としての生き方を考える」ことも求められている。中学校では小学校で育成される道徳性をもとに人間としていかに生きるかを考えることが求められている。それは、人間が中学生の時期に多様なことに多くの関心をもち、自己がいかに生きるべきかを自分で主体的に模索するからである。その時期に中学生は、自己を見つめ、人間そのものの生き方とその根本にある人間とは何かを考えることで、はじめて自分の生き方についての考えを育むことができるようになる。学校における道徳教育では、自分は何者か、他人はどのような人間か、自分と他人の差異は何か、そもそも人間とは何か、いかによりよく生きるか、人生の意味は、自己の存在価値など「人間としての生き方を考える」ことで、生徒がよりよく生きるための基盤としての道徳性を養うことができるのである。

[3] 主体的な判断の下に行動する

　『中学校学習指導要領』の「総則」では、学校における道徳教育は生徒が「主体的な判断の下に行動」することを求めている。これは、中学生の時期に生ずる多様な道徳的問題や自己の生き方の課題を自分自身のこととして捉え向き合って考え、議論し、自分の意志や判断によって選択し行動することの重要性を示したもので、それを「主体的な判断の下に行動」すると示している。それは、自己の考えが他者と対立する場合であっても、他者の意見も尊重しつつ、自ら考え、適切な判断や考えの下で行動をすることである。

[4] 自立した人間として他者と共によりよく生きる

　「自立した人間」とは自己の価値観を確立した存在であり、それは他者とのかかわりや共存によって形成されるべきものである。そのため、生徒には主体的に適切に他者との関係をもつことが求められる。

[5] 基盤となる道徳性

　学校における道徳教育は道徳性を養うことを目標としており、道徳性は人格的特性であり人格の基盤となるもので、人間としてよりよく生きようとする思考や判断、行動などの道徳的行為を可能にするものである。その道徳性を構成する諸様相は次頁の図3-1の通りで、それらを養うことが学校における道徳教育の目標であり、道徳科の目標でもある。

　このように学校における道徳教育は、「自己の生き方を考え、主体的な判断の下に行動し、自立した一人の人間として他者と共によりよく生きるための基盤となる道徳性を養うことを目標とする教育活動であり、社会の変化に対応しその形成者として生きていくことができる人間を育成する上で重要な役割をもっている」。そして、道徳教育の目標は学校や生徒の実態を基に設定されて達成されるべきもので、道徳科を要に各教科、総合的な学習の時間、特別活動の固有の目標や特質に応じつつ、各々において道徳教育が推進され相互に関連が図られるように学校の教育活動全体を通じて行う必要がある（『中学校学習指導要領解説　特別の教科　道徳編』p.8）。

　その結果、道徳性は各生徒が将来の夢や希望、人生や未来を拓く力の基

盤となるのであり、各学校は道徳教育に計画的に取り組む必要がある。

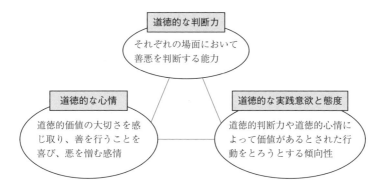

出典）文部科学省『中学校学習指導要領解説　特別の教科　道徳編』（平成27年7月），p.17より作成．

図3-1　学校における道徳教育で養う道徳性を構成する諸様相

C　道徳教育を進めるに当たっての留意事項

『中学校学習指導要領』の「総則」には、道徳教育の目標に続けて、道徳教育を進めるときの留意すべき事項が以下のように示されている。

> 道徳教育を進めるに当たっては、人間尊重の精神と生命に対する畏敬の念を家庭、学校、その他社会における具体的な生活の中に生かし、豊かな心をもち、伝統と文化を尊重し、それらを育んできた我が国と郷土を愛し、個性豊かな文化の創造を図るとともに、平和で民主的な国家及び社会の形成者として、公共の精神を尊び、社会及び国家の発展に努め、他国を尊重し、国際社会の平和と発展や環境の保全に貢献し未来を拓く主体性のある日本人の育成に資することとなるよう特に留意しなければならない。

上記の道徳教育を進めるときに留意すべき事項については、『中学校学習指導要領解説　総則編（抄）』（pp.9-12）に示されており、まとめると以下のようになる。

[1] 人間尊重の精神

　人間尊重の精神とは、生命の尊重、人格の尊重、基本的人権、人間愛などの根本精神を貫く精神で、道徳性を具体的な人間関係の中で養い、その結果として人格の形成が図られるという観点から使用されている。その精神は日本国憲法の基本的人権、教育基本法の人格の完成、国際連合教育科学文化機関憲章（ユネスコ憲章）の人間の尊厳に共通するものと考えられる。

[2] 生命に対する畏敬の念

　生命に対する畏敬の念とは、生命のかけがえのなさの重要性に気づき、生命に対して慈しみ、畏れ、敬い、尊ぶことによって、人間とあらゆる生命の関係や調和への自覚を深めて感謝や思いやりの心を育み、人間として生きることのすばらしさや生き方に自覚を深めるものである。

[3] 豊かな心

　豊かな心とは、「困っている人には優しく声を掛ける、ボランティア活動など人の役に立つことを進んで行う、喜びや感動を伴って植物や動物を育てる、自分の成長を感じ生きていることを素直に喜ぶ、美しいものを美しいと感じることができる、他者との共生や異なるものへの寛容さをもつなどの感性及びそれらを大切にする心」である。

[4] 伝統と文化を尊重し、それらを育んできた我が国と郷土を愛し、個性豊かな文化の創造を図る

　伝統と文化を尊重し、我が国と郷土を愛し、個性豊かな文化の創造を図るとは、「我が国や郷土の伝統と文化に対する関心や理解を深め、それを尊重し、継承、発展させる態度を育成するとともに、それらを育んできた我が国と郷土への親しみや愛着の情を深め、世界と日本との関わりについて考え、日本人としての自覚をもって、文化の継承・発展・創造と社会の発展に貢献し得る能力や態度」を養うことである。

[5] 平和で民主的な国家及び社会の形成者として、公共の精神を尊び、社会及び国家の発展に努める

　形成者とは、平和で民主的な国家及び社会を形成する社会的存在としての人間であるが、その形成者には人間の個人の尊厳とともに社会全体の利益の実現を目指す公共の精神が必要である。日常生活の中で社会連帯の自覚をもち、他者との協同の場を実現することは社会や国家の発展に努めることになる。

[6] 他国を尊重し、国際社会の平和と発展や環境の保全に貢献する

　他国の尊重と国際社会への貢献とは、教育基本法前文の理念にあるように、民主的で文化的な国家を更に発展させるとともに、世界の平和と人類の福祉の向上に貢献することである。日常生活における社会連帯の自覚、他者との協同、持続可能な社会の実現、地球規模で環境を守ろうとする努力や心構えと態度が他国の尊重につながり、国際社会の平和と環境の保全に貢献することになる。

[7] 未来を拓く主体性のある日本人を育成する

　未来を拓く主体性のある日本人とは、「常に前向きな姿勢で未来に夢や希望をもち、自主的に考え、自律的に判断し、決断したことは積極的かつ誠実に実行し、その結果について責任をもつことができる」日本人であり、日本人としての自覚と国際的視野のもとに世界平和と人類の発展に寄与し、世界から信頼される人間である。道徳教育ではそうした人間の育成を目指している。

2　道徳教育の内容

A　道徳教育の内容

　現在、中学校における道徳教育の内容については、『中学校学習指導要領』の「総則」第1章第2の8に下記のように示されている。

> 　道徳科を要として学校の教育活動全体を通じて行う道徳教育の内容は、第3章特別の教科道徳の第2に示す内容とする。

　これは、中学校の道徳教育の内容が『中学校学習指導要領』の第3章第2に示されていることを意味するが、同時にその「第2に示す内容」は「特別の教科　道徳」の内容ともなる。総則は、道徳教育の内容が道徳科の内容でもあることを明示しているのである。これは、学校における道徳教育が道徳科を要として学校の教育活動全体を通じて行うことであることを明示している。

　その道徳教育の内容は、道徳教育の目標である道徳性の育成を達成するために、指導すべき内容項目を4つの視点（自分自身、人との関わり、集団や社会との関わり、生命や自然・崇高なものとの関わり）に分けて示して、その観点から内容項目を分類整理し、道徳教育の内容の全体構成と関連性や発展性のまとまりを明示している。

　さらに、『中学校学習指導要領』では、この4つの視点から具体的な22の言葉による内容項目を提示している（**本書第4章3節、参照**）。それは、中学生が心身の発達が著しい発達段階にあることやその時期に生徒が多様な問題や課題に直面する状況を考慮して、中学生の時期の3年間で効果的な指導ができるように道徳的価値を含む内容を平易に示したものである。そうして示されている「第2に示す内容」項目は、学校における道徳教育の基本であって、道徳科を要に学校の教育活動全体を通じて行われる道徳教育の指導を効果的にするためのもので、指導で取り扱う対象を重点的に示したものである。

　また、『中学校学習指導要領解説　特別の教科　道徳編』第3章第2節の「内容項目の指導の観点」では、道徳教育の内容は中学生が主体的に道徳性を養う必要から、4つの視点と22の内容項目が小学校の低中高学年別の考え方を併記した一覧表として示されている。その中では、中学校における指導上の留意事項や参考とすべき考え方と要点が関連する小学校の項目も含めて整理され、学校における道徳教育の内容項目を概観し全体像を把握できるようにまとめられている。

B　道徳教育の内容の位置づけ

　学校における道徳教育は、生徒の発達段階の考慮と生徒個人の個性への配慮を十分に行い指導されなければならない。とくに、発達段階の考慮では幼児期の教育、小学校、中学校における指導や校種間の接続を捉えて計画的に指導する必要がある。生徒の個性においては個人の特性や個人差への配慮が重要となる。そうしたうえで、学校の道徳教育は学校や生徒の実態を踏まえて設定した目標を達成する必要がある。

　こうした実態に即した指導を進めるためには、教師は生徒の発達段階と学校や個人の実態を考慮しながら道徳教育のすべての内容項目をよく理解して、適切に指導する必要がある。その指導を効果的にするために、4つの視点の内容項目は、目標とする姿ではなく、取り扱う対象として具体的な22の言葉（内容項目）で提示されている。またそれは、家庭や地域の人にも理解され共有されやすいように示され位置づけられている。その観点から内容項目は、生徒が人間としての生き方や生きる力をよりよく考え育むときに重要となる道徳的価値を含む内容を平易に端的に表現したものとなっているのである。

　また、各内容項目は教師と生徒が人間としてのよりよい生き方をともに求め、考え、語り、実行に努める課題となっている。そのため、教師は生徒が自らの生活の中で主体的な判断の下に行動するように、生徒の実態をもとに内容項目を把握し、生徒の立場から指導上の課題を踏まえて、実態に即した指導をする必要がある。実際の指導では、道徳的価値についての一般的な意味の理解にとどまらず、その価値の社会的背景などを生徒の発達段階と学校や個人の実態を考慮しつつ多角的・多面的に考えさせて道徳性を養う必要がある。さらに、学校における道徳教育は学校の教育活動全体を通じて行われることから、各教科、道徳科、総合的な学習の時間、特別活動の特質に応じて、生徒の発達段階を考慮して適切に指導することが求められている。

┃┃コラム┃┃ 学校教育における道徳教育の意義及び位置付け

「改正教育基本法」第2条（教育の目標）の中に、「幅広い知識と教養を身に付け、真理を求める態度を養い、豊かな情操と道徳心を培うとともに、健やかな身体を養うこと」がある。「道徳心を培う」ことが明記され、幼稚園、小学校、中学校、高等学校の各学校で道徳教育が位置付けられているが、どのように関連しているのであろうか。（傍点：考察のための重要箇所）

1. 幼稚園（『教育要領』第2章・ねらい及び内容・人間関係・平成20年3月）
道徳性の芽生えを培うに当たっては、基本的生活習慣の形成を図りつつ、他の幼児とのかかわりの中で他人の存在に気付き、相手を尊重する気持ちをもち行動できるようにする。自然や身近な動植物に親しみ豊かな心情が育つようにする。特に、人に対する信頼感や思いやりの気持ちは、葛藤やつまずきをも体験し、それらを乗り越えることで次第に芽生えてくることに配慮する。

2. 小中学校（『学習指導要領』「総則」平成20年告示・平成27年3月一部改正）
- 「道徳科」を要として、各教科、外国語活動、総合的な学習の時間、特別活動のそれぞれの特質に応じて、学校の教育活動全体を通じて行う。
- 小学校は「自己」、中学校は「人間として」の生き方を考え道徳性を養う。

3. 高等学校
- 学習指導要領（平成21年3月告示）
道徳教育は、生徒が自己探求と自己実現に努め国家・社会の一員としての自覚に基づき行為しうる発達の段階にあることを考慮し人間としての在り方生き方に関する教育を学校の教育活動全体を通じて行い、充実を図る。
- 文部科学省ウェブサイト「道徳教育について」（http://www.mext.go.jp/a_menu/shotou/doutoku）
人間としての在り方生き方に関する教育を、「公民科」や「特別活動」のホームルーム活動などを中心にして、学校の教育活動全体を通じて行う。

4. 特別支援学校
- 『特別支援学校　小学部・中学部学習指導要領』（平成 21 年 3 月告示・平成 27 年 3 月一部改正）

　小・中学部の道徳の目標と内容、指導計画作成と内容の取扱いは、『小学部・中学校学習指導要領』第 3 章に準ずる。
- 『特別支援学校　高等部学習指導要領』（平成 21 年 3 月告示）

　道徳の目標と内容は、小学部及び中学部の目標と内容を基盤に、さらに青年期の特性を考慮し、健全な社会生活を営む上に必要な道徳性を一層高める。

3　道徳教育の全体計画

　本節では、道徳教育の全体計画について、『中学校学習指導要領　平成 27 年 3 月　一部改正』（以下、『中学校学習指導要領』と略記）、『中学校学習指導要領解説　総則編（抄）　平成 27 年 7 月』（以下、『解説　総則編』と略記）および『中学校学習指導要領解説　特別の教科　道徳編　平成 27 年 7 月』（以下、『解説　道徳編』と略記）を中心に確認する。

　学校における道徳教育は、道徳科を要として行っていくが、各教科、総合的な学習の時間、特別活動でも行われるため、全体計画によって示される方向性や具体性が極めて重要な意味を持つことになる。

　なお、本節では中学校の学習指導要領を対象とするため小学校は含めないが、小学校と中学校の記述内容には若干の違いはあるものの、ほぼ同様の内容である。

A　全体計画作成に際して配慮すべき事項

　道徳教育は、学校の教育活動全体を通して行うもの、すなわち各教科、特別活動および総合的な学習の時間のすべてで行わなければならない。したがって、道徳教育の全体計画の作成にあたっては、生徒・学校・地域の

実態を考慮して重点目標を設定する必要がある。
　『中学校学習指導要領』では、指導計画の作成などに当たって配慮すべき事項を挙げている（p.5）。ポイントをまとめると以下の5点になろう。

> - 「学習指導要領」に示す道徳教育の目標を踏まえて道徳教育の全体計画を作成すること
> - 校長の方針の下に、「道徳教育推進教師」を中心に全教師が協力して道徳教育を展開すること
> - 生徒、学校及び地域の実態を考慮して学校の道徳教育の重点目標を設定すること
> - 道徳科の指導方針を示すこと
> - 「学習指導要領」に示す内容との関連を踏まえた各教科、総合的な学習の時間及び特別活動における指導の内容及び時期並びに家庭や地域社会との連携の方法を示すこと

　道徳教育は学校の教育活動全体で取り組むべきものであり、学校における道徳教育の基本方針については、校長の指導力を発揮して全教師に明示する必要がある。その際、道徳教育の充実・改善の方向性を視野に入れ、関係法規や社会的要請、学校・地域の実情と期待、生徒の道徳性にかかわる実態などを踏まえ、学校の教育目標との関わりをもたせて示さなければならない。
　校長が方針を明示することによって、全教師が道徳教育の重要性に対する認識を深め、学校における道徳教育の重点や推進の方向性を共通理解として認識し、具体的な指導を行うことが可能となる。つまり、校長の方針明示が、道徳教育の全体計画の作成・展開・改善・充実を行う上でのよりどころになるのである。
　また、学校での道徳教育に際しては、全体計画の作成と全教師の協力とともに、各教科等における道徳教育の指導・内容・時期を示すことが求められる。さらに、全体計画等の情報を積極的に公開することで家庭・地域社会等との共通理解を深化させ、相互理解につなげていくことも必要である。

B 道徳教育の全体計画
[1] 全体計画の意義

　全体計画は、学校における道徳教育の基本方針を示し、道徳教育の目標達成のための方策を総合的に示した教育計画と位置づけられる。とりわけ、道徳教育の基本方針を具現化することは、学校における道徳教育の中軸となる。全体計画は、この中軸である基本方針を具現化し、学校における道徳教育の目標を達成するために重点的に取り組むべき事項はなにか、各教育活動はどのような役割分担として関連を図るのか、家庭・地域社会との連携推進の方法はどうするか、などについて総合的に示すものでなければならない。

　このように、きわめて重要な位置づけとなっている全体計画について、特に重要な意義を持つ事項として、『解説　総則編』では5点を挙げている (pp. 17-18)。まとめると以下のようになる。

（ア）人格の形成及び国家、社会の形成者として必要な資質の育成を図る場として学校の特色や実態及び課題に即した道徳教育が展開できる
（イ）学校における道徳教育の重点目標を明確にして取り組むことができる
（ウ）道徳教育の要として、道徳科の位置付けや役割が明確になる
（エ）全教師による一貫性のある道徳教育が組織的に展開できる
（オ）家庭や地域社会との連携を深め、保護者や地域住民の積極的な参加や協力を可能にする

　つまり、道徳教育の全体計画を作成することによって、（ア）各学校の特色を有し課題を踏まえた道徳教育の充実を図る。（イ）重点目標の明確化と全教師の共有によって学校での道徳教育に方向性をもたせる。（ウ）道徳科の役割を明確化して教育活動相互の関連を図るとともに道徳科の年間指導計画作成のよりどころにもなる。（エ）全教師が作成・活用することで道徳教育の方針や各自の役割についての理解が深まり組織的で一貫した道徳教育の展開が可能になる。（オ）全体計画を公表して家庭や地域社会の理解を得ることで家庭や地域社会と連携し協力を得ながら道徳教育の充実を図ることができる。以上のような意義が見出せるのである。

[2] 全体計画の内容

　全体計画は、校長が明示した方針の下で道徳教育推進教師が中心となり、全教師が参加・協力し、創意と英知を結集して作成される。また、作成に際しては、前述の全体計画の意義を踏まえて以下の事項を含めることが求められる（『解説　総則編』pp. 18-19）。まとめると以下のようになる。

- **基本的把握事項**
- 教育関係法規の規定、時代や社会の要請や課題、教育行政の重点施策
- 学校や地域の実態と課題、教職員や保護者の願い
- 生徒の実態や発達の段階等
- **具体的計画事項**
- 学校の教育目標、道徳教育の重点目標、各学年の重点目標
- 道徳科の指導の方針（年間指導計画を作成する際の観点や重点目標に関わる内容の指導の工夫、校長や教頭等の参加、他の教師との協力的な指導等を記述）
- 各教科、総合的な学習の時間及び特別活動などにおける道徳教育の指導の方針、内容及び時期（重点内容項目との関連や各教科等の指導計画を作成する際の道徳教育の観点を記述。また、各教科等の方針に基づいて進める道徳性を養うことに関わる指導の内容及び時期を整理して提示）
- 特色ある教育活動や豊かな体験活動における指導との関連（学校や地域の特色を生かした取組や生徒指導との関連、職場体験活動、ボランティア活動、自然体験活動など生徒の内面に根ざした道徳性を養うことに関わる豊かな体験活動との関連を提示）
- 学級、学校の人間関係、環境の整備や生活全般における指導の方針（日常的な学級経営を充実させるための具体的な計画等を記述）
- 家庭、地域社会、関係機関、小学校・高等学校・特別支援学校等との連携の方針（道徳教育講演会や道徳科の授業公開の実施、地域教材の開発や活用、広報活動や授業等に保護者や地域の人々の積極的な参加や協力を得る具体的な計画や方策、小学校・高等学校・特別支援学校等との連携方針等を記述）
- 道徳教育の推進体制（道徳教育推進教師の位置付けも含めた学校の全教師による推進体制等を提示）
- その他（例えば次年度の計画に生かすための評価の記入欄、研修計画や重点的指導に関する添付資料等を記述）

なお、全体計画を一覧表にする場合、必要事項を文章化・具体化するなどの工夫が期待される。例えば、各教科等における道徳教育に関わる指導の内容及び時期を整理する、道徳教育に関わる体験活動や実践活動の時期等が一覧できる、道徳教育の推進体制や家庭・地域社会等との連携のための活動等が分かるものを別紙にして加える、などである。また、作成した全体計画は、家庭・地域の人々の積極的な理解・協力を得ることに加え、多様な意見をさらなる改善に反映させるため、その趣旨や概要等を学校通信やウェブサイト等で積極的に公開していくことが求められる。

以上のような工夫により、年間を通して具体的に活用しやすい全体計画とすることが大切である。

[3] 全体計画作成上の創意工夫と留意点

全体計画は、理念だけに終始するのではなく、具体的な指導に活用できるように体制を整備し、全教師で創意工夫をし、特に以下の点に留意しながら作業を進めることが大切である（『解説　総則編』pp. 20-21）。まとめると以下のようになる。

> （ア）校長の明確な方針の下に道徳教育推進教師を中心として全教師の協力・指導体制を整える
> （イ）道徳教育や道徳科の特質を理解し、教師の意識の高揚を図る
> （ウ）各学校の特色を生かして重点的な道徳教育が展開できるようにする
> （エ）学校の教育活動全体を通じた道徳教育の相互の関連性を明確にする
> （オ）家庭や地域社会、学校間交流、関係諸機関などとの連携に努める
> （カ）計画の実施及び評価・改善のための体制を確立する

（ア）は、学校における道徳教育は人格の基盤となる道徳性を育成するものであるため、学校の教育活動全体で指導し、家庭や地域社会との連携の下に進めねばならない。特に校長が指導力を発揮し、道徳教育推進教師が中心となって全教師が全体計画の作成に主体的に参画するよう体制整備の必要性を求めている。学校のさまざまな分掌組織と連携しながら、道徳教育推進のための協力・指導体制を整備して、計画的に取り組むことが大切

である。

　(イ)は、全教師が道徳教育及び道徳科の重要性や特質について理解を深められるよう、関係する教育法規や教育課程の仕組み、時代や社会の要請、生徒の実態、保護者や地域の人々の意見等について十分研修を行い、教師自身の日常的な指導の中での課題を明確にする。そのことを通して、全体計画の作成に関わる教師の意識の高揚を図ることができ、その積極的な活用につなげることができる。

　(ウ)は、全体計画の作成に際しては、学校や地域の実態を踏まえたうえで各学校の課題を明らかにし、道徳教育の重点目標や各学年の指導の重点を明確にするなど、各学校の特色が生かされるような創意工夫が大切である。『中学校学習指導要領』第1章第4の3の(2)には、今日的課題と中学生の発達上の課題を踏まえて重点的な指導を行う観点が示されている(pp.5-6)。また、各学校においては、それぞれの実態に応じて、第3章第2の内容に示す内容項目の指導を通して、全体としてこれらの観点の指導が充実するよう工夫する必要がある(pp.100-102)。さらに、道徳科の年間指導計画の作成に際しても、全体計画に示した重点的な指導が反映されるよう配慮することが求められる。

　(エ)は、各教科、総合的な学習の時間及び特別活動における道徳教育を道徳の内容との関連で捉え、道徳科が要としての役割を果たせるような工夫が必要である。また、学校教育全体において豊かな体験活動が可能となる計画をするとともに、体験活動を生かした道徳科が効果的に展開されるよう道徳科の年間指導計画等においても創意工夫することが大切である。

　(オ)は、全体計画の作成に際しては、生徒の実態や発達の段階、生徒との信頼関係を育む具体的な方策、保護者や地域の人々の意見に耳を傾けて全体計画に反映させ、必要に応じて指導に活用する柔軟な姿勢を持つことが大切である。また、全体計画を具体化するためには保護者、地域の人々の協力が不可欠である。さらに、近隣の幼稚園や保育所、小・中・高等学校、特別支援学校などとの連携や交流を図り、共通の関心の下に指導を行うとともに、福祉施設、企業等との連携や交流を深めることも大切であり、それらが円滑に行われるような体制等を工夫することが必要である。

　(カ)は、全体計画は、学校における道徳教育の基本を示すものである。

3 道徳教育の全体計画

平成27年度 道徳教育の全体計画

小金井市立東小学校

- 日本国憲法（教育理念）
- 教育基本法（教育目的）
- 学校教育法（学校教育目標）
- 学習指導要領（教育内容）
- 都・市教委（教育目標）

学校教育目標
◎やさしい子
○考える子
○元気な子

- 児童の実態
- 保護者の要望や実態
- 地域社会や住民の願い及び実態
- 教師の願い
- 社会の時代的要素

特別活動との関連
- 望ましい集団活動を通して、心身の調和のとれた発達と個性の伸長を図るとともに、集団の一員としての自覚を深め協力してよりよい生活を築こうとする自主的・実践的な態度を育てる。
- 児童活動：児童の自主的、自発的な実践活動を通して、他人の立場に立ち協力する態度を育てる。
- 学校行事：諸行事の体験的な活動を通して、自主的態度・協力・責任勤労などの道徳性を養う。
- 学級活動：学校や学級生活で、必要な基本的生活習慣や望ましい人間関係を育てる指導を通して、道徳的な実践態度を育てる。

生活指導
- 生活指導計画
- 月目標の徹底を図り、児童の基本的生活習慣を定着させる。
- 安全指導を通して、生命尊重の精神を育てる。
- 教育相談の充実を図り、個に応じた指導を徹底させる。

環境整備
- 校舎内外の環境整備を図る。美しいことばの指導を通して言語環境を整える。
- 施設設備の改善を図る。
- 校内安全の確保を図る。

道徳教育の目標
1 自他の生命や自然を大切にし、思いやりの心をもち行動する。
2 目標をもち、最後まで責任を持って、ねばり強くやりぬく。
3 正しい判断力と思考力をもとに、ともに生きる自覚に立って行動する。

本年度の重点目標
「子供たちに自信と誇りを！」
自己肯定感を高め、自信をもってよりよく生活しようとする心情を養う。

学年の道徳教育の重点目標

		最重点指導内容	項目
低学年	自分自身	身の回りを整え、規則正しい生活をする。	正直・誠実
	他の人とのかかわり	身近にいる人に温かい心で接し、親切にする	友情・信頼 生命の尊さ
	自然や崇高なものとのかかわり	生命を大切にする心をもつ。	正直・誠実
	集団や社会とのかかわり	約束やきまりを守り、みんなが使うものを大切にする。	規則の尊重
中学年	自分自身	自分でできることは自分でやり、安全に気をつけ、よく考え行動し、節度のある生活をする。	節度節制
	他の人とのかかわり	友達と互いに理解し、信頼し、助け合う。	努力と強い意志 友情・信頼
	自然や崇高なものとのかかわり	生命の尊さを知り、生命あるものを大切にする。	生命の尊さ
	集団や社会とのかかわり	約束や社会のきまりを守り、公徳心をもつ。	
高学年	自分自身	真理を大切にし、物事を探究しようとする心をもつ。	真理の探究
	他の人とのかかわり	自分の考えや意見を相手に伝えるとともに、謙虚な心をもち、広い心で自分と異なる意見や立場を尊重する。	相互理解、寛容 生命の尊さ
	自然や崇高なものとのかかわり	生命がかけがえのないものであることを知り、自他の生命を尊重する。	集団生活の充実
	集団や社会とのかかわり	働くことや、社会に奉仕することの充実感を味わうとともに、その意義を理解し、公共のために役立とうとする。	

各教科との関連
- 国語：文学的作品から感動や感銘を通して道徳的心情を育てる。
- 社会：社会の機能や構造を理解していく中で、家庭・社会・国家への愛情を育て、公共心、規則の尊重を育てる。
- 算数：数学的な考え方や処理の仕方を日常生活に生かす態度を養い実践力を育てる。
- 理科：自然の事物、現象について理解を深め、生命を尊重し、自然を愛する豊かな心を育てる。
- 生活：直接体験を通して、基礎的な生活習慣を身に付け、自立への基礎的能力・態度を培う。
- 音楽：表現及び鑑賞の活動を通し、音楽に対する豊かな感情を育て音楽を愛する心を育てる。
- 図画工作：表現及び鑑賞の活動を通して道徳的な心情をを育てる。
- 家庭：家庭生活をよくしようとする実践の中で協力性・合理性・創意工夫・家庭愛などを育てる。
- 体育：適切な運動の経験などを通し努力と強い意志・個性伸長・友情信頼・生命尊重などの態度を育てる。

総合的な学習の時間
問題を解決する資質や能力を高めたり、自己の生き方を考えた学習を通して、児童の道徳性の育成を図る。

道徳科
年間指導計画に基づき、道徳的な判断力・心情・実践意欲と態度を育てて、よりよく生きるための基盤となる道徳性を養う。

東小における道徳教育

家庭・地域社会との連携
- 家庭への道徳教育の理解と協力を図る。
- 実践活動を通して児童の道徳性を高める。

啓発活動
- 学校・学年・学級だより
- 保護者会・PTA等

連携活動
- 道徳授業地区公開講座・PTA・保護者会・子供会
- 学校支援本部
- 健全育成委員会・民生児童委員・町会等

実践活動
- PTA講演会・校外安全指導

出典）東京都小金井市立東小学校ウェブサイトより作成
http://www.koganei.ed.jp/~higasies/kenkyu/h27/data/h27_zentai-keikaku.pdf（2016年3月29日閲覧）。

図3-2 道徳教育の全体計画（例）

したがって、頻繁に変更することは適切ではないが、評価したうえで改善の必要があれば直ちに着手できる体制の整備が大切である。たとえば、道徳教育推進教師を中心とした全教師の参画による指導体制、次年度の計画に生かすための評価欄等も加え、活用しやすいものに整えることも考えられる。

全教師による一貫性のある道徳教育を推進するためには、校内研修体制を充実させ、全体計画の具体化や評価・改善に当たって必要となる事項についての理解を深める必要があるのである。

以上、道徳教育の全体計画について、要点、作成に際して配慮すべき事項、意義、内容、作成上の創意工夫と留意点等について述べてきた。しかし、文字による説明だけでは十分な理解を得られないと思うので、実際の全体計画を例示しておきたい（図3-2）。

本来は中学校の例を示すべきだが、学習指導要領改訂の過渡期ということもあり「道徳科」を実施している例がほとんど確認できなかった。そうした中で、数少ない事例として東京都小金井市立東小学校の例を確認することができたため、ここに転載した。

4　道徳科との関係

A　道徳科設置の経緯

「特別の教科　道徳」の設置は、喫緊の課題であるいじめ問題に起因している。道徳科設置までの直近の経緯を確認しておく。

2013（平成25）年2月、教育再生実行会議は第一次提言をとりまとめ、道徳教育の重要性をあらためて認識し、教科化が提言された。この提言を受けて、文部科学省は「道徳教育の充実に関する懇談会」を設置して充実のための方策を検討し、同年12月「今後の道徳教育の改善・充実方策について（報告）～新しい時代を、人としてより良く生きる力を育てるために～」をとりまとめた。翌2014（平成26）年2月には、中央教育審議会に「道徳に

係る教育課程の改善等について」が諮問され、同年10月21日の答申で「特別の教科　道徳」(道徳科)が示された。この中央教育審議会答申を受け、2015（平成27）年3月27日に学校教育法施行規則が改正され、学習指導要領が改訂された。

今回の学習指導要領改訂は、2014年の中央教育審議会答申を踏まえ、概ね以下の方針で行われた（『解説　総則編』p.3）。

- これまでの「道徳の時間」を要として学校の教育活動全体を通じて行うという道徳教育の基本的な考え方を、適切なものとして今後も引き継ぐとともに、道徳の時間を「特別の教科　道徳」(道徳科)として新たに位置付けた。
- それに伴い、目標を明確で理解しやすいものにするとともに、道徳教育も道徳科も、その目標は、最終的には「道徳性」を養うことであることを前提としつつ、各々の役割と関連性を明確にした分かりやすい規定とした。
- 道徳科においては、内容をより発達の段階を踏まえた体系的なものとするとともに、指導方法を多様で効果的なものとするため、指導方法の工夫等について具体的に示すなどの改善を図る。

B　道徳教育と道徳科

『中学校学習指導要領』の第1章第1の2では、道徳教育と道徳科について以下のように説明している（p.1）。

　学校における道徳教育は、特別の教科である道徳（以下「道徳科」という。）を要として学校の教育活動全体を通じて行うものであり、道徳科はもとより、各教科、総合的な学習の時間及び特別活動のそれぞれの特質に応じて、生徒の発達の段階を考慮して、適切な指導を行わなければならない。
　道徳教育は、教育基本法及び学校教育法に定められた教育の根本精神に基づき、人間としての生き方を考え、主体的な判断の下に行動し、自立した人間として他者と共によりよく生きるための基盤となる道徳性を養うことを目標とする。（後略）

前段では、道徳教育は、学校の教育活動全体を通して行われるものであ

り、各教科、総合的な学習の時間、特別活動には、それぞれ固有の目標や特質があり、それらを重視しつつ教育活動が行われる。とりわけ、特別の教科として位置づけられた道徳科は、道徳性を養うことを目指すものとして、その要としての役割を果たす。道徳科の指導において、各教科等で行われる道徳教育を補完・深化し、相互の関連を考えて発展・統合させることで、学校における道徳教育は一層充実する。前段部分ではこうした考え方に立って、道徳教育は道徳科を要として学校の教育活動全体を通じて行うものと規定している。

　中段では、教育の根本精神に基づいて、学校における道徳教育は生徒がよりよく生きるための基盤となる道徳性を養うことが目標であることを明示している。では、この道徳性とはなにか。道徳性とは、道徳的行為を可能にする人格的特性であり、人格の基盤をなすものである。同時にそれは、「人間らしいよさであり、道徳的諸価値が一人一人の内面において統合されたもの」であり、個人の生き方だけではなく、人間の文化的活動や社会生活を根底で支えているものである。このように、道徳性は人間が他者とともによりよく生きていく上で大切にしなければならないものとされている。

　このように、学校における道徳教育においては、各教育活動に応じて、特に道徳性を構成する道徳的判断力、道徳的心情、道徳的実践意欲と態度を養うことを求めているのである。

C　道徳教育の内容
[1] 内容の位置付け

　『中学校学習指導要領』の第1章第2の8では、「道徳科を要として学校の教育活動全体を通じて行う道徳教育の内容は、第3章特別の教科道徳の第2に示す内容とする。」と規定されている。ここでいう「第3章特別の教科道徳の第2に示す内容」とは、「A　主として自分自身に関すること」「B　主として人との関わりに関すること」「C　主として集団や社会との関わりに関すること」「D　主として生命や自然、崇高なものとの関わりに関すること」である（『中学校学習指導要領』pp.100-104）。

　道徳教育は、道徳科を要として学校の教育活動全体を通して生徒一人一

人の道徳性を養うものである。したがって、上記A～Dの内容項目は、生徒が自ら成長を実感し、今後の課題・目標を見つけられるような指導上の工夫が必要である。また、道徳科はもちろんのこと、各教科、総合的な学習の時間、特別活動で行われる道徳教育においてもそれぞれの特質に応じて適切に指導されなければならない。

[2] 内容項目の重点的取扱い

　道徳科を要として、学校の教育活動全体を通じて行う道徳教育を全教師が共通理解し、一体となって推進するためには、どのような生徒を育てるのかを明らかにしなければならない。そうした生徒像を明らかにしたうえで、校長の基本方針に基づいた道徳教育の目標を設定し、指導することが重要となる。その際、学校の道徳教育の目標に基づき、指導すべき内容を検討することになるが、道徳科ではその目標を踏まえ、重点的に指導する内容項目を設定するとともに、計画的、発展的に指導できるようにすることが必要となる。また、各教科等においても、それぞれの特質に応じて道徳科などとの関連を考慮しながら、道徳的価値に関する内容項目や学校として重点的に指導する内容項目等を意図的・計画的に取り上げるようにすることが求められる。

　以上のように、学校の教育活動全体を通じて、学校としての道徳の内容の重点やその生かし方の特色が明確になった指導となるよう心掛けることが大切である。

[3] 道徳教育の全体計画と道徳科

　前節でも確認したが、道徳教育の全体計画においても道徳科と道徳教育との関係という観点から確認しておく必要がある。

　『中学校学習指導要領』第1章第4の3(1)の下段部分では、道徳教育の全体計画について以下のように説明している (p.5)。

> 　なお、道徳教育の全体計画の作成に当たっては、生徒、学校及び地域の実態を考慮して、学校の道徳教育の重点目標を設定するとともに、道徳科の指導方針、第3章特別の教科道徳の第2に示す内容との関連を踏まえた各教科、

> 総合的な学習の時間及び特別活動における指導の内容及び時期並びに家庭や地域社会との連携の方法を示すこと。

　つまり、道徳教育の全体計画作成に際しても、道徳科の指導方針や内容（「[1] 内容の位置付け」で示したA～Dの項目）を踏まえることが求められている。それにより、道徳教育の要としての道徳科が担うべき役割を踏まえるとともに、学校における教育活動の相互関連を図ることが可能となるのである。

　『解説　総則編』では、全体計画作成上の創意工夫と留意点について、「（イ）道徳教育や道徳科の特質を理解し、教師の意識の高揚を図る」とされている（p.20）。道徳教育と道徳科の重要性や特質について、担うべき全教師が理解を深化できるように十分な研修を行い、「教師自身の日常的な指導の中での課題が明確になるように」し、それを通して教師の意識向上と積極的活用につなげたいとの考えが述べられている（p.20）。

　他にも、道徳科の年間指導計画の作成に際して、全体計画に示した重点的な指導が反映されるような配慮や体験活動を生かした道徳科が効果的に展開されるような創意工夫を求めている（p.21）。

D　道徳教育の指導内容と生徒の日常生活

　『中学校学習指導要領』第1章第4の3（3）では、いじめ防止や安全確保について以下のように述べている（p.6）。

> 学校や学級内の人間関係や環境を整えるとともに、職場体験活動やボランティア活動、自然体験活動、地域の行事への参加などの豊かな体験を充実すること。また、道徳教育の指導内容が、生徒の日常生活に生かされるようにすること。その際、いじめの防止や安全の確保等にも資することとなるよう留意すること。

　『解説　総則編』で特に強調されているのは、いじめ防止や安全確保などの課題について、学校における道徳教育や道徳科の特質を生かして、「よりよく生きるための基盤となる道徳性を養う」ことによって、生徒がこのよ

うな課題に主体的に関わることができるようになることの重要性を指摘していることである（p.33）。

　本節で繰り返し述べてきたように、学校における道徳教育は道徳科を要として教育活動全体を通して行うのであるから、生命を大切にする心、互いを認め合う心、協力し助け合う心、寛容な心などを確実に育てることが大切である。さらに、道徳教育で学んだことが日常生活でのよりよい人間関係、いじめのない学校・学級生活実現のために児童生徒自らが主体的に考え、他者と相談・協力して実行に移すなど、当事者意識をもっていじめ防止や安全確保等に関わることの実現が重要である（p.34）。

知識を確認しよう

問題

(1) 学校における道徳教育の目標と教育基本法及び学校教育法の各条文とはどのような関係にあるか。
(2) 学校における道徳教育の目標である道徳性を養うこととは何か。
(3) 学校における道徳教育の内容の4つの視点と内容項目はどのように位置付けられているか。
(4) 道徳教育の全体計画の作成が必要とされる理由は何か。
(5) 道徳教育と道徳科とは、どのような関係にあるのか。

解答への手がかり

(1) 『中学校学習指導要項』第3章第1節Bの記述内容から、学校における道徳教育の目標と教育基本法及び学校教育法に示された教育の根本精神について考えてみよう。
(2) 同第3章第1節の記述内容から、道徳性の具体的事例を挙げて考えてみよう。
(3) 同第3章第2節の記述内容から、学校における道徳教育の視点と内容項目を手がかりに適切な指導について考えてみよう。
(4) 同第3章第3節に頻繁に登場する文言から、どのような意義を認めているのかを考えてみよう。
(5) 同第3章第4節の記述内容から、道徳教育と道徳科それぞれに関する説明を手がかりに考えてみよう。

第 4 章 道徳科の目標と内容

本章のポイント

　小・中学校では、道徳科の授業は検定教科書を使用して、週1時間で行われる。学校全体における道徳教育は、その要となる道徳科とそれ以外の教育活動にわたっており、かつこの両者の教育活動を関連づけて進められる。本章では、前者の道徳科の授業を中心にして、その役割や目標・内容・内容の取扱いを詳述する。

　道徳科の授業が目指すべき目標としては、その目標文の成立ちとその中身がどうなっているか。この授業の内容としては、4つの視点に沿って構成される22の内容項目が子どもの発達の段階を踏まえ、かつ体系的にどう扱われるべきか。そして、多様で効果的な指導としては、どんな方法が取られるべきか。本章の内容はおよそこの3つで構成される。

1 道徳教育・道徳科と他の教育活動の関連

　道徳教育は、そもそも学校の教育活動全体を通じて、生徒1人ひとりの道徳性を育成することとなっている。したがって、道徳教育の目標は、道徳科を要（かなめ）として、各教科、総合的な学習の時間（以下「総合学習」）及び特別活動のそれぞれの特質に応じ、かつ生徒の発達段階に即して適切に達成されるものである。このことは学習指導要領「第1章　総則」第1の2において明記されている。

　次の図4-1は、道徳教育の目標と道徳科の目標の関連、道徳教育・道徳科の目標の実現と各教科・総合学習の教科活動の関連、そして道徳教育・道徳科の目標の実現と特別活動の関連について明示したものである。

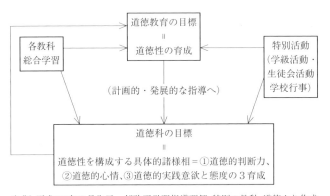

出典）平成27年3月告示一部改正学習指導要領 特別の教科 道徳より作成

図4-1　学校教育活動全体を通じた道徳教育の目標の実現

　上の図4-1によれば、各教科・総合学習及び特別活動でも目指されるべき道徳性の育成という道徳教育の目標を、さらに計画的に発展的に実現しようとする活動が、道徳科に委ねられた役割である。すなわち、道徳科の時間では、道徳性の内実とも言うべき、①道徳的判断力、②道徳的心情、③道徳的実践意欲と態度を実例や教材などに即しつつ動機づけ、それらの行動を促すように指導するのである。

　こうして、道徳科における目標の実現は最終的には道徳教育における目

標の実現にもつながる。この両者にまたがる道徳性の実現は、日常的な学校生活における道徳教育の活動と道徳科の教育活動とを常に往還することによって達成されると考えるべきだろう。

A 道徳科と他教科の関連

最初に、道徳科と他の教科の関連は指導上の取扱いでどうなっているのだろうか。道徳科と、とりわけ国語科との取扱い上の相互関連について、2008（平成20）年改訂学習指導要領の「第2章 各教科第1節国語科」の「第3 指導計画の作成と内容の取扱い」（1の(6)）の項で、指導計画を作成するうえでの「配慮事項」として次のように述べている。

> 第1章総則の第1の2及び第3章道徳の第1に示す道徳教育の目標に基づき、道徳の時間（後に「道徳科」と改称）などとの関連を考慮しながら、第3章道徳の第2に示す内容について、国語科の特質に応じて適切な指導をすること。

上述の第2に示す道徳科の内容とは、2015（平成27）年一部改正の学習指導要領でのA～Dの4領域にわたる22項目（p.115の図4-5参照）のことである。これらの項目については、国語科の時間において、その教科の特質に応じて適切に指導することとなっている。たとえば、国語科の授業では、子どもたちに、物語や小説などの教材を「話すこと・聞くこと・書くこと・読むこと」（次頁の図4-2の国語科「内容」の下線部）を通して、「思考力・想像力を養う」（同図の「目標」2の下線部）ことが達成される。そして、この授業では、勤労の1つである「将来の生き方について考えを深める」ことによって、「人間としての生き方について考える」（同図の道徳科「目標」2の下線部）ように発展させることができるのである。

この「配慮事項」に関する記述の中の「国語科」という教科名は、当然のことながら社会科、数学科、理科、音楽科、美術科、保健体育科、技術・家庭科、外国語（英語）科という科目名に読み替えられる。これは、学校教育における道徳教育を各教科や総合学習などの学校教育活動全体を通じて行うという原則に拠るためである。また、社会科以下の指導計画作成上の

「配慮事項」でも、同様に明記されている。

社会科の授業では、たとえば「私たちと政治」(下の図4-2の社会科「内容」の下線部)という単元で、「社会参画と公共の精神」(p.115の図4-5の道徳科「内容」C)という資質の育成が可能である。他の教科においても、国語科や社会科と同様に、道徳科の目標に関連づけながら、道徳科の内容に関する指導ができる。そこで、道徳科と他の各教科の各目標・内容の相互関連は次の図4-2のように図式化することができる。

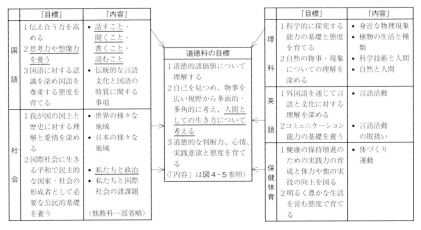

出典) 平成20年3月告示中学校学習指導要領より作成

図4-2 道徳科と他の各教科との各目標・内容の相互関連

また、中学校では小学校と違って、教科担任制が採られている。同時に、学級担任制も採られているため、必ず同じ学級を受け持ち、かつ免許教科を教え、さらに道徳科の授業も指導しなければならない。となれば、学級担任は免許教科と道徳科の両方を担当し、教育活動のうえで両方の教科内容を関連づけながら指導することになる。また、同じ学級では、他の教科の担当者も受け持ちの学級で同じ道徳科を担当しているがゆえに、担当教科と道徳科を内容的に関連づけて指導することができる。

しかしながら、各教科は当然それぞれの教科で指導すべき本来の目標や内容を有し、それらの実現に努めなければならない。かといって、各教科の指導を通じて行う道徳教育は、各教科で扱うべき内容や教材を、当該教

科の目指すべきねらいとはまったく異なる形であらためて構成するような教育活動ではない。むしろ、各教科と道徳科の指導計画を作成する段階で両者の目標や内容を摺り合わせる程度に留めて、そのうえで各教科が当該の目標や内容を着実に達成して行くこと自体が結果的には広義の道徳教育につながると考えるべきである。このように、道徳科と他の各教科の両者の教育活動は学校教育活動の全体を通じて道徳教育を行うという原則から両者の目標や内容を相互に関連づけて指導することになる。

B　道徳科と特別活動の関連

　もう一方、道徳科と特別活動の関連は、指導上の取扱いではどうなっているのだろうか。

　まず、道徳科の第1の「目標」の中に記載されている「道徳的諸価値」とは、何を指すか。それは第2の「内容」に関する22項目のことである（p.115の図4-5参照）。この22項目に関する理解は、特別活動においてこそ、生徒の自主的、実践的活動によって深められ、この活動自体がその項目の道徳的実践となるのである。道徳的価値の、いわば実践の場となる特別活動の各活動内容は、次の図4-3の通りとなる。

学級活動	生徒会活動	学校行事
(1) 学級や学校の生活づくり 　ア 学級や学校における生活上の諸問題の解決 　イ 学級内の組織づくりや仕事の分担処理 　ウ 学校における多様な集団の生活の向上　(2) (3) 省略	(1) 生徒会の計画や運営 (2) 異年齢集団による交流 (3) 生徒の諸活動についての連絡調整 (4) 学校行事への協力 (5) ボランティア活動などの社会参加	(1) 儀式的行事（入学式・卒業式等） (2) 文化的行事（文化祭・観賞会等） (3) 健康安全・体育的行事（避難訓練・運動会・球技大会等） (4) 旅行・集団宿泊的行事（修学旅行等） (5) 勤労生産・奉仕的行事（農作業や家業体験・福祉施設訪問等）

出典）平成20年3月告示中学校学習指導要領より作成

図4-3　特別活動の各活動内容

　上の図4-3によれば、たとえば学級活動では、道徳科で扱うA「自主や自律」、B「友情や信頼」、C「集団生活の充実」、D「よりよく生きる喜び」（p.115の図4-5参照）などの道徳的価値の理解は、まさに(1)のア「学級や学校における生活上の諸問題の解決」やイ「学級内の組織づくりや仕事の分担処理」などの自主的・実践的な活動を日常的に行うことにより深められる。

生徒会活動では、道徳科で扱う A「自由と責任」、C「遵法精神や公徳心」・「社会参画や公共の精神」・「よりよい学校生活」（p.115の図 4-5 参照）などの道徳的価値は、(1)「生徒会の計画や運営」や (2)「異年齢集団による交流」の自主的・自治的な活動によりあらためて認識される。

学校行事での (1) 儀式的行事では、道徳科で扱う A「節度や節制」・「希望と勇気」・「克己と強い意志」、B「礼儀」の道徳的価値は、入学式や卒業式などの厳粛な体験により会得される。あるいは、(2) 文化的行事では、A「真理の探究や創造」・「向上心や個性の伸長」、C「郷土の伝統と文化の尊重」、D「感動」の道徳的価値は、演劇・学習の発表会や文化・芸術の鑑賞の実体験により感得される。あるいは、(5) 勤労生産・奉仕的行事では、D「生命の尊さ」・「自然愛護」の道徳的価値は、動物の飼育や植物の栽培などの体験で深められよう。

このように、道徳科で学習した道徳の内容は、学級活動、生徒会活動、そして学校行事などにおいてさまざまな集団活動の場面で取り扱うことができる。生徒の立場から見ると、生徒は学級や学校における経験の場面を真に「生活する場」として捉えて、自主的、自発的に行動する過程において、道徳科で学んだ道徳的価値を理解し、深めることができる。逆に、指導する側からみると、教員は集団活動や行事活動の意義と道徳科で扱う道徳的価値の内容との関連性をあらかじめおさえておくことは必要不可欠である。また、教師は生徒に対して、特別活動で実践し、経験した道徳的価値を、道徳科の授業で振り返りさせることも重要である。こうして、道徳科と特別活動の両者の教育活動は、連携して、両者の目標や内容に沿って両者ともに道徳的実践力を養うことができる。

2 道徳科の目標

A 目標改訂の要点
[1] 目標改訂における特徴

最初に、道徳教育の目標は学習指導要領の「第 1 章　総則」の第 1 の 2

で、道徳科の目標は「第3章　特別の教科　道徳」の第1で、それぞれ別に明示された。これは2つの目標を明確に区分けしたもので、今回の2015（平成27）年改訂時の顕著な特徴である。

前者の規定は、「人間としての生き方を考え、主体的な判断の下に行動し、自立した人間として他者と共によりよく生きるための基盤となる道徳性を養うこと」とある。後者の規定は、前者の「第1章　総則」の第1の2に示す道徳教育の目標に基づいて、「よりよく生きるための基盤となる道徳性を養うため、道徳的諸価値についての理解を基に、自己を見つめ、物事を広い視野から多面的・多角的に考え、人間としての生き方についての考えを深める学習を通して、道徳的な判断力、心情、実践意欲と態度を育てる」とある。

後者の規定にあっては、前者の規定でいう「よりよく生きるための基盤となる道徳性を養うことを目標」としたために、その道徳性を構成する諸様相として、「道徳的な判断力、心情、実践意欲と態度」の3つを明示した。この2つの規定の関連は、道徳教育の目標と道徳科の目標との関係を明確化したという中教審答申の基本的考え方に沿うものである。

今回の改訂におけるもう1つの特徴として、従来の目標になかった文言が見受けられる。すなわち、「自主的、自発的に行動する過程で物事を広い視野から多面的・多角的に考える」という新規の文言が道徳科の目標に挿入されたのである。この文言の持つ意義は以下の2点において、きわめて大きいと見てよいだろう。

第1に、「多面的・多角的に考える」という文言の提示は、物事を一面的に捉えたり、物事を二者択一的に選んだり、特定の徳目を注入したりとする注入主義への警鐘となろう。物事をさまざまな視点から理解し、物事を広い視野から考えるように工夫が求められる。一般的には、子どもたちが自分の考えや主張をしっかり発表するようにと奨められるが、道徳科では特にそういう態度が求められる。文部科学省があえて、「考え、議論する道徳科への転換により児童生徒の道徳性を育む」と標榜しているのも、十分首肯できよう。

第2に、道徳的諸価値の取扱いでも、その留意が要求される。たとえば、特定の道徳的価値を絶対的な価値として教え込んだり、現実味を帯びて習

得すべき道徳的価値の意味を観念的に理解させたりするような徳目主義の指導は避けられるべきである。

[2] 目標改訂における表記の見直し

今回の改訂では、道徳科の目標文は表記のうえで一部、「道徳的な判断力、心情、実践的意欲と態度を育てる」と見直された。この３つの要素は、先にも触れたように道徳性を構成せしめる具体的な諸様相として示された。

改訂前までは、育成すべきこの３様相の並びは、表記上で1989（平成元）年の改訂以来、「心情、判断力、実践意欲と態度」という順番であった。つまり、「心情」という道徳性が頭部の位置にあった。これは1980年代の頃に、学校現場がかなり荒れ、その現状を踏まえて、「心の教育」に対する期待が高まるようになり、「豊かな心の育成」が叫ばれたという背景がある。この背景により、「心情」の順番が他の道徳性よりも先行するようになった。

この３つの道徳性の並びが、今回の2015年改訂にいたって変更になった。今回の改訂に先立って、第二次安倍内閣における教育再生実行会議の第一次提言（2013年2月26日）の中で、「いじめ問題への対応の充実」という喫緊な課題が浮上してきた。「いじめ」の事実に対して、「何が良くて何が悪いか」、「人間としてやっていけないことは何か」と問われている。「いじめ」の良し悪しを見極めるという「判断力」の道徳性が頭部に位置づけられた。また、「いじめ」の事実を多角的・多面的に考えさせる観点からも、相手に思いやりの心をもって寄り添うことや、ロールプレイングで立場を入れ変えて、いじめを受ける側の気持ちを汲み取り、多角的にいじめを把握させることが求められることとなった。

もう１つの見直しとして、新学習指導要領「特別の教科　道徳」では、それまで長く使用されていた表記が目標文から消えた。それは、「道徳的価値の自覚」と「補充・深化・統合、道徳的実践力」の２つである。前者の「道徳的価値の自覚」という表記は、「道徳的諸価値についての理解を基に自己をみつめ、物事を広い視野から多面的・多角的に考える」へと変更された。そして、「人間としての生き方についての考えを深める」となった。

後者の「補充・深化・統合」という表記は、学習指導要領「特別の教科　道徳」第１の目標の文から消えて、同第３の「指導計画の作成と内容の取

扱い」の2（2）の項に移行された。新しい項では、「各教科、総合的な学習の時間及び特別活動における道徳教育としては取り扱う機会が十分でない内容項目に関わる指導を補うことや、生徒や学校の実態等を踏まえて指導をより一層深めること、内容項目の相互の関連を捉え直したり発展させたりすることに留意すること」と平易な表現に改められた。もう1つ、この表記の後に続く「道徳的実践力を育成する」という言葉は、新規の目標文の中では、「道徳的な判断力、心情、実践的意欲と態度を育てる」と見直されたのである。

B 道徳科の目標

さて、一部改正された道徳科の目標をあらためて示すと、『中学校学習指導要領』第3章「特別の教科　道徳」第1に次のように掲げられている。

> 第1章総則の第1の2に示す道徳教育の目標に基づき、よりよく生きるための基盤となる道徳性を養うため、道徳的諸価値についての理解を基に、自己を見つめ、物事を広い視野から多面的・多角的に考え、人間としての生き方についての考えを深める学習を通して、道徳的な判断力、心情、実践意欲と態度を育てる。

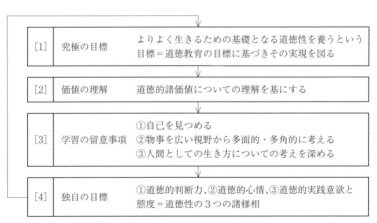

出典）平成27年3月告示一部改正学習指導要領 特別の教科 道徳より作成

図4-4　道徳科の目標文の成立ち

この目標文の成り立ちを図式化すると、前頁の図 4-4 になる。この図の通り、道徳科の目標は [1] ～ [4] の各項目に分けられるので、それらについて順に詳細に検討してみよう。

[1] 究極の目標――道徳性の育成

まず、道徳科が目指すべき究極の目標は、前頁の図 4-4 の通り「よりよく生きるための基盤となる道徳性を養い」、しかもその実現を図ることにある。この目標は学校教育全体で行う道徳教育の目標に由来し、その目標と同様である（**前項 A [1] 参照**）。道徳教育の目標に関する説明・解釈については第 3 章第 1 節で既に詳述しているので、ここでは省略する。

要するに、道徳科の目標は、生徒が主体的な判断に基づいて自立的に行動し、他者とともによりよく生きるための基盤となる道徳性を養うことである。道徳科がこの道徳性をどのようにして養うのか、という道筋を示したのが、以下の [2] ～ [4] の 3 項目である。

[2] 道徳的諸価値の理解

次に、道徳性を養うという第一段階として、1 人ひとりの生徒が道徳的価値をどう理解し、それを人間としての生き方やあり方の礎とすることができるか否かである。この段階では、生徒らが自らの道徳的価値観を形成するうえで必要不可欠な価値内容とは、次頁図 4-5 の中の A～D の各 [　] 内の合計 22 項目を指すのである。

これらの道徳的価値の内容について理解する際、生徒にとっては次頁の図 4-5 のように 22 項目とはかなり多いように見える。個々の生徒がこれらの項目内容をある程度は理解するのは進むが、すべてにわたり真の理解を求めるのは、超人の成せる業(わざ)に近いようなものである。

そこで、中学生の段階では、教員は生徒にすべてにわたり道徳的価値の持つ意味を明らかにし、それを明確に把握させることである。そのうえで、生徒が必要に応じて当の道徳的価値について、そのつど学校や家庭、地域社会での生活場面でその理解を深められるように指導することである。あるいは、「道徳科における教材との出会いやそれに基づく他者との対話などを手掛かりとして」、取り扱うべき道徳的価値を生徒自身の生き方や経

A　自分自身に関するという視点
［自主、自律、自由と責任］［節度、節制］［向上心、個性の伸長］［希望と勇気、克己と強い意志］［真理の探究、創造］
B　人との関わりに関するという視点
［思いやり、感謝］［礼儀］［友情、信頼］［相互理解、寛容］
C　集団や社会との関わりに関するという視点
［遵法精神、公徳心］［公正、公平、社会正義］［社会参画、公共の精神］［勤労］［家族愛、家庭生活の充実］［よりよい学校生活、集団生活の充実］［郷土の伝統と文化の尊重、郷土を愛する態度］［我が国の伝統と文化の尊重、国を愛する態度］［国際理解、国際貢献］
D　生命や自然、崇高なものとの関わりに関するという視点
［生命の尊さ］［自然愛護］［感動、畏敬の念］［よりよく生きる喜び］

出典) 平成27年3月告示一部改正学習指導要領 特別の教科 道徳より作成

図 4-5　道徳的諸価値＝道徳科の内容

験に関連づけて咀嚼するように指導することが求められる。

　また、たとえばAの視点での「個性の伸長」とBの視点での「相互理解」（図4-5）のように、複数の道徳的価値が相対立するときは、時と場合や場所に応じていずれかの道徳的価値を優先させるか、その判断を強いられることがある。この葛藤や迷い・揺れを好機と捉えて、生徒がその価値への理解を深めるとか、自己をみつめ、人間としての生き方やあり方を追求するように指導することが望まれる。

[3] 学習の留意事項——3項目

　p.113の図4-4で説明すると、図中［4］の道徳科の独自の目標を達成するために、道徳科の学習を展開するうえでの留意事項として、図中［3］の①～③を明示している。各内容は以下の通りである。

①自己を見つめる

　道徳科の授業はとかく上からの目線で教え込みに走りがちである。だが、生徒の下からの目線で授業を進めれば、生徒の抱く苦悩・葛藤や経験に指導の中心を移すことが可能である。だとすれば、特に思春期にある生徒はこれを契機に、自我に目覚め「自分を見つめ」「自分の生き方」を考えるようになるだろう。あるいは、日常の生活の中で「自分の弱さ」を発見した

り、それに「自己嫌悪」を抱いたりして、自己を見つめ直すことになろう。あるいは、自分の生き方の理想や本来の姿を飛躍的に追求したりするようになるだろう。

　生徒はさまざまな悩みや経験を通して、道徳的価値について自分の生き方や経験と関連づけて真に理解し、しだいに「人間としての生き方」に目覚めようになる。こうして、生徒が真正面から自己と向き合い、自分自身と関わるようになることが、いわば「道徳性の発達の出発点」となる。

②物事を広い視野から多面的・多角的に考える

　現今の社会は地球規模でのグローバル化、科学技術の発達や政治・経済の変動などをますます加速化させている。この流動的な社会で、さまざまな文化や価値観・幸福観などを有する人々が存在し、各人が互いに認め合い、折り合いをつけながら共存することは並大抵なことではないだろう。この状況に対応するためには、道徳科の授業にこそ、各人がそれぞれの価値観や幸福観などを持つことに着目させ、「人としての生き方」や「社会の在り方」について、他者と協働しながら、物事を広い視野から多面的・多角的に考えさせることが求められる。

　さらに、図4-5におけるA～Dの4つの視点は、全く別々の立場を示すものではなくて、調和的に捉えられるものである。となれば、いくつかの視点から、1つの道徳的価値を多面的に多角的に考察しなければならない。あるいは、複数の道徳的価値については、その調和の下にさまざまな角度から主体的に考えさせることも大事である。

③人間としての生き方についての考えを深める

　道徳科の授業は、生徒が道徳的価値をどう理解するにせよ、物事を多面的・多角的に考察するにせよ、究極的には「いかによりよく生きるか」や「人生の意味をどこに求めるか」という次元にまで到達しなければ、意味を成さないだろう。また、人間としての生き方の自覚は、「人間とは何か」という問いや「人間についての深い理解」を欠いては生じないし、その自覚があればこそ「よりよく生きよう」とする道徳的実践につながっていくのである。

[4] 独自の目標

　道徳科の独自の目標は、道徳性を構成する具体的諸様相として、図4-4における最下段の［4］の①～③の3つを指す。しかも、この3様相は互いに関連し合いながら、全体の道徳性を構成する。ここでいう道徳性とは、究極的には「人間としてよりよく生きようとする人格的特性」という資質のことである。

①道徳的判断力の育成

　人間は得てして直面するさまざまな場面や状況で「善悪を判断する能力」を求められるものである。1人ひとりの生徒がこの判断力の意義を理解して、当の場面や状況の下で、どのように人間として対応して、その判断力を「道徳的行為」にまでつなげるかが問われる。

②道徳的心情の育成

道徳的心情は①の道徳的判断力と併せて、道徳的価値の重要性を認識し、内面的には「善を行うこと」を喜び、「悪を憎む感情」を持つ情動である。この情動は、1人ひとりの生徒が「人間としてのよりよい生き方」を追求し、「道徳的行為への動機づけ」の基盤となる。

③道徳的実践意欲と態度の育成

　この③における前者の実践意欲は、①の道徳的判断力や②の道徳的心情により習得される道徳的価値をさらに実現しようとする「意志の働き」である。後者の態度は、①と②に裏づけられた具体的な「道徳的行為への身構え」である。このように、③の道徳的実践意欲と態度は、あくまでも道徳的価値の実現に向けて、そのための適切な行為を主体的に選択して、実践できるようにする「内面的資質」である。

　したがって、道徳科の授業は道徳性を構成する①～③の3様相を、その調和を取りながら「道徳的実践」という実際的行為へと促すように計画的に発展的に指導することである。

3 道徳科の内容

A わが国学校の性格と道徳教育

　わが国の道徳教育は今後大きく変わることになっている。道徳教育は、小学校では 2018（平成 30）年度から、中学校では翌 2019（平成 31）年度から、「特別の教科　道徳」（道徳科）として一新されるのである。教科となったため検定教科書が導入され、いじめの問題に対処し、問題解決的で体験的な学習などが志向される。つまり、学習指導の方法にも、よりよく考え、議論する工夫などが求められ、さらに道徳性の発達に係る成長を数値による評価ではなく、詳しく把握し記述することが求められることになった。道徳教育は時代の大きな転換点を迎えたといえよう。

　ところで、世界の学校を鳥瞰してみれば、学校の性格には 4 つのタイプがあるという。

世界の学校の類型（二宮皓編『新版　世界の学校』）
①ヨーロッパ大陸の学校類型（「勉強」中心の学校）
②旧社会主義諸国の学校類型（赤いネッカチーフの生徒のいる学校）
③英米諸国の学校類型（思い出の残る学校）
④グローバル化時代の学校（国際標準化する学校）

　ヨーロッパの大陸の「勉強」中心の学校は、たとえばドイツの学校が典型的であるように、学校はあくまで勉強の場であり、教室で展開する学習活動以外の活動はあまり重視されない。たとえば課外活動は学校の中ではあまり展開されない。それらは、地域社会における市民活動や教会、クラブチームなどが受け持っている。道徳教育は、おおむね宗教・宗派に委ねられている。

　旧社会主義国の学校は、たとえば中国や北朝鮮の学校が典型的であったように、政治や思想のイデオロギー注入の教育に力点が置かれてきた。まさに赤いネッカチーフの子どもや生徒たちの姿はテレビなどでもおなじみであった。道徳教育は統合的な教育となっており、単独教科のような形は

とられていない。

　わが国の学校は、「思い出の残る」学校の類型に属している。これらの国はアメリカやイギリスなどであるが、アメリカから影響を受けたアジアの国々でも同様である。アメリカやイギリスなどでは、道徳の教育は人格や品性の教育あるいは市民性の教育が中心である。

　わが国の学校は子どもや生徒の生活の場として重視されており、そこには給食があり、運動会・体育祭があり、部活動でサッカーなどを楽しみ、クラスで花壇を作り、帰りには教室の掃除をして帰る学校である。まさに想い出になるような生活の場としての学校である。ここでは道徳は子どもや生徒の生活と深く係っている。

　国際標準を目指す学校は、たとえばアメリカやスイスの寄宿舎つきの国際学校のようにグローバル化や国際的標準化の学校を志向している学校である。つまり地域社会の学校というよりは、むしろ国際社会において活躍できる子どもの育成を図っている。道徳教育は、各学校の教育理念によるが、単独教科のような形は採用されていない。

　つまり、教育は、ところ変われば、教育内容も変わるのである。道徳教育もまた同様である。

B　生活と道徳科

　わが国の学校における道徳教育は、子どもや生徒の生活そのものを含めて指導する学校であり、単に国語や算数・数学などの教科を教えるのみでなく、生徒の起床から就寝にいたるまで子どもの生活にかかわることが道徳教育の大きな部分を占めてきた。したがって、わが国の学校における道徳の内容には子どもや生徒の生活上の諸課題が扱われていることが特徴である。

　2006（平成18）年12月に成立した新しい「教育基本法」は、その「教育の目標」（第2条1）において、「豊かな情操と道徳心を培う」と謳っており、道徳の教育に一層の重きが置かれている。そして学校における道徳の時間の内容と内容の取扱いについては、いずれも『小学校学習指導要領』（平成19年3月告示）および『中学校学習指導要領』（平成20年3月告示）によって定められ、2015（平成27）年3月および7月の一部改正を経て今日にいたってい

る。その一部改正の要点は、従来の「特設の時間　道徳」は教科に準ずる「特別の教科　道徳」になったことである。この一部改正よって小学校においては2018（平成30）年度に、中学校においては翌2019（平成31）年度から検定教科書「道徳科」の導入が予定されている。戦後の1958（昭和33）年に道徳の時間が特設されて以降、最も大きな歴史的な改正といっても過言ではない。

　なお周知のように高等学校においては道徳のための時間は特設されてはいないが、道徳教育の扱いは、『高等学校学習指導要領』（平成21年3月告示）の「第1章　総則」の中の第1款「教育課程編成の一般方針」の2において明示されている。

　高等学校では、人間としての在り方生き方に関する教育を、公民科や特別活動のホームルーム活動などを中心にして、学校の教育活動全体を通じて行うことになっている。道徳教育を進めるにあたっては、道徳的実践力を高めるとともに、「自他の生命を尊重する精神自律の精神及び社会連帯の精神並びに義務を果たし責任を重んずる態度及び人権を尊重し差別のないよりよい社会を実現しようとする態度を養う」ように求めている。高等学校において道徳教育は等閑視されているわけではないことは銘記されなければならない。

C　道徳科の内容

　2015（平成27）年7月の『一部改正　中学校学習指導要領』による中学校における道徳の内容について概観してみよう。この学習指導要領の「総則　教育課程編成の一般方針」における記述および第3章における「第1　目標」については、既に前節において詳しく触れられている。

　『中学校学習指導要領解説　特別の教科　道徳編　平成27年7月』（以下、『解説　道徳編』）では、第3章第1節において、内容の基本的な性格を掲げ、「教師と生徒が人間としてのよりよい生き方を求め、共に考え、共に語り合い、その実行に努めるための共通の課題である」と記している。また「ここに挙げられている内容項目は、中学校の3年間に生徒が人間として他者とともによりよく生きていく上で学ぶことが必要と考えられる道徳的価値を含む内容を、短い文章で平易に表現したものである」と解説している。

さらに、「内容を端的に表す言葉そのものを教え込んだり、知的な理解にのみとどまる指導になったりすることがないよう十分留意する必要がある」と強調して、道徳教育の内容とその教え方の方向を示している。

[1] 学習指導要領における道徳科の内容

同じく第3章「第2　内容」について全文を次頁および資料編に示しておこう。なお、以下にみるように、内容の4つの視点22内容項目の設定は小学校ともほぼ共通である。

ここで気づくことは、『一部改正　中学校学習指導要領』では、旧学習指導要領とは若干の文字表記の違いはあるが、内容のCとDとの位置が入れ替わったことであろう。つまり「主として集団や社会との関わりに関すること」が3番目の視点になったことが大きな変化である。「生徒にとっての対象の広がりに即して整理」したと、『中学校学習指導要領解説　特別の教科　道徳編』においてその変更の理由が説明されている。道徳が集団や社会と不可分に関わっていることは明かであるが、いじめ問題への対応など現在の学校教育が抱える問題がそこには横たわっていよう。また「かかわり」は、「関わり」と表記されるようになった。

さらに、その「3. 改訂の要点」の「(2) 第2　内容」では、「第2に示す内容が道徳科を要とした道徳教育の内容であることを明示している。また、小学校から中学校までの内容の体系性を高めるとともに、構成やねらいを分かりやすく示して指導の効果を上げることや、内容項目が多くの人に理解され、家庭や地域の人とも共有しやすいものとするなどの観点から、それぞれの内容項目に手掛かりとなる『自主、自律、自由と責任』などの言葉を付した」と詳しい解説がある。内容項目が、家庭や地域の人々にも共有されるべきであるという観点は特筆される。

[2] 学習指導要領における道徳科の内容項目

中学校における道徳の内容とその道徳的価値は、『一部改正　中学校学習指導要領』において、道徳科を要として学校の教育活動全体を通じて行われるべき道徳教育の内容は、次のように示されている。

なお、各内容項目の上に付した【　】部は、道徳的諸価値を示している。

これは観点とも呼ばれるが、生徒が道徳的価値観を形成するうえで必要な諸価値を示している（図4-5参照）。

中学校　道徳科の内容項目（22）

A　主として自分自身に関すること

(1)【自主、自律、自由と責任】
　自律の精神を重んじ、自主的に考え、判断し、誠実に実行してその結果に責任をもつこと。

(2)【節度、節制】
　望ましい生活習慣を身に付け、心身の健康の増進を図り、節度を守り節制に心掛け、安全で調和のある生活をすること。

(3)【向上心、個性の伸長】
　自己を見つめ、自己の向上を図るとともに、個性を伸ばして充実した生き方を追求すること。

(4)【希望と勇気　克己と強い意志】
　より高い目標を設定し、その達成を目指し、希望と勇気をもち、困難や失敗を乗り越えて着実にやり遂げること。

(5)【真理の探究、創造】
　真実を大切にし、真理を探究して新しいものを生み出そうと努めること。

B　主として人との関わりに関すること

(6)【思いやり、感謝】
　思いやりの心をもって人と接するとともに、家族などの支えや多くの人々の善意により日々の生活や現在の自分があることに感謝し、進んでそれに応え、人間愛の精神を深めること。

(7)【礼儀】
　礼儀の意義を理解し、時と場に応じた適切な言動をとること。

(8)【友情、信頼】
　友情の尊さを理解して心から信頼できる友達をもち、互いに励まし合い、高め合うとともに、異性についての理解を深め、悩みや葛藤も経験しながら人間関係を深めていくこと。

(9)【相互理解、寛容】
　自分の考えや意見を相手に伝えるとともに、それぞれの個性や立場を尊重

し、いろいろなものの見方や考え方があることを理解し、寛容の心をもって謙虚に他に学び、自らを高めていくこと。

C 主として集団や社会との関わりに関すること
(10)【遵法精神、公徳心】
　法やきまりの意義を理解し、それらを進んで守るとともに、そのよりよい在り方について考え、自他の権利を大切にし、義務を果たして、規律ある安定した社会の実現に努めること。
(11)【公正、公平、社会正義】
　正義と公正さを重んじ、誰に対しても公平に接し、差別や偏見のない社会の実現に努めること。
(12)【社会参画、公共の精神】
　社会参画の意識と社会連帯の自覚を高め、公共の精神をもってよりよい社会の実現に努めること。
(13)【勤労】
　勤労の尊さや意義を理解し、将来の生き方について考えを深め、勤労を通じて社会に貢献すること。
(14)【家庭愛、家族生活の充実】
　父母、祖父母を敬愛し、家族の一員としての自覚をもって充実した家庭生活を築くこと。
(15)【よりよい学校生活、集団生活の充実】
　教師や学校の人々を敬愛し、学級や学校の一員としての自覚をもち、協力し合ってよりよい校風をつくるとともに、様々な集団の意義や集団の中での自分の役割と責任を自覚して集団生活の充実に努めること。
(16)【郷土の伝統と文化の尊重、郷土を愛する態度】
　郷土の伝統と文化を大切にし、社会に尽くした先人や高齢者に尊敬の念を深め、地域社会の一員としての自覚をもって郷土を愛し、進んで郷土の発展に努めること。
(17)【我が国の伝統と文化の尊重、国を愛する態度】
　優れた伝統の継承と新しい文化の創造に貢献するとともに、日本人としての自覚をもって国を愛し、国家及び社会の形成者として、その発展に努めること。
(18)【国際理解、国際貢献】

世界の中の日本人としての自覚をもち、他国を尊重し、国際的視野に立って、世界の平和と人類の発展に寄与する。

D　主として生命や自然、崇高なものとの関わりに関すること
(19)【生命の尊さ】
　生命の尊さについて、その連続性や有限性などを含めて理解し、かけがえのない生命を尊重すること。
(20)【自然愛護】
　自然の崇高さを知り、自然環境を大切にすることの意義を理解し、進んで自然の愛護に努めること。
(21)【感動、畏敬の念】
　美しいものや気高いものに感動する心をもち、人間の力を超えたものに対する畏敬の念を深めること。
(22)【よりよく生きる喜び】
　人間には自らの弱さや醜さを克服する強さや気高く生きようとする心があることを理解し、人間として生きることに喜びを見いだすこと。

　これら22の内容項目を道徳的な価値をもとに整理してみれば、A―11個、B―7個、C―18個、D―5個の道徳的価値から構成されている。その総数は、実に41の道徳的価値からなる。「礼儀」から「我が国の伝統と文化の尊重」まで、まさに大きな範囲となる道徳的価値が目指されているのである。

　これらを教科としての道徳科で扱うことになるが、そのすべてを3年間の道徳科の時間の総数（35時間×3年＝105時間）内で扱うとすれば、まことに生徒にも教師にもあるいは父母や保護者にも重たい課題となろう。

　たとえば、「礼儀」も、あるいは「わが国の伝統と文化の尊重」も子どもたちの生活の場である家庭や地域社会の協力を仰がなくてはならないことは明らかであろう。しかし、道徳は学校における教育活動全体で取り組むことが前提であるため、授業時間に拘束されないことも重要である。

　また、逐条的に見てみれば、先に指摘した生徒の生活に直接に関係する項目には、A-(2)、B-(6)、C-(14)(15)などが上げられる。また同様に家庭、学級・学校及び地域社会に関わる内容項目が多く充てられていること

にも注目しておきたい。

　道徳科を指導するのは、英語や数学などを担当する学級担任の教員である。学校生活は、すなわち生徒と教員との集団という側面が基底となっており、集団や社会の一員であることは特に重視されているのである。

　さて、道徳科の教育を進めるにあたっては、既に前節で詳しく見たように道徳的判断力、心情、実践意欲と態度を涵養し、道徳的実践力を育成することが何といっても重要である。よりより社会を実現しようとする態度を養うための指導が適切に行われるように配慮しなければならない、と『解説　道徳編』では求めているのである。

4　道徳科の内容の取扱い

　道徳科の内容の取扱いについては、『解説　道徳編』の第1節2において、「内容項目は、関連的、発展的に捉え、年間指導計画の作成や指導に際して重点的な扱いを工夫することで、その成果を高めことができる」としてその基本を例示している。

　道徳科の内容の取扱いの要点は、次の2点である。

---
(1) 関連的、発展的な取扱いの工夫
　ア　関連性をもたせる
　イ　発展性を考慮する
(2) 各学校における重点的指導の工夫

A　関連的、発展的な取扱いの工夫
[1] 関連性をもたせる

　まず (1) の「ア　関連性をもたせる」においては、既に見たように22の内容項目は、「必ずしも各項目を一つずつ主題として設定しなければならないということではない」として、「内容項目を熟知した上で、各学校の実

態、特に生徒の実態に即して、生徒の人間的な成長をどのように図り、どのように道徳性を育成するかという観点から、いくつかの内容を関連付けて指導することが考えられる」、とその扱いの工夫を求めている。学校には大都市の大規模学校もあれば、地方の小規模学校もある、団地の学校もあれば、限界集落にたたずむ学校もあろう。文化的な活動やスポーツ活動に熱心な学校もあれば、進路指導に活路を見出している学校もあろう。学校の実態や生徒の実態は当然のこと学校の運営方針にも影響し、道徳教育にも少なからず反映する。

たとえば、【国際理解や国際貢献】を謳うC-(18)の内容項目は、B-(9)【相互理解、寛容】と関連付けることはできるであろうし、また総合的な学習の時間において「国際理解」の授業がなされる機会があれば、これと関連性を持たせることによってよりよい授業となろう。具体的な学習の積み重ねなくして、またしっかりと事実を学ぶ認知的な学習なくして、複雑な国際的な問題を考えることには限界があるからである。

また『解説　道徳編』では、「適切なねらいを設定して主題を構成し、焦点が不明確な指導にならないようにする必要がある」と記したうえで、関連的な取扱いを求め、さらにその指導の順序を工夫したりすることも求めている。

[2] 発展性をもたせる

「イ　発展性を考慮する」では、「道徳科の一時間一時間は単発的なものではなく、年間を通じて発展的に指導されなくてはならない」と強調している。特に、「必要な内容項目を重点的にあるいは繰り返して取り上げる場合には、それまでの指導を踏まえて、一層深められるよう配慮と工夫が求められる」とし、前年度の指導や本年度、来年度の指導の中に発展させることも大切であるとして、時系列的な視野に立って指導することも大切であるという。

たとえば、【国際理解や国際貢献】を謳う内容項目は、小学校では【国際理解、国際親善】との道徳的価値が付されている。発達段階に応じた道徳科の内容項目は次のようになっており、生徒の成長とともにその目標も高くなっているさまがみてとれよう。

> 小学校【国際理解、国際親善】
> 第1学年及び第2学年
> 　他国の人々や文化に親しむこと。
> 第3学年及び第4学年
> 　他国の人々や文化に親しみ、関心をもつこと。
> 第5学年及び第6学年
> 　他国の人々や文化について理解し、日本人としての自覚をもって国際親善に努めること。

> 中学校【国際理解、国際貢献】
> 　世界の中の日本人としての自覚をもち、他国を尊重し、国際的視野に立って、世界の平和と人類の発展に寄与する。

　このように道徳科の内容項目は、小学校低学年から中学校まで、ほぼ同様な内容項目が設けられ、また価値項目となっている。まさに時系列的に、つまり子どもや生徒の発展段階に即してまさに発展的な指導が可能になるように構想されているのである。

　学習指導要領の一部改正によって、中学校は道徳科を特別の教科として扱うことが決まった。その教科では、道徳性の涵養から道徳的な実践力を育成する指導が期待されているのである。国際親善は、国際貢献にまでその道徳的な価値は高められている。生徒が、国際貢献をどのように果たしていくのか、道徳教育の課題はまことに大きいものがあろう。

　なお、『高等学校学習指導要領』では、その教育課程編成の一般方針において、「他国を尊重し、国際社会の平和と発展や環境の保全に貢献し未来を拓く主体性のある日本人を育成するため、その基礎としての道徳性を養うことを目標」とすることが示されている。

B　各学校における重点的指導の工夫

　重点的指導とは、「各内容項目の充実を図る中で、各学校として更に重点に指導したい内容項目をその中から選び、多様な指導を工夫することによ

って、内容項目全体の指導を一層効果的に行うことである」と『解説　道徳編』では説明がなされている。

　中学校における3年間の教育を見通した重点的指導を工夫することも同時に求めている。その試みに22の内容項目を年間指導計画に単純に配分すれば、1年間に指導できる内容項目は約7内容項目でしかない。「特別の教科　道徳」に割り振られた授業時数は、年間35時間であり、7内容項目は1内容項目あたりでは、5時間の授業が可能である。

　たとえば、「国際理解、国際貢献」を5時間の授業で行うとなると、決して少なくないように見えるかも知れない。しかし生起する国際的な情勢を単発的に教えることは可能であるとしても、道徳科は道徳的な実践力を育成し培う指導がなされなければならない。

　「特別の教科」となった道徳科の教育の難しさはここにある。したがって、学校では単に道徳的価値を教えるだけでなく、国際的な貢献の高みまで展望できるように導く必要がある。そのための方法が、各学校における年間指導計画の作成であり、その作成に際して、重点的に指導しようとする内容項目についての特段の工夫が必要となるのである。そのためには、1つの内容項目を何回かに分けて指導することや、あるいはいくつかの内容項目を関連づけて指導することなどが求められていることは当然のことである。

　道徳科は、かつての表現を借りれば、学校における道徳に関わる教育活動全体を補充し、深化し、そして統合することが期待されていることは忘れてはならない。

　たとえば、【国際理解、国際貢献】を例にとれば、「世界の平和と人類の発展に貢献するという理想を抱き、その理想の実現に努めることが大切である。その理想の実現のための基本になるのは、国によってものの感じ方や考え方、生活習慣が違っても、どの国の人々も同じ人間として尊重し合い、差別や偏見をもたずに公正、公平に接するということであり、このことは日本人だけに求められるものはない道徳的な価値である」と『解説　道徳編』の「指導の要点」において示している。

　以上見てきたように中学校における特別の教科道徳科は、新しい方向に向かって歩を進めることになった。

道徳教育上の課題は大きいが、この課題に挑戦することが学校にも教員にも求められている。道徳教育の大きな転換点に立っているからである。

コラム　『小學教師心得』から学ぶ

わが国最初の教員養成は、1872（明治5）年9月に始まった。東京湯島の旧昌平黌の建物を使い、アメリカからスコット（Scott, Marion M.）を招き、アメリカの教員養成に倣った教育が開始されたのである。唯一の教員養成の学校であったので、校名は単に「師範学校」と称した。

翌年5月、師範学校は文部省正定『小學教師心得』を完成した。できたばかりの新しい学校の教壇に立つ教師の心得を記したものである。その条文には次のようにある。

第一条　凡教師タル者ハ学文算筆ヲ教フルノミニ非ス父兄ノ教訓ヲ助ケテ飲食起居ニ至ル迄心ヲ用ヰテ教導スベシ故ニ生徒ノ中学術進歩セズ或ハ平日不行状ノ徒アラバ教師タル者ノ越度タル可シ

同時に刊行された文部省正定『小學生徒心得』では，

第一条　一　毎朝早ク起キ顔ト手ヲ洗ヒ口ヲ漱キ髪ヲ掻キ父母ニ礼ヲ述ヘ朝食事終レバ学校ヘ出ル用意ヲ為シ先ツ筆紙書物等ヲ取揃ヘ置キテ取落シナキ様致ス可シ　但シ出ル時ト帰リタル時ニハ必ス父母ヘ挨拶ヲ為ス可シ

とある。

江戸時代にも庶民の学校すなわち寺子屋や手習塾などがあり、江戸の町民の多くは読み書きがかなりできたという。明治維新後の学校も師範学校も子どもたちの日々の生活のことを気に掛けていたようである。「生活が陶冶する」、とはペスタロッチの教育思想の基底をなすが、このようにわが国最初の養成された教師には子どもたちの日々の生活に向き合うことが求められていたのである。

現在の教員にも同じようなことが求められているであろうか。日々の生活がしっかりとしていることが、よりよく学ぶ基礎になるということであろう。文部科学省のあるキャンペーンには、「早寝早起き朝ごはん」という標語があった。事実、これをよりよく実践している子どもたちは、いわゆ

る全国学力調査の成績も、そして体力もより優れているという。

　それでは現在の先生たちの生活はどうなのか。あまりの長時間勤務に疲れ切ってはいないだろうか。

知識を確認しよう

【問題】
(1) 学校全体における道徳教育は道徳科の授業とそれ以外の教育活動で行われるが、この両者の関係はどうなっているかを整理してみよう。
(2) 道徳科で目指すべき目標はその成立ちと中身が何であるかを考えてみよう。
(3) 道徳科の内容項目 C-(16)(17) について巻末資料の「教育基本法」の条文と照らし合わせてその意義を考えてみよう。
(4) 「道徳科の内容の取扱い」における、「各学校における重点的指導の工夫」について具体的に考えてみよう。

【解答への手がかり】
(1) 本章の図 4-1、4-2、4-3 の 3 つを中心にまとめてみよう。
(2) 本章の図 4-4 を参照しながらまとめてみよう。
(3) 「教育基本法」の第 2 条（教育の目標）を読んでみよう。
(4) 各学校における重点的指導の工夫はなぜ必要なのか考えてみよう。

第5章 道徳科の指導計画と実際の指導

本章のポイント

　本章では、道徳科の指導計画と実際の指導について検討する。
　第1に、道徳科の指導の拠り所となる年間指導計画について、編成の基本方針を概観し、編成上の工夫・留意点についてまとめ、作成例を提示する。第2に、道徳科の新しい指導方法として「考える・議論する道徳」・考えさせる授業のあり方について概説する。第3に、道徳科の毎時の指導計画である指導案について、その内容項目に関して具体例を交えて吟味した後に、実際の作成例を提示する。最後に、道徳科の評価の在り方について、評価の諸項目・方法、そして評価の際に留意すべき事項や焦点化すべきポイントなどについて検討する。それを踏まえ、道徳科の指導における評価の観点・方法、意義について整理する。
　このように、道徳科の授業について、その指導実践を授業で実際に執り行うために必要となるさまざまな事柄についてみていくのが本章の主旨である。

1. 道徳科の年間指導計画

　本節では、学校教育における道徳教育の目標および道徳科の目標を達成するために、道徳科の授業の年間指導計画をいかに編成していくべきか、A―その基本方針に触れ、B―編成上の工夫・留意点についてまとめたうえで、最後にC―実際の年間指導計画表の作成例を提示してみたい。

　なお、本節は、『中学校学習指導要領』(以下、『要領』) の主として「第3章　特別の教科　道徳」(pp.100-104) および『中学校学習指導要領解説　特別の教科　道徳編』(以下、『解説』) の内容に沿いつつ、具体例を挙げながら概説していく。いずれも文部科学省のウェブサイトにて入手が可能である (p.186、参照) ので、適宜参照しながら本節を読み進められたい。

A　年間指導計画の意義
[1] 年間指導計画の基本方針

　『要領』の「道徳」の「第3　指導計画の作成と内容の取扱い」の1 (p.102) では、道徳科の年間指導計画を編成するに当たっての基本方針が述べられている。

> 　各学校においては、道徳教育の全体計画に基づき、各教科、総合的な学習の時間及び特別活動との関連を考慮しながら、道徳科の年間指導計画を作成するものとする。なお、作成に当たっては、第2に示す内容項目について、各学年においてすべて取り上げることとする。その際、生徒や学校の実態に応じ、3学年間を見通した重点的な指導や内容項目間の関連を密にした指導、1つの内容項目を複数の時間で扱う指導を取り入れるなどの工夫を行うものとする。

　このような基本方針を原則としながら、各学校は、年間授業時数35時間×3学年にわたる道徳科の指導計画を立案し、実際の指導を執り行い、また計画に随時修正を加えていくことになる。

[2] 年間指導計画の意義

『解説』では、年間指導計画を作成・活用する意義が３点挙げられているが (p. 70)、ここではそれを２点に要約し、解説を加えて説明したい。

第１に、道徳科の授業の計画的・発展的な指導を可能にすることである。上記基本方針で述べられている通り、道徳科では「第２に示す内容項目」、すなわち４視点、合計 22 にわたる諸項目 (pp. 100-102) を原則として各学年においてすべて取り扱うことになる。そのため、全体を見通しての綿密な指導計画の立案が必要となる。またそのような全体計画があってこそ、内容項目を有機的に関連づけながら、生徒の道徳性が発展的に積み上がっていくよう指導を進めることが可能となる。このように、年間指導計画は、道徳科の指導全体の見取図としての意義を持つ。

年間指導計画の第２の意義は、個々の授業実践やその改善を具体的に執り行っていく際に活用可能な基本的な情報を含んでいることである。上述の基本方針に即して「一つの内容項目を複数の時間で扱う」場合、授業時数を追うごとにその項目への理解や定着を段階的に深めていくことが期待される。その際、各々の授業で資料や教材や指導法に変化を与えながらも、相互に有機的な関連を持たせつつ、それぞれの授業時の学習指導案（第３節参照）を立案していくためには、全体としての指導計画を要する。あるいは授業改善のために教師間で模擬授業を批評し合い、意見交換・議論をしたりする際にも、年間指導計画がやはりその拠り所となる。

B　年間指導計画編成に当たって工夫・留意すべき諸点

道徳科の年間指導計画は、以上のような意義を持つものであり、また持つように作成・編成されなければならない。しかし、そのためには、いくつか工夫・留意すべき事柄がある。以下では、それについて具体例を挙げながら検討していきたい。

[1] 道徳科の指導における２層の「関連」
(1) 各教育活動間の関連——道徳教育の「全面主義」

上述基本方針では、まずもって「各教科、総合的な学習の時間及び特別活動との関連を考慮」すべきことがうたわれている。これは、端的に、『要

領』の「第1章　総則」の第1の2（p.1）、いわゆる道徳教育の「全面主義」を受けたものであると考えられる。文章の引用は割愛するが、全面主義とは、学校における道徳教育が、道徳科をその「要」としつつ学校教育活動全体を通じて、つまり学校教育の全面において行われるべきである、という原則である。道徳科には「要」として重要な役割が与えられてはいるが、あくまでも全体にとっての「要」なのである。とりわけ、道徳科の年間指導計画は、各教科、総合的な学習の時間、特別活動における道徳的な指導を補充・深化・統合する形で編成される必要があり、それら他の領域の指導計画・内容と歩調を合わせて計画される必要があるのである。

　たとえば、太宰治の小説『走れメロス』を教材とした中学校国語科での指導との関連について考えてみよう。さまざまな取扱い方が考えられる教材だが、主人公メロスと親友との間の「友情」と「信頼」が1つの典型的な指導のポイントになろう。この国語科における指導と同時期に、「要」としての道徳科において、たとえば［友情、信頼］の項目（『要領』p.101）を取り上げる授業を計画することが考えられるだろう。そのような計画および指導実践は、上記の国語科の指導と相俟って、生徒の「友情」「信頼」という道徳的価値への心情的な定着をより深いものとすると考えられる。

(2) 道徳科の内容項目間の関連——道徳的価値が相互に絡み合う生活現実

　また、基本方針では、「内容項目間の関連を密にした指導」が求められている。

　『要領』に掲げられている4視点22項目の道徳的価値は、考えてみれば、私たちの普段の生活のリアリティにおいては相互に関連し合っていることがわかるだろう。たとえば［友情、信頼］と［礼儀］を考えてみよう。失礼な振る舞いで人をぞんざいに扱ってしまい、友だちとの友情ないし信頼関係が危うくなることがある。逆に、礼を尽くす態度は、良好な友人・信頼関係の維持にとって大切である。

　もっとも、諸々の道徳的価値（項目）は、いわばネガティヴな関連を持つこともある。たとえば、「ハインツのジレンマ」という物語教材（コールバーグ，1987，p.181他）がある。主人公のハインツは、病気の母の命を救いたいと思っている。しかし、そのための薬が非常に高額なために購入できない。そこで、ジレンマを抱えながらも薬屋に薬を盗みに入ることを決意する。

これは、「モラル・ジレンマ」の授業実践における代表的な教材である。これは、『要領』の［遵法精神、公徳心］と［生命の尊さ］との葛藤（ジレンマ）について生徒に考えさせることにつながる教材である。人の生死に関わるようなハインツの状況ほどではなくとも、私たちが日常生活で複数の道徳的諸価値の間で葛藤することは多い。そこでどのように折り合いをつけていくか、生徒に考えさせ自分なりの答えを見つけさせることも道徳科においては大切なことである。

　道徳科の年間指導計画は、相互に関連し合う複数の道徳的価値（項目）を取り扱う個々の授業が具体的にどのように展開されるか想定しつつ、それを俯瞰するように編成される必要がある。

[2] 道徳科の指導における「重点化」

　基本方針では、「重点的な指導」、あるいは「一つの内容項目を複数の時間で扱う指導」が求められている。また『解説』(p.72 (3) (5)) でも同趣旨の工夫・留意が必要であることが述べられている。『要領』の4視点22項目については各学年においてすべて取り上げることとされているものの、実際に各項目をすべて均等の重みづけで取扱ってしまうとどの項目に関する指導も広く浅くなり、生徒の道徳性として定着・深化しないおそれがある。生徒の発達段階、学校および各学年の教育目標を考慮しながら、重点的に指導する項目を選定し、それを多様な角度から、またさまざまな題材で、繰り返し取扱い、生徒の道徳性への深い定着を図るよう指導計画を編成することも効果的な指導といえる。その際、常に3年間の全体を見通しつつ、学校の教育目標を加味した重点化、各学年における重点化、学期ごとの重点化など、さまざまなレベルでの考慮が必要であろう。

　もっとも、以上の「重点化」を計画するに当たっては、それが項目間での重みづけの過度な偏りとなってしまわないように留意すべきである。いくつかの少数の項目があまりに偏重される指導では、生徒の道徳性をバランスよく育むことはできない。重点化と幅広さの均衡に配慮しながら、年間指導計画は編成されるべきである。

[3] 生徒・学校の実態への対応と道徳科の指導の「柔軟性」

『要領』と『解説』には、「生徒や学校の実態に応じて」といった趣旨の記述が多く見られる。しかし、あまり具体的な言及や事例は挙げられていない。この意味の1つとして、ここでは、生徒たちが幼い頃から慣れ親しんでいるような、郷土に固有の自然・文化・歴史や地域社会のさまざまな資源を道徳科の教材として取り上げることを考えてみたい。

たとえば、熊本県水俣市では、かつて企業の工場排水による公害病「水俣病」で人々が苦しんだという歴史がある。生徒たちが幼少、児童の頃より、生活のさまざまな場面で「水俣病」について見聞きする機会は今も少なくない。このような地域の実態は、道徳科の教材としては良材といえる（もちろん事実としての歴史そのものは痛ましいものであるが）。また、「水俣病」の歴史は社会科でも取り上げられ、市内にある「水俣病資料館」は社会科見学での見学先としても活用されている。さらに、同資料館は時に特別活動の遠足の行き先にもなることもある。本節B [1] で検討した「全面主義」の観点からも道徳科の教材としては妥当性があるといえる。

ここで詳しく指導内容を例示することはできないが、企業活動のあり方や社会的責任ということを通じて［公正、公平、社会正義］に則った良き［勤労］のあり方について考えさせる指導、当時の歴史の渦中にあり苦難を乗り越え、現在では後世に歴史を伝える「語り部」の方々との交流を通して［希望と勇気、克己と強い意志］について学ばせる指導などが考えられる。また、このような郷土固有の歴史を取り扱うことそのものが、［郷土の伝統と文化の尊重、郷土を愛する態度］を養うことにもつながり得る。このように、生徒・学校の特色や実態に応ずることは、生徒の実際の身の回りの生活と密接にかかわって、彼（彼女）らの道徳性を涵養する有効な手段であり、年間指導計画編成上の重要な視点であるといえる。

しかし、とりわけ生徒の実態という観点からは、計画の「柔軟性」にも留意すべきである。すなわち、個々の生徒の発達段階、興味・関心、個性といったよりミクロな実態は絶えず観察および評価される必要がありそれを踏まえ、校長・道徳教育推進教師を含めた複数教師間での話し合いを経て、生徒の道徳性の発達により大きな効果が見込まれると判断される場合には、計画の変更や修正を行うなど弾力的な取扱いが必要である。これは、

本節 A [2] で検討した年間指導計画の意義の点とも重なることであり、『解説』でも推奨されている (pp. 72-73)。

C 年間指導計画の編成例

以上の年間指導計画編成の基本方針 (A)、編成上、工夫・留意すべき諸点 (B)、また『解説』に列挙される年間指導計画に具備すべき事項 (p. 70) を踏まえ、年間指導計画の作成例を、紙幅の都合上ほんの一部ではあるが、資料 5-1 に示した。実際は年間を通じての一覧表として編成されるべきである。また、主として用いる教材は、文部科学省発行の読み物資料集『私たちの道徳』とした。

2 道徳科の指導方法

本節では、まず教科化の過程において浮き彫りになった指導方法の課題とその改善・充実に向けての提言を概観し、一部改正学習指導要領およびその解説における指導方法のあり方について確認する。続いて、道徳的価値の教え込みを特徴とする「道徳の時間」の伝統的な指導内容と方法 (いわゆる「基本型」) と、考える・議論する道徳・考えさせる授業を志向する新しい道徳教育の指導方法を紹介する。

A 道徳科の指導方法の課題と改善・充実に向けての報告・答申

道徳の教科化、いじめ、体罰への取り組みを提言した教育再生実行会議「いじめの問題等への対応について (第 1 次提言)」(2013〔平成 25〕年 2 月 26 日) において、「(前略) 国は、道徳教育を充実する。そのため、道徳の教材を抜本的に充実するとともに、道徳の特性を踏まえた新たな枠組みにより、教科化し、指導内容を充実し、効果的な指導方法を明確化する」ことを提言した。これを受けて、道徳教育の充実に関する懇談会「今後の道徳教育の改善・充実方策について (報告)」(2013 年 12 月 26 日) では、課題として、指導方法に不安を覚える教師が多いことや、振り返らせたり、具体的にどう

資料 5-1　中学校 2 年生　年間指導計画の作成例（一部）

月	週	主題名	ねらい	教材とその採用理由・方法	学習指導過程の大要	その他
		ほんとうの友達って何？ [友情、信頼]	心から信頼し合い励まし合う友人を持つためには、時に、相手に批判されたり傷ついたりすることを恐れず、心を開いて本音で話し合おうとする態度が大切であるような関係が大切であることを学ぶ。	「(3) 励まし合い高め合える生涯の友を」（「私たちの道徳」pp.60-65）、とりわけ、冒頭の文章及び本田氏の言葉の一部に焦点化して、ねらいにつなげる。	①「走れメロス」の夏目漱石（p.62）を読む。②発問「いい友達関係をつくるには、何が大切？」→「思いやり」「空気を読む」等。③発問「大切なのはそれだけ？他にもあるのでは？」→教材の冒頭の文章を読む。耐えなければならない「困難な打撃」とは何か、または「真の友情が生まれない」のか等、「心を開かない仲間関係」「表面的な仲間関係」の文章、なぜ「真の友情が生まれない」のか等、グループで話し合う。④本田氏と藤沢氏にまつわる話（p.64）を読む。「腹をぶつけ合い」を強調する。示唆：子規と漱石、メロスと親友も、そのような関係だったのではないか？	国語科で既に学習済みの「走れメロス」との関連。メロスは親友にして固い友情のきずなを育んできたのか、を本時のねらいと関連付けて推測させる。
		親しき仲にも礼儀あり [友情、信頼] [礼儀]	親しい間柄であっても（そうでなくてもむろん）、相手を尊敬し感謝すること、それを礼儀としての適切な言動で表現することが、信頼との接続を持ちながら、信頼関係に支えられた人間関係や友情の構築、維持にとって大切であることを理解させる。	前時「(3)」および「(1) 礼儀の意義を理解し適切な言動を」（「私たちの道徳」pp.48-53）。前時主題[友情、信頼]との接続を持ちながら、[礼儀]の主題への導入として、とりわけ「私の心を伝えたい」（p.51）での作業をねらいにつなげる。	①前時での本田氏と藤沢氏のエピソードに触れ、「だったら、何でも言いたいことを言うに言うのが良い友達関係ということなのかな？」「ただ率直に単刀直入に傷つけるような悪口はダメ」「余計に強い口調や、乱暴な言い方はダメ」「相手の言いたいこともしっかり聞く」等。②「礼儀」が大切。「親しき仲にも礼儀あり」。いくら仲が良くても、その友達を大切に思うからこそ、「言い方」や「聞き方」には気配りをしなければならない。③「友達を含めて、家族やその回りの大人たちには（先生等）にはどういう礼儀が必要だろう？」→「私の心を伝えたい」（p.51）での作業。→発表。様々な礼儀、色々な思いやり気遣いのかたちがあることをクラスで共有。	前時での学習と繋げることによって、単なる空気を読むこと、「表面的ではない礼儀」の違いを、生徒なりに深く考えさせることができる。

ねらい	教材	学習活動・主な発問	備考
様々な道徳的価値は、時にぶつかり合う大切なものどうしの同士を選ばねばならない場面が存在することを理解し、そのような場面に際し、各々の道徳的価値について、生徒がよく考え判断をするのによく考え支え判断をする道徳的実践力の基盤を養う。[順法精神、公徳心][生命の尊さ]	「ハインツのジレンマ」(『道徳性の発達と道徳教育コールバーグ理論の展開と実践』ローレンス・コールバーグ著、岩佐信道訳、麗澤大学出版会、1987年、p.181、他。前時の、きまりの大切さの学習を用いて、遵法・公徳心と生命尊重の間で葛藤するハインツの心情に触れ、ねらいにつなげる。	①前時の学習内容の復習。「皆が法やきまりを守ることが、安全で安心して過ごせる社会をつくる」②「ハインツのジレンマ」を読み、何を思い、考えたかグループで話し合う。③発表—両極の意見：「法をおかしてでも盗むべき」「盗むべきではない。残念ながら母は救えない」etc. 様々な意見を対比させ、ハインツと同様のジレンマを生徒にも体験させ、考えさせる。→折衷的な意見：「薬屋との交渉を継続」「別の薬について調べる」etc. ④「大切なこと一つではなくたくさんある。どうすべきか、しっかり考えをつかむことができる。両立せずに考えなければいけない」(後時との接続：「法やきまりも大切だけれど、人の命もとても尊いもの。」)	モラルジレンマの授業展開。後時には、[生命の尊さ]を中心的な主題に据えた授業を予定する。
素晴らしい私たちのふるさと[郷土の伝統と文化を尊重し、郷土を愛する態度] 郷土の伝統・文化・社会制度や現在の様々な事柄が、先人たちのたゆみない努力によって作り上げられてきたことを理解し、ふるさとへの愛着を深め、ふるさとの一員としてたるふるさとへの自覚をもちそれをよりよいものに発展させていこうとする態度を養う。	「(8)ふるさとの発展のために」(『私たちの道徳』pp.200-5)。とりわけ、「私のふるさと」や「地域の人々の働き」(p.201)において、「地域の方々の貢献によってそれを支えることを理解し、まることを尊さやそれを支えてきた人々の貢献によってそれを理解し、地域への愛着を深め、まることの愛着を深め、まることの一員としてたることの自覚をもちそれをよりよいものに発展させていこうとする態度を養う。	①冒頭の文章(p.200)を読む。②発問「みんなのふるさとの『自慢』ってなんだろうか？」「私のふるさと」(p.201)「地域の人々の働き」においてグループで話し合い、発表。※地域の豊富な水資源や海産物が、過去の公害問題の解決に懸命に取り組んだ人々がいたからであるという社会見学での学びを想起させる。③「ふるさとであるからこそ」「ふるさと」の発展に貢献する」(p.203) ④発問「高校生の人たちが『ふるさと』のためにがんばっているんだね。みんなにもできることがあるんじゃないかな？」→p.203下部の作業は宿題にする。	地域・郷土の特色との関連。また、社会科見学で訪問した「水俣病資料館」や「語り部」との交流を通じた学習との関連。

行動すればよいかという側面に関する指導が不十分であることが挙げられ、「発達の段階をより重視した指導方法の確立。具体的な動作等を取り入れた指導や問題解決的な指導の充実」が提言された。

その後、文部科学大臣は中央教育審議会に「道徳に係る教育課程の改善等について」を諮問し、専門的な検討を経て、2014（平成26）年10月21日に答申が出された。中央教育審議会は、家庭や地域にも開かれた道徳教育を進めるなど「多様で効果的な道徳教育の指導方法へと改善」を図り、『要領』や『解説』に下記の事柄を盛り込むことを次のように答申した。

- 「特別の教科　道徳」において、目標や指導のねらいに即し、児童生徒の発達の段階を踏まえた上で、対話や討論など言語活動を重視した指導、道徳的習慣や道徳的行為に関する指導や問題解決的な学習を重視した指導を柔軟に取り入れることが重要であること。
- 授業公開、また、家庭や地域の人々も参加できる授業の工夫など、家庭や地域との連携の強化を図り、家庭や地域にも開かれた道徳教育を進めることが重要であること。

上記に関わって、中央教育審議会答申は「道徳的実践力を育成するための具体的な動作等を取り入れた指導や問題解決的な指導等の充実」を強調し、たとえば、「児童生徒に特定の役割を与えて即興的に演技する役割演技（ロールプレイング）や、実生活の中でのコミュニケーションに係る具体的な動作や所作の在り方に関する学習、問題解決的な学習などの動的な活動がバランス良く取り入れられるべきである」と提言している。そのときに、単に活動を行って終わるのではなく、児童生徒が活動を通じて学んだことを振り返り、その意義などについて考えることにより、道徳的価値の自覚を深め、さまざまな課題を主体的に解決するための資質・能力の育成に資する指導方法を工夫していくことが求められる。

中央教育審議会答申は、これまでの道徳的価値の教え込みから考える・議論する道徳、考えさせる授業への展開を展望するものであった。こうして、2015（平成27）年3月、学習指導要領が一部改正された。指導方法についての留意事項のポイントは下記のように整理できる。

- 指導方法の配慮事項として、情報モラル、環境、科学技術と生命倫理等に関する事柄を追加。
- 問題解決的な学習、道徳的行為に関する体験的な学習を取り入れるとともに、多様な実践活動や体験活動を生かすなど指導方法を工夫すること。
- 情報モラルに関する指導を充実すること。
- 社会の持続可能な発展などの課題に留意すること。
- 科学技術の発展と生命倫理との関係などの課題に留意すること。

B 伝統的な道徳の指導方法の問題点——道徳的価値の注入

　これまでの「道徳の時間」の指導方法のあり方は、学習指導要領に記されている内容、すなわち道徳的価値を教えることを目的にしながら、心情面に焦点化し、読み物資料を用いて、導入・展開・終末の指導過程で展開するスタイルであり、これが「基本型」であると理解されてきた。登場人物の心情に対する共感的な理解を主軸として展開される読み物資料を用いた指導法である。「道徳的価値」に関する指導をねらいとした授業スタイルは、文部省が『道徳の指導資料』を1964（昭和39）年から順次刊行し学校に配布したことで定着した。この指導過程では、まず「導入」で、資料への関心を抱かせたり問題を意識化させたりすることによって、ねらいとする価値へ方向づける。生徒の学習への関心や意欲を喚起し、主題が扱う問題の発見・意識化を図っていく。続いて、「展開」では、導入で喚起した学習内容への興味、問題意識から出発して、主題のねらいを達成するための実質的な学習活動を行う。この展開は前段と後段に区分することが多く、前段では、中心資料の活用によってねらいとする価値の追求・把握を目指し、後段では、ねらいとする価値を一般化し、自分自身の問題として考えさせる。「終末」は授業のまとめであり、ねらいとする道徳的価値について整理し、子どもの実践への意欲が高まるように動機づけた。

　しかし、こうした授業のあり方に関しては、読み物資料の登場人物に対する感動や共感などに児童生徒の心情に訴えかける手法に偏した心情主義という指摘や「画一的」で「実効性」がないとの批判も少なくなかった。たとえば、読み物の登場人物の心情理解のみに偏った形式的な指導が行わ

れたり、児童生徒の個性や発達の段階などを十分に踏まえず、道徳的に望ましいと思われる分かりきったことを言わせたり書かせたりするよう誘導する授業に陥ったりするなど多くの課題が指摘されている。

　もちろん、こうした批判への反省から、指導方法を改善するための創意工夫は行われてきた。たとえば、読み物資料の内容が想定する内容項目に変更を加えたり、生徒の心を揺さぶる展開、道徳的価値の自覚を深める発問の工夫、役割演技の導入、格言や詩の引用などさまざまに試行錯誤されてきた。「基本型」の改善の試みは、道徳の授業を魅力的な形に変えていく可能性を含んでいたが、結局、ねらいとする道徳的価値の自覚を深めようとする徳目主義から脱却できていない課題を抱えていた。生徒が複数の道徳的価値が対立する問題場面に遭遇したときに、柔軟に適切な対応ができるかどうかが問われてしまう。こうした課題を乗り越えるために、児童生徒一人ひとりがしっかりと課題に向き合い、教員や他の児童生徒との対話や討論なども行いつつ、内省し、熟慮し、自らの考えを深めていくプロセスを含んだ授業展開をふまえた指導方法が求められるようになった。

C　道徳科の新しい指導方法──考える・議論する授業へ

　「基本型」の道徳教育の指導法への反省から、道徳科では、共感や感動など児童生徒の心情に訴えかけることを主軸とする心情主義から脱却し、具体的な行動の技法なども道徳の授業の内容に取り入れていこうとする方向性が強く示されている。とりわけ、問題状況にどう対応するかに焦点を置き、さまざまな価値観や生き方を主体的に創造するところに特徴があり、「考える・議論する道徳」・考えさせる授業の展開を目指すものとなっている。この授業の具体的な例が以下の2つである。

[1] モラル・ディスカッション・アプローチ

　モラル・ディスカッション・アプローチとは、あえて評価の分かれる題材を扱い、討議を通じて自分なりの答えを見つけ出そうとする授業のスタイルである。代表的なものにコールバーグ（Kohiberg, L.　1927-1987）らが道徳性の発達を促進するために開発したモラル・ジレンマの授業がある。

　道徳葛藤状況を生徒に提示し、「主人公はどうすればよいか」を議論する。

有名な教材である「ハインツのジレンマ」では、難病に罹患している妻を救うために、治療薬の値段を不当に釣り上げて売ろうとしない薬屋へ盗みに入ったハインツの行動の是非について、生徒に議論させる。この題材では所有権と、生命尊重や身近な者へのケアといった他の道徳的価値の葛藤（モラル・ジレンマ）が主題となっており、正しい行動方針はどちらかということよりも、自分の考えをどう理由づけするかに注目する。生徒が主体的に判断し、自分の意見を他者と自由に語り合えるため、多様な道徳的価値観を交流させ、道徳的判断力やコミュニケーション力を高めることができる。

[2] 問題解決型の道徳授業

モラル・ジレンマの授業が人格を陶冶しようとするのに対し、問題解決型の道徳授業は、現実的な問題場面を想定して、具体的な対応策を考えるため、道徳的判断力や道徳的心情を養うだけでなく、道徳的実践力を養うことが目指されている。道徳科においても、そのねらいの達成に向け、言語活動や多様な表現活動などを通じて、また、実際の経験や体験も活かしながら、児童生徒に考えさせる授業を重視する必要がある。

たとえば、セルフ・スキル・トレーニング（モラル・スキル・トレーニング）は、現実的な対人関係技術、身体的には議論の仕方や人の話の傾聴の仕方、他人のよいところの見つけ方、相手に不快な思いをさせない誘いの断り方などを役割演技（ロールプレイング）などの実践を通じて学んでいく。このように問題場面を想定して自由に役割演技を行うことは、人間関係をよりよく築くスキルトレーニングにもなるし、適切な自己主張をするセルフ・アサーション・トレーニングにもなる。

D 『心のノート』から『私たちの道徳』へ

「道徳の時間」には、2002（平成15）年から文部科学省が全国の小中学校に無償配布している『心のノート』などの副読本を教材として活用してきたが、道徳科では道徳教育の充実を図るには、充実した教材が不可欠だとして民間の教科書会社が作成し、国の検定を受けた検定教科書が導入され、教科書を中心とした授業が想定されている（2018〔平成30〕年度から実施見込）。

教科化の過程において、『心のノート』は、2014年（平成26）2月に全面改訂され、『私たちの道徳』となった。道徳科の内容を先取りしている『私たちの道徳』は、『心のノート』では顕著であった共感や感動など児童生徒の心情に訴えかけ道徳的価値を教え込む心情主義から脱却し、問題解決学習などの具体的な行動の技法を導入するなど「考える道徳」を目指そうとしていることがうかがえる。

中央教育審議会の議論の中では、『私たちの道徳』を教科書づくりの参考として示すことを求める意見もあったが、『心のノート』作成時に、戦前の国定教科書のように、国家権力が人々の心のあり方に介入する「不当な支配」にあたると批判を受けた経緯があり、答申に盛り込まれなかった。検定教科書を使っての道徳科の授業は2018年度からであり、それまでは『私たちの道徳』を教科書代わりにして授業を先取り実施している。教師用指導書として『「私たちの道徳」活用のための指導資料（小学校・中学校）』も文部科学省により作成されている。こうしたことを勘案すると、『私たちの道徳』がこれから作成される検定教科書の実質的なモデルとなると推察する。

3　道徳科の指導案作成と実践例

これまで、道徳科の年間指導計画や、指導方法・指導理論について解説してきた。しかし、いかなる計画や理論も、それが実行に移されなければ、当然に実効性を持たない。

そこで、本節では、道徳科の指導実践について具体的に解説していく。まず、(A) 毎時の指導のいわば青写真としての「（学習）指導案」の内容や作成方法について検討し、その後に、(B)「（学習）指導案」作成例を通じて、道徳科の指導実践を実際にいかに計画し進行していくかを示していきたい。

なお、本節では、主として『解説』の内容に沿いつつ、具体例を交えて概説していくので、適宜参照しつつ本節を読み進められたい。

A　道徳科の指導案の内容

　「指導案」ないし「学習指導案」は、一人一人の教師がどのような授業を行うかを1校時ごとに具体的に計画したものである。どの主題で、いかなるねらいや教育的意図をもって、何の教材を用いるか、そして、その校時でどのように授業に導入し、展開し、終末においてまとまりを与えていくか、生徒と教師自身、生徒同士の相互作用の流れが詳しく記述される。

　まずは、『解説』(pp. 76-77)を参照しながら、指導案の一般的な内容ごとに、作成のポイントをまとめたい。

[1]　主題

　その校時の授業内容を端的に示す題目、すなわちタイトルを記す。多くの場合、『要領』の4視点22項目の道徳的価値のうちの1つが、1つの校時の主題に対応している。しかし、複数項目間にまたがった1つの主題を設定する場合もある。また、重点化する1つの項目・主題について複数校時にまたがって指導することも考えられるであろう。

[2]　ねらいと要点

　主題を受け、その校時で生徒のどのような道徳的態度・心情を養うかを適切かつ簡潔に記述する。

　また、ねらいを検討するにあたっては、以下2点に留意すべきである。

(1)　前後の校時の指導内容との関連

　その校時の主題および焦点化する道徳的価値が数校時にまたがる重点的なものである場合、前後の校時における指導とのスムーズな連接を意識しつつ、それら複数校時全体のトータルな指導の流れを踏まえて、その校時のねらいを検討、設定する。

(2)　生徒の状況や実態等

　ねらいは主題や教師の意図の側からのみ決定されるべきではない。生徒の側の条件にも配慮すべきである。すなわち、普段からの注意深い観察等によって教師が見取る生徒の道徳性、興味関心、学習進度などの実態、すなわち、「生徒観」も、授業のねらいを設定する上で考慮すべき重要な要素となってくる。

[3] 教材

その校時において用いる主教材および副教材を明示する。教科用図書や各種読み物（資料集）など、さまざまなものが考えられるが、その校時の主題やねらい、その校時で取り扱う『要領』の項目・道徳的価値との内容的な関連をよく吟味した上で選定する。

[4] 学習指導過程

ねらいの対象となる道徳的価値について生徒が学び深めていくために、選定した教材等を用いて、どのように授業を進めていくのか。想定される学習指導の過程を構想し、記述する。そこでは、発問や指示など教師から生徒の指導的働きかけの内容と方法、そしてその働きかけに対して予想される生徒の諸々の反応、授業の中で生徒が個人・集団で行う学習活動などを詳述していく。

学習指導過程の記述には決まった形式はない。しかし、時系列の表の形をとり、「導入」→「展開」→「終末」という3つの段階の流れとしてまとめるのが一般的である。したがってここでは、この3つの段階について、それぞれ簡単に概観していきたい。

(1) 導入

ねらいの対象となっている道徳的価値を生徒の興味・関心や既習の知識等に関連づけ、学習活動への意欲を喚起し、動機づけを行う段階である。

たとえば、対象の道徳的価値を象徴するような偉人の格言に触れさせたり、次の「展開」場面へのスムーズな流れをつくる鍵となる発問をしたり、といった内容が考えられる。また複数校時を通じて、同様の主題、ねらいで授業を行う場合、前時の授業内容とのスムーズな接続を図るよう、そこでの学習内容を想起させるような発問を行うなどの適切な工夫が求められる。

(2) 展開

「導入」場面を受けて、ねらいの対象である道徳的価値について生徒に考えさせ、心情的理解を深めさせる授業の中心的な段階である。

典型的な例としては、生徒が、登場人物が特定の道徳的価値に目覚めていく物語教材を読み進め、また他の生徒との話し合い等を通じて、その人

物の立場に自らを重ね合わせ、当該価値に心情的な共感・理解を得ていく、といった展開が考えられる。あるいは、物語教材を用いるのではなく、日常のリアルな生活場面におけるさまざまな問題を取り上げ、その解決策の模索を通じて、そこにどのような道徳的価値の問題が含まれているのかを反省的に考えさせるような問題解決的な授業展開も、生徒の積極的な授業参加を促しうる点で、効果的と言えるであろう。このように、いわゆる講義形式による授業を通じた一方的な教え込みにならないように、生徒自身がアクティヴかつ主体的にその道徳的価値への心情的・知的な洞察を深めていくような展開、そして指導方法の工夫が必要となる。

(3) **終末**

「導入」から「展開」にわたる授業の流れを受けて、その校時のまとめを行う段階である。気付き、学んだ特定の道徳的価値について自覚を深め、自らの普段の生活においてそれがどのような意味をもち、どのように活かしていくことができるのかを改めて考えさせる。学習を通して生徒が新たな発見を得て、授業で取り扱った道徳的問題に一定の解答を見出し、自身の道徳的な成長を実感することができるような工夫が必要である。

しかしながら、読み物資料等を教材にする場合であれ、実体験を教材とする場合であれ、終末段階を構想するにあたっては慎重になるべき事項を1点つけ加えておかねばならない。それは、当該道徳的価値とそれに基づいた行為が、特定の道徳的問題を解決するものとして、綺麗なまとめを行ってしまうことである。私たちが生きるうえで遭遇する道徳的な問題状況は、実にそれ自体、さまざまな道徳的価値が錯綜し入り組んだ複雑なものなのである。そこでいかに振舞い行為すべきか、多くの場合、一義的な解答を与えることは困難であり、必ずしも可能ではない。むしろその容易に答えの出ない道徳的問題につきまとう難しさを生徒が実感し、それについて考え続け問い続ける姿勢を涵養することも、道徳教育においては重要な視点である。その点に十分留意し、終末段階を構想すべきである。

B 道徳科の指導案の作成例と実際の指導

ここまで、道徳科の指導案作成にあたって、その基本的な枠組みと要点に関して検討してきた。それを踏まえて作成された道徳科の指導案が実際

どのようなものとなるのか、その作成例を**資料5-2**に示す。

なお、指導案のうち先に検討した「学習指導過程」を記述するにあたっては、上記の３つの段階を行として書き分け、また、教師から生徒への指導・働きかけの内容と方法、展開が想定される生徒の学習活動、教師が指導を行うにあたっての留意点などを列として書き分けるようにするのが一般である。したがって、以下の作成例でもその形式を採用した。

資料5-2　道徳科の指導案の作成例

①主題	親しき仲にも礼儀あり（　　　月　　　日　　　曜日　　　校時）
②ねらい要点	親しい間柄であっても（そうでなければもちろん）、相手を尊敬し感謝すること、それを礼儀としての適切な言動で表現することが、信頼に支えられた人間関係や友情の構築、維持にとって大切であることを理解させる。 本時は、前時主題［友情、信頼］と接続しつつ、［礼儀］の主題への導入として位置づけられる。
③教材	「(3) 励まし合い高め合える生涯の友を」（『私たちの道徳』pp. 60-64、前時と共通）、「(1) 礼儀の意義を理解し適切な言動を」（『私たちの道徳』pp. 48-53）。とりわけ「私の心を伝えたい」（p.51）での作業をねらいにつなげる。

④学習指導過程

	指導内容（教師）	学習活動（生徒）	指導上の留意点
導入 5分	●本田氏と藤沢氏のエピソード（p.64 "message"）を開くよう指示 ●発問①「本田さんと藤沢さんはどんな関係だった？」（「なぜ深い友情、強い絆ができたのだろう？」など）	●p.64 "message" を開く。 ●回答①-1「親友」「強い絆」など ●回答①-2「喧嘩するほど仲がいい」「お互いに心を開いている」「何でも本音で話せる」「『腹をぶち割って』話し合える」など	●回答②-2のような前時の終末で確認したポイントを生徒から引き出すように留意する（「腹をぶち割って」の意味を想起）。
展開① 20分	●発問③「だったら、何でも自分が言いたいことを言いたいように言うのがよい友だち関係ということなのかな？」→班で話し合うよう指示。 ●各班を回り必要に応じて、補足質問などを行う。「何か気をつけることはないかな？」など ●回答は板書	●班で話し合う。 ●班で出た意見を発表 ●回答③-1「正直に何でも言えばいい」「相手の悪いところ	●「礼儀」の主題につなげる意図・含意をもって発問。 ●回答③-1を出

	●「いくら仲のよい友だちであっても、その人を大切に思うからこそ「思い遣り」や「気配り」は大切だよね。 それを言動、言葉や行動でかたちにきちっと表すことを、「礼儀」といいます。」 『親しき仲にも礼儀あり』	ははっきりと言う」など ●回答③-2「ただ単に傷つけるような悪口はダメ」「余計に強い口調や、乱暴な言い方はダメ」「相手の言うこともしっかり聞く」など (「礼儀が大切」) (「親しき仲にも礼儀あり」)	した生徒が回答③-2の意見のポイントに気づき、考えるように促す。生徒の側から「礼儀」などの言葉を引き出せればなおよい。
展開② 20分	●発問④「友だちに加えて、同じように仲がよい、家族や、先生や身の回りの大人の人たちにはどういう礼儀が必要だろう？ また、生活の中のどういう場合、どういう時に礼儀が必要になるだろう？ 何か気をつけることはないだろうか？ それぞれ考えてみよう。」 →「p.51『私の心を伝えたい』」での作業を指示。その後に、クラスで発表の時間を設ける。 ●それぞれの回答は「家族」「大人」などに分類して板書する。	●p.51『私の心を伝えたい』各自作業 ●自分が書いたことを発表。 ●回答④-1：家族「あいさつやお礼は、恥ずかしくてもきちんと言葉に出して言う」 ●回答④-2：大人「先生や近所の大人の人には、丁寧な言葉遣いを心がける」「電車ではお年寄りに席を譲る」など (「部活の先輩など、少しだけ年上の人たちにも同様に」)	●「目上の人」「敬語」などにも必要に応じて触れる。 ●これまでの話し合い ●発表、他の生徒の意見、教師の言葉を受け、一人ひとりに、まとめ作業を通じて「礼儀」についてじっくり深めさせる。 (同主題は後時に継続)
終末 5分	●「さまざまな礼儀、いろいろな思いやりや気遣いの表し方があるんだね。 他の人の意見を聞いて、いいな、と思ったものは書き留めておこう」	●発表や教師の板書を受け、生徒一人ひとりが自分が書いたことに、加筆や修正を行う。	

4　道徳科における評価

　本節では、まず教科化の議論過程における、評価のあり方についての提言を概観し、一部改正学習指導要領およびその解説における評価の内容を確認する。次に、評価について、学校の教育活動全体で行う道徳教育における指導計画のレベルの評価（「指導計画の評価」）と、道徳科の授業の評価（「授業の評価」）とに分けて整理し、それぞれのポイントを記す。

A　教科化の議論過程における評価のあり方

　道徳科の評価のあり方について、道徳教育の充実に関する懇談会「今後の道徳教育の改善・充実方策について（報告）」（2013〔平成25〕年）において、「数値による評価は今後も行わない」ことを確認したうえで、下記のことを『要領』や『解説』に盛り込むことが提言された。

> - 道徳教育の充実のためには、目標を踏まえ、指導のねらいや内容に照らして、児童生徒一人一人のよさを伸ばし、道徳性に係る成長を促すための適切な評価を行うことが必要であること。このことは、道徳教育に係る学校や教員の指導改善等にも不可欠であること。
> - 児童生徒の道徳性の評価については、多面的、継続的に把握し、総合的に評価していく必要があること。
> - 指導要録について、その目標に照らして学習状況や成長の様子などを文章で記述するための専用の記録欄を設けることなどの改善を図る必要があること。また、学校の教育活動全体を通じて行う道徳教育の成果として行動面に表れたものを評価することについては、現行の指導要録の「行動の記録」を改善し活用することなども考えられること。

　評価にあたっては、「指導のねらいや内容に照らし、児童生徒の学習状況を把握するために、児童生徒の作文やノート、質問紙、発言や行動の観察、面接など、様々な方法で資料等を収集する」など、従前にも増して多面的になっている。加えて、指導のねらいに即した観点による評価、学習活動における表現や態度などの観察による評価（「パフォーマンス評価」など）、学習の過程や成果などの記録の積み上げによる評価（「ポートフォリオ評価」など）のほか、児童生徒の自己評価など多種多様な方法が提案されていることが特徴である。

　上記の提言を受け、中央教育審議会「道徳に係る教育課程の改善等について（答申）」（2014〔平成26〕年）では、「一人一人のよさを伸ばし、成長を促すための評価を充実」させ、多面的、継続的に把握し、総合的に評価していく必要があることが明記された。また、数値評価はこれまで同様に行わないこととした。中央教育審議会答申は、考える・議論する道徳のための多様で効果的な指導方法に対応するものであった。こうして、翌2015（平

成27) 年3月、学習指導要領が一部改正され、「評価については、児童生徒の成長の様子を把握することが基本」「数値による評価は行わない」とする評価のあり方が示された。

B　指導計画の評価

『中学校学習指導要領解説　特別の教科　道徳編』(以下、『解説』)」では、道徳教育の「全体計画」、「道徳の時間」の「年間指導計画」の双方について、「計画」を評価し改善につなげる体制の確立が目指されている。この点について、中学校の『解説』では、道徳教育推進教師がこれらの評価活動を主導すること、改善に向けた研修体制の確立・運用に当っても指導性を発揮すべきことを明らかにしている。中学校の場合、学級における「指導計画」も評価の対象とできる。

『解説』は、児童生徒の道徳性の涵養の度合いについて、指導と関連づけながら、道徳的判断力、道徳的心情、道徳的実践意欲と態度、道徳的習慣の4つの側面から分析・評価している。分析・評価の方法として、a) 観察などによる方法、b) 面接による方法、c) 質問紙などによる方法、d) 作文やノートを活用した方法などがある。他にもポートフォリオ評価に基づく資料の活用も考えられる。こうした学習成果の測定・評価の主目的は、あくまでも指導内容・方法と具体的な指導プロセスの改善にあり、そこでは授業改善を目指した教師相互の研修活動との連動性が追求される必要がある点に留意すべきである。

評価を行うにあたっての留意事項を整理しておく。まず、道徳教育推進教師主導の下、学校を構成するすべての教職員が評価活動に参画することが不可欠である。家庭や地域社会との共通理解を深めながら相互連携を図ることが道徳科では求められており、こうした地域や家庭の意見を反映させる方法を評価プロセス中に組み込むことも効果的である。学校の教育活動全体で行う道徳教育における指導計画の課題を明確化し、それへの反省をもとにして改善を行っていける検証サイクル (「PDCA」「PDSC」) を評価に組み込むことも有効である。こうしたサイクルを何度も行っていくことで、よりよい指導計画を立案・運営していくことが可能となる。

C　道徳科における授業の評価

　学習指導要領では、道徳科の評価について、「教師が児童の人間的な成長を見守り、児童が自己のよりよい生き方を求めていく努力を評価し、それを勇気付ける働きをもつもの」(小学校)、「他者との比較ではなく生徒一人一人のもつよい点や可能性などの多様な側面、進歩の様子などを把握し、学期や学年にわたって生徒がどれだけ成長したかという視点を大切にすることが重要」(中学校)としており、これまで同様にどちらも「数値などによる評価は行わないものとする」と明記されている。

　このことを踏まえて、教師が計画・実践した授業内容を適切に評価することが大切である。中学校の学習指導要領では、評価について「生徒の道徳性については、常にその実態を把握して指導に生かすよう努める必要がある。ただし、道徳の時間に関して数値などによる評価は行わないものとする」と記している。それゆえ、教師が授業実践を自ら振り返り、目標に準拠して評価し、その改善に役立てることはよいが、不用意に生徒の道徳性を数値などで評定してはならない。具体的な評価の方法として、生徒の発言や「道徳ノート」に書かれた文章表現などから、道徳性の変容をとらえるものがある。教師は、「生徒が物事をよく考えて正しく判断していこうとする意欲を高めることができたか」「自己の行動の結果について深く考え、正しく判断し、責任を持って誠実に行動していこうとする態度を養うことができたか」を評価し、生徒のよさを認め、励まし、勇気づけるコメントをつけて返すのである。

　生徒の道徳性について数値の評価を行わないとはいっても、道徳性の実態を把握することは必要である。下記の留意事項を意識して適切に評価を行うことが求められる。

- 数値による評価ではなく、記述式であること。
- 他の生徒との比較による相対評価ではなく、生徒がいかに成長したかを積極的に受け止め、励ます個人内評価として行うこと。
- 他の生徒と比較して優劣を決める評価はなじまないことに留意すること。
- 個々の内容項目ではなく、大きなまとまりを踏まえた評価を行うこと。
- 発達障害など特別な支援の必要な生徒について、配慮すべき観点等を学校

> - や教員間で共有すること。
> - 現行指導要録の「総合的な学習の時間」、「特別活動の記録」、「行動の記録」及び「総合所見及び指導上参考となる諸事項」など既存の欄を含めて、その在り方を総合的に見直すこと。

　さて、評価とひと口に言っても、「教師が思ったように生徒は道徳性を身に着けているか」「授業によってこの生徒にはどのような変化が見られたか」など「生徒に対する評価」だけでなく、「指導案に沿って授業を展開していたつもりだけど、本当に思った通りに進めることができたか」という自分の取り組みに関する評価（「教師自身の自己評価」）もある。自分のその日の実践について反省し、じっくりと考え、明日への実践をよりよいものにしていくうえで、「教師自身の自己評価」は重要である。

　「生徒へのかかわり方についての評価」には下記の観点が考えられる。

> - 道徳的価値の理解を基に人間としての生き方について考えを深められるよう適切に構成されていたか。
> - 生徒に広い視野から多面的・多角的思考を促す上で適切な方法であったか。
> - 発問は、指導の意図に基づいて的確になされていたか。発問に対する生徒の反応を適切に生かしていたか。
> - 生徒の一つ一つの発言に傾聴し、共感的に受け止めようとしていたか。
> - 特に配慮を必要とする生徒に適切に対応していたか。

　続いて、「指導方法の評価」という観点もあるだろう。

> - 自分との関わりで考えさせるための教材や教具の活用は適切であったか。
> - ねらいとする道徳的価値についての理解を深めるための方法は生徒の実態や発達の段階にふさわしいものであったか。
> - 生徒一人一人が自分との関わりで考え人間としての生き方についての考えを深められるものだったか。主体的に道徳上の問題について考え、積極的に学習を行えるような配慮がなされていたか。

　最後に評価にあたっては、一面的な印象や先入観に左右されたり、結果

だけで評価したりせず、児童生徒自身の動機や過程を十分に把握するよう教師は配慮しなければならないことを強調しておきたい。結果だけを見て、一面的なレッテルを貼ってしまっては評価の意味がなくなってしまう。教師が児童生徒を評価することは思ったよりも難しく、慎重になる必要がある。日常の状態や、発達の度合い、変化の過程など多くの情報を用いて、それぞれの子に合った評価をすることが重要である。

> **コラム**　「考える・議論する道徳」の方法と評価——アクティブ・ラーニング、パフォーマンス評価、ポートフォリオ評価

　道徳科では、これまでの読み物資料を中心とした道徳的価値の教え込みから、道徳的価値が対立する複雑な問題状況にどう対応するかに焦点を置き、さまざまな価値観や生き方を主体的に創造するものへと指導のあり方が転換した。

　具体的な方法として、発見学習、問題解決学習、体験学習などが含まれるが、教員による一方向的な講義形式の教育とは異なり、学習者の能動的な学習への参加を取り入れた教授・学習法を「アクティブ・ラーニング」と総称する。こうした教授・学習法のあり方は、「第2期教育振興基本計画」(2013〔平成25〕年4月)の前文において、今正に我が国に求められているもの(「自立・協働・創造に向けた一人一人の主体的な学び」)とされ、「初等中等教育における教育課程の基準等の在り方について（諮問）」(2014〔平成26〕年11月)において、「育成すべき資質・能力を育むための課題の発見と解決に向けて主体的・協働的に学ぶ学習」をアクティブ・ラーニングと呼称し、多様性を基調とする主体的な学びの確立が目指されている。

　道徳科では、従前通り数値による評価を行わず、児童生徒が自らの成長を実感し、さらに意欲的に取り組もうとするきっかけとなる評価が追求される必要がある。そのためには、学びのプロセスを重視し、多面的かつ継続的に把握し総合的に評価するパフォーマンス評価やポートフォリオ評価などの評価法が注目される。

　パフォーマンス評価は、知識やスキルを使いこなす（活用・応用・総合する）ことを求める評価法（問題や課題）であり、さまざまな学習活動の部分的な

評価や実技の評価をする単純なものから、レポートの作成や口頭発表などにより評価する複雑なものまでを含む。また、筆記と実演を組み合わせたプロジェクトを通じて評価を行うことを指す（文部科学省「育成すべき資質・能力を踏まえた教育目標・内容と評価の在り方に関する検討会」〔論点整理〕2014年3月31日）。

ポートフォリオ評価は、自身でつくった作品や答案などを個人ごとにファイルし学期や学年の終わりにこれを振り返ることによって、自身の到達点を確認し、今後の課題や目標を考えることに役立てる評価法であり、ファイル、スクラップ帳などのポートフォリオ（紙ばさみ）に生徒の作品や自己評価の記録、教師の指導と評価の記録などを蓄積することで、学習活動と教育活動を評価することができる。
(参考：西岡加奈恵『教科と総合に活かすポートフォリオ評価法——新たな評価基準の創出に向けて』図書文化社，2003)

知識を確認しよう

問題

(1) 道徳科の年間指導計画を作成するにあたって大切なことは何か。3つ以上挙げ、各々についてまとめてみよう。
(2) 道徳の教科化に伴って指導方法のあり方はどのように変化したか。伝統的な道徳教育の指導方法とその課題を明らかにしながら論述してみよう。
(3) 道徳科における評価の意義について、「数値による評価は行わない」ことを念頭に入れて、論述してみよう。

解答への手がかり

(1) 第1節で学んだ年間指導計画の意義、工夫・留意すべき諸点のキーワードの内容について、実際に計画を作成することをイメージしつつ具体的に考えてみよう。
(2) 第2節のBとC、本章のコラムを手がかりにして、「道徳の時間」の「基本型」ではどのような授業が行われていて、どこに課題があったのかを考えてみよう。
(3) 第4節のAとB、本章のコラムを手がかりにして、そもそも評価とは何のために行っているのかを考えてみよう。

第 6 章 新しい道徳授業を求めて

本章のポイント

　道徳科においては、よりよく生きるための基盤となる道徳性を養うため、道徳的判断力、心情、実践意欲と態度をバランスよく育んでいける授業が求められている。各学校においては、道徳科の目標を踏まえ、教科書を主たる教材として活用し、指導方法を工夫しながら授業展開できる実践的指導力が一層求められるであろう。

　本章では、2015（平成 27）年の学習指導要領一部改正に先立ち、2014（平成 26）年に作成発行された道徳教育用教材『私たちの道徳』（文部科学省）の特徴と取扱い（活用）、さらに道徳科の実施に伴う道徳授業の実践的課題について考察する。

1 『私たちの道徳』の取扱い

A 『私たちの道徳』の作成趣旨
[1] 『心のノート』から『私たちの道徳』へ

　『私たちの道徳』は、『心のノート』を全面改訂して作成された道徳教育用教材である。道徳の教科化に関する議論の中で、文部科学省は2014（平成26）年2月に『わたしたちの道徳』（小学校1・2年、3・4年）『私たちの道徳』（5・6年、中学校）をウェブサイトで公表し、4月には全国の小・中学校に無償配布した。同年11月には活用のための指導資料もウェブ上に公開され、各学校において活用が試みられている。『私たちの道徳』を活用するにあたって、まずその作成経緯と趣旨について確認しておきたい。

　『心のノート』は、生きる力の基盤となる豊かな心を育むために、2002（平成14）年に全国小・中学校に無償配布された教材である。同教材について、文部科学省は、教科書ではなく、道徳の時間に活用される副読本や指導資料等に代わるものでもなく、これらの教材と用相まって活用されることにより、道徳教育の充実に資する補助教材であると説明している（「『心のノート』について〔依頼〕」平成14年4月）。その特徴については、①児童生徒が自ら学習するための冊子、②心の記録となる冊子、③学校と家庭との「心の架け橋」としての冊子としている。その内容は、内容項目に従って、イラストや詩、写真、文章、自分のことを書き込む欄、語りかけや問いかけに答えて書き込む欄などから構成され、全体的にメッセージ性の強いポスター的な作りとなっており、児童生徒がいつでもどこでも何度でも使用できることを特徴としている。

　2008（平成20）年度の道徳教育推進状況調査（文部科学省）によると、その使用場面は、「道徳の時間」（小学校99.3％、中学校95.7％）、「特別活動」（小学校52.4％、中学校32.3％）が多く、「生活場面や教育活動」（小学校37.7％、中学校12.4％）、「家庭での生活」（小学校27.4％、中学校5.4％）は学校段階による差が顕著である。翌年には新学習指導要領に対応して改訂されたが、民主党の事業仕分けにより2010（平成22）年度からウェブサイト上の掲載となった。2012（平成24）年の調査によると、道徳の時間で使用する教材は、副読本が小学校

97%、中学校89.9%、次いで『心のノート』が小学校82.4%、中学校55.8%となっており、小学校において多く活用されていることがわかる（東京学芸大学「道徳教育に関する小・中学校の教員を対象とした調査」）。

[2] 『私たちの道徳』の作成趣旨

2013（平成25）年2月、教育再生実行会議は「いじめ問題等への対応について（第一次提言）」において、「子どもが命の尊さを知り、自己肯定感を高め、他者への理解や思いやり、規範意識、自主性や責任感などの人間性を育む」ための道徳教育の充実を求め、教材の抜本的充実と、新たな枠組みによる道徳の教科化を提言した。これを受けて文部科学省に設置された「道徳教育の充実に関する懇談会」は、同年度から配布再開が予定されていた『心のノート』を全面改訂する方針を決めた。改訂の趣旨は、①『心のノート』の基本方針を継承しつつ、児童生徒が道徳的価値について自ら考え、行動できるようになること、②道徳の時間においてより活用しやすい内容構成とすることである。

また、同懇談会報告（2013年12月26日）において、「検定教科書の作成に当たっても、新『心のノート』（仮称）の良さが引き続き生かされるとともに、家庭でも親子が子供と一緒に活用できるなど家庭における道徳教育にも資するものとなるよう、適切に配慮されることを期待したい」と述べられており、『私たちの道徳』は、道徳の教科化に向けた先導的取り組みとして作成されている。さらに同教材の裏表紙にある囲み欄「保護者の方へ」には、同教材の趣旨と使い方についてのお願いが書かれている。翌年5月には、同教材を学校に据え置いて使用するだけではなく、持ち帰って家庭や地域でも活用できるよう確実に配布する旨を通知（「『私たちの道徳』の配布について」）するなど、「教育基本法」第10条の規定を受けて、家庭での活用に一歩踏み込んだものとなっている。

以上のように、『私たちの道徳』は、学校、家庭や地域の協力連携により実効性のある道徳教育を目指す教材であり、道徳科への橋渡しとなる教材ともいえよう。『心のノート』との違いや特徴を踏まえ、効果的な活用を計画実施することが重要である。

B 『私たちの道徳』の特徴と活用
[1] 『私たちの道徳』の特徴と内容構成

『私たちの道徳』の特徴として、文部科学省は以下の3点を挙げている。

① 「道徳の時間」はもちろん、学校の教育活動全体を通じて、また、家庭や地域においても活用できる。

② 学習指導要領に示す道徳の内容項目ごとに「読み物部分」と「書き込み部分」とで構成。

③ 児童生徒の発達の段階を踏まえ、先人等の名言、偉人や著名人の生き方に関する内容を多く取り上げるとともに、いじめ問題への対応や我が国の伝統と文化、情報モラルに関する内容などの充実。

これらは、『心のノート』の基本方針を継承しているが、主な変更点は、道徳の時間で活用するために読み物資料を新たに掲載し、書き込み部分を充実させていることである。その全体構成は表6-1の通りである。

表6-1 『私たちの道徳』の内容構成

	1・2学年	3・4学年	5・6学年	中学校
読み物資料	12編	12編	13編	9編
内容項目に関する資料	内容項目に関する説明的文章や資料 コラム・メッセージ・写真・イラスト・詩・格言			
重点化ページ	小学校、中学校学習指導要領 第3章道徳 第3「指導計画の作成と内容の取扱い」1-(3)に対応			
特設ページ		情報モラル	情報モラル	情報モラル いじめの問題
書き込み欄	各内容項目			

出典）文部科学省『「私たちの道徳」活用のための指導資料（中学校）』(2014)をもとに作成.

まず、各内容項目冒頭には道徳的価値、すなわち道徳の原理・原則についての説明がある。内容項目は、「教師と生徒が人間としてのよりよい生き方を求め、共に考え、共に語り合い、その実行に努めるための共通の課題」（『中学校学習指導要領解説 道徳編』）である。冒頭の説明文は、教師自身が道徳の内容、原理・原則を考え、指導のねらいを明確にするための解説としての役割を合わせ持っているといえよう。

読み物資料は、指導内容の重点化に関わる項目を中心に掲載されており、主に文部省・文部科学省の読み物資料集などより選択されている。また重点化ページには、詩、写真、統計資料、文章などが掲載されている。書き込み部分は、生徒が学校、家庭や地域で自由に記述できる欄であり、「自分の考えを基に、書いたり表現したりする機会」を充実させている。道徳的価値に対する多様な感じ方や考え方に接しながら思考・判断・表現する力を養う言語活動の充実が一層求められているといえよう。

　コラムやメッセージ、格言などは、先人や著名人の生き方や考えに触れ、価値理解、人間理解を深めることができる資料である。たとえば、中学校版の［column 人物探訪］には香川綾、上杉鷹山、湯川秀樹など12資料、［message メッセージ］には松井秀樹、山中伸弥、緒方貞子など11資料が掲載されている。［saying この人のひと言］には、哲学・倫理、宗教、文学、芸術、科学その他幅広い分野から選択され、アリストテレス、マザー・テレサ、与謝野晶子、鈴木大拙、フランクル、キルケゴールその他51人の言葉が紹介されている。「特設ページ」は、いじめへの対応や情報モラルなどの現代的課題に関する内容である。これらは複数の内容項目と関連しているが、その問題の重要性から巻末掲載となっている。

[2] 特徴を生かした活用

　グローバル化、情報化が加速する21世紀社会においては、文化や価値観の異なる他者と対話や協力を通じて問題解決する力や、持続可能な社会の実現に向けて行動できる力が求められる。さらに、いじめや情報モラルへの対応など、人間尊重の精神に根ざした規範意識や社会性の育成が学校教育の重要課題となっている。このような資質・能力を下支えする道徳性は、道徳の時間のみで育むことはできず、学校教育全体を通じて育成され得るものである。『私たちの道徳』は道徳教育の今日的課題に対応して、道徳の時間と各教科等の学びをコラボレーションする教材といえよう。

　『私たちの道徳』には、「この本の使い方」(p.4) の説明があり、「読む」「考える」「話し合う」「まとめる」ことを通した道徳的学びを重視している。なお、『心のノート』の「あなたがしるす心の軌跡」(p.4) には、「これはあなたがつくる、あなた自身の心の軌跡です。今日に生き、明日に生きる自

分づくりの記録です。自分の心と語り合う架け橋になるこのノートにあなただけの名前をつけてください」と説明されている。『心のノート』に見られた心理主義的性格は弱まり、主体的に考え、学び合うための資料を数多く掲載していることが特徴的である。

『私たちの道徳』の活用にあたっては、作成の趣旨と特質を十分に生かした活用が求められる。複数学年にわたる活用を前提に、各学校の教育目標や重点目標を踏まえ、道徳教育の全体計画、道徳の時間の年間指導計画を作成し、活用の基本方針、時期や場面、方法について教師間で共通理解をはかることが重要である。

C 道徳の時間（道徳科）における『私たちの道徳』の活用
[1] 教材の役割

『私たちの道徳』の活用に際して、まず教材の役割について理解しておきたい。道徳授業の特質は、教材を媒体とする間接体験を通して道徳性の発達を促すことにある。道徳授業で使用する教材は資料とも呼ばれ、道徳的価値についての理解や考えを深めながら、人間としての生き方について学び合うための共通素材である。本来、道徳性は日常生活における直接的体験を通して高められるが、道徳的価値に対する気づきや学びは偶発的でもあり、経験や価値意識の個人差、発達の差異もある。道徳の資料は、このような多様性を前提としながら、児童生徒の道徳性を高めていくための素材、手がかりであり、その役割はきわめて大きいものである。

現在、教材として使用されているものは、『私たちの道徳』の他に、民間教材会社による副読本、文部科学省や教育委員会などによる指導資料、自作教材（学校や教員などによる）、新聞記事、書籍・雑誌（実話、論説文、随筆、絵本、伝記など）、生徒作文、写真、映像、音楽、インターネット資料、講話などさまざまである。中学校の場合は、発達の特性に鑑み、副読本の他に、自作資料、書籍・雑誌、新聞、映像資料を使用した授業も多くなっている。道徳授業の魅力は、学習指導要領の解説書が定める条件を満たしていれば教材の開発と活用が可能なことである。しかし、優れた教材であっても、一方的に教え込んだり、ただ読ませて感想を述べさせたりするだけでは教材として十分に活かされない。教材の役割を十分に理解し、生徒の主体的

な学び合いに活かしていくことが重要である。

[2] 活用上の留意点

　道徳の時間（道徳科）においては、『私たちの道徳』を複数学年を通して計画的に活用することを基本とし、よりよい活用方法を工夫する必要がある。道徳授業の中心的資料や補助的資料として、また読み物部分と書き込み部分をあわせて活用するなど、さまざまな工夫が可能である。以下、中学校を中心に活用上の留意点について述べたい。

(1) 読み物部分

　読み物資料（9編）は、中心的資料として活用する。副読本の読み物資料との違いはどこにあるのだろうか。まず、資料本文の最後に「発問」ではなく、「感じたこと、考えたこと」を記入する欄を設けていることである。育てたい道徳性の諸側面（情意的側面、認知的側面）に応じて、基本的な指導過程だけではなく、記入内容をもとにして話し合いや問題解決的な学習を取り入れた指導過程を構想することも可能である。次に、抽象的な価値概念を具体的に理解するために読み物資料を掲載していることである。副読本の場合、読み物資料のみで価値の自覚を深めていくことの難しさがあるが、『私たちの道徳』の場合、読み物資料と文章、コラムなどをあわせて学ぶことにより、価値への自覚を補い、深めることが可能な構成となっている。

　すべての資料を使い切るきまりはないが、教師にとってもアプローチしやすいものとなっているので、生徒の実態に応じた活用が望まれる。ただし、どの読み物資料も5～7頁相当の比較的読みごたえのあるものとなっているため、朝読書など事前学習の時間を確保し、授業への見通しが持てるよう配慮することが大切である。

　コラムやメッセージ、格言は、本教材の読み物資料や副読本その他の教材の補助的資料として、導入、展開、終末などで活用できる。たとえば終末では、教師の説話や板書整理、ワークシートや道徳ノートへの記入や発表、生徒作文、保護者や地域の人のメッセージ紹介、音楽や映像、写真、詩などが工夫されているが、これらの他にコラムや格言などを活用することにより、授業準備の負担も軽減されるであろう。なお、これらは読み物

資料と同じように中心的資料として扱うことは難しいが、書き込み部分との併用や自作ワークシートの活用、さらに自作資料を作成するなど創意工夫を加えることにより、効果を生み出せるのではないだろうか。

(2) 書き込み部分

　書き込み部分は、副読本、読み物資料と併用できるが、活用の際には少なくとも以下のような課題が指摘できる。第1に、読み物資料との整合性である。書き込み部分はレディメイドの「問い」であるため、読み物資料の内容によっては併用が難しいページもある。また道徳の時間（道徳科）の特質を考えるならば、書き込み欄の記入のみに終始することも問題であろう。そこで、これらを自作ワークシートや道徳ノートの代替えとしてすべて順番に使用するのではなく、授業のねらいと照らし合わせ、話し合いや考えを深めたりまとめたりする場合に、必要に応じて必要な部分を選んで使用するなど柔軟な活用を考えたい。

　第2に、3年間を通した継続的な活用である。書き込み欄は、生徒にとっては自分の成長やよさを感じとったり、課題を見出したりできるなど自己理解や自己評価の手がかりともなるものである。学年や担任が変わっても、書き足しや貼り足しをするなどして、楽しく継続できるように工夫し、道徳授業においても有効に活用できるようにしたい。

　第3に、授業評価との関わりである。書き込み欄は、授業で話し合いや発表をする際に使用し、さらに生徒理解、授業評価の手がかりとするなど、公開が想定されるものである。中学生になると、自分のことは周囲に言いたくないという心情が働き、表現力の個人差もあるため、評価の手がかりにしたり、学級通信などで共有したりする場合は、生徒との相互理解、信頼関係をもとに適切な配慮が求められる。

(3) 特設ページ

　情報モラルやいじめに関する資料が掲載されており、前者は内容2-(5)「立場の理解、寛容・謙虚」、後者は4-(3)「正義、公正・公平」においてもとり上げられている。『心のノート』に比較すると、正しい知識をもとに、その本質的問題をより認識できる内容となっている。たとえば、インターネット上の誹謗・中傷、メールを介したいじめや嫌がらせ、いじめの形態などの統計資料、生徒会による「いじめ撲滅宣言」の取り組みなどが掲載

されている。また、読み物資料「卒業文集最後の二行」は、いじめを個人の問題としてではなく、さまざまな立場から捉え、自分たちや社会の問題として深く考えることができる資料である。実際の道徳授業では、生徒作文や絵本、新聞、映像資料を使用して多様な指導方法が工夫されており、『私たちの道徳』と併用することで活用の幅を広げることができる。また、情報モラルやいじめは、自主自律・誠実、個性の伸長、思いやり、信頼・友情、生命尊重、法令遵守・秩序と規律などの価値項目と相互関連性があるため、各教科や特別活動などと関連させた総合単元的な授業、複数時間の授業を構想することにより効果的な活用が期待できる。

　これらは、より実効性が求められる内容であるが、問題の背景にある大人の価値意識や社会的状況を棚上げにして指導できるものではない。生徒指導の直接的手段として資料を利用するのではなく、人間の弱さや不完全さへの自覚とそれを乗り越えてよりよく生きようとする人間の善性や仲間性への信頼を培えるような指導が望まれる。何よりも教員自身が、いじめは人間としての尊厳を深く傷つける行為であるという認識に立って資料と真摯に向き合い、生徒の気持ちや考えに学びながら人権感覚を磨き、人間理解を深めていく姿勢こそが求められよう。

[3] 活用の構想

　道徳授業の課題は、基本的な指導過程を固定化することなく、資料の特質に応じて多様な指導過程、指導方法を工夫改善していくことである。指導のねらいを明確にして『私たちの道徳』の活用を考えていきたい。

(1) オリエンテーションでの活用

　授業開きでは、授業の目的、進め方やルール、教員の思いを伝え、『私たちの道徳』を開いて学習内容や使い方を説明して授業への見通しをもたせたい。「今の私」(p.5)の欄に記入し、自己紹介や他己紹介を行い、道徳の内容1「主として自分自身にかんすること」の導入、生徒同士の交流を図るきっかけとする。学年末には「道徳の時間に感じたこと」「私が出会った言葉、心に響いたあのひと言」(p.238)を、振り返りとして活用する。また、印象に残った授業や格言などについてアンケートを取り、授業改善や補助資料の作成に役立てることもできる。

(2) 読み物資料「二通の手紙」の活用　内容 4-(1)

　内容 4-(1)〈法令遵守〉は指導内容の重点化に関わる内容である。具体的には、「法やきまりの意義を理解し、遵守するとともに、自他の権利を重んじ義務を確実に果たして、社会の秩序と規律を高めるように努める」という内容である。「二通の手紙」は学校生活のきまりから発展させ、社会生活における法やきまりの意義を扱っており、中学校3年生の副読本にも掲載されている。法やきまりにおける「権利と義務」、「公と私」の関係を具体的に理解できる資料として「二通の手紙」を用い、理解を深めるために書き込み部分を使用することができる。

　〈あらすじ〉動物園入園係の元さんは、園の規則を破って幼い姉弟を入園させた。ところが、閉園時間になっても2人が戻ってこないために大騒動となり、雑木林の中で無事発見される。姉弟の母親から感謝の手紙が届くが、この騒動により元さんは停職処分の通告を受ける。しかし、元さんは晴れ晴れとした顔で身の回りを片付け、その日のうちに自ら職を辞した。

　この資料においては、元さんの行為に賛成か反対か、元さんはどうすればよかったのかを考える展開例もあるが、ここでは、動物園の規則と元さんの善意との葛藤や揺れを通して価値への自覚を深める基本的な展開を考えてみたい（資料6-1）。

資料6-1　「二通の手紙」の活用例（略案）

主題名：規則の意義　4-(1)	
資料等：「二通の手紙」（『私たちの道徳』pp. 140-145、p.135、p.136）	
ねらい：法やきまりの意義を理解し、秩序と規律のある社会を実現しようとする態度を育てる。	
指導過程	導入：身近な規則に関心を持つ・体験を想起する　p.135 上段イラスト
	展開：二通の手紙を見比べながら、元さんが考えていることはどのようなことだろうか。 　　　「この年になってはじめた考えさせられたこと」とは、どのようなことだろうか。 　　　＊きまり（規則）について考えたことを話し合い、発表する。　p.136
	終末：教師の説話　法やきまりの意義について学んだことをまとめる。　p.135 下段
他の教育活動との関連：社会科（公民的分野）　特別活動	

出典）文部科学省『「私たちの道徳」活用のための指導資料（中学校）』(2014) をもとに作成．

　事前学習（朝の読書など）として、「二通の手紙」を読み、授業への意識化を図る。導入では、社会科（公民的分野）の学習を踏まえ、きまりの中には法や条例の他にも社会生活上のさまざまなきまり（規則）があり、法的、社会

的制裁を受けることを確認する（p.135のイラストを拡大提示する）。さらに身近なきまりに眼を向け、このくらいは守らなくてもいいと思ったり、規則のために思うようにいかなかったりした体験を想起し、きまりに対する意識を引き出したい。校則、道路交通法や著作権法、さらに生徒の実態に応じて、プールや図書館、ディズニーランドのゲストに対する禁止事項や利用制限などの例示も考えられるであろう。

　展開前段では、実際の動物園規則を黒板提示し、懲戒処分の法的根拠についても触れる。資料の読解や板書に時間をかけすぎないように留意し、「この年になって初めて考えさせられることばかり」、「晴れ晴れとした顔」の意味することや「公と私」の関係を考えられるような発問を工夫する。展開後段では、動物園規則その他身近なきまりについて、その目的や守ることの意義をグループで話し合い、発表する（p.136を使用）。終末では、授業で学んだことや考えたことについて、p.135にまとめられるようにし、教員がコメントを返すなどして学びを支援したい。

　法やきまりは守るべきものとわかっていても、その意義の理解については当事者性が大きく影響しており、経験や知識が伴わなければ大人であっても自覚しにくいものである。「きまりありき」の指導にならないために、社会科の学習や、特別活動、自分たちできまりをつくって守る活動と連携させ、生徒自らが納得できる学びを促すことが大切である。

　なお、道徳科においては、4-(1)〈法令遵守〉と4-(2)〈公徳心・社会連帯〉を合わせて、C-(1)〈遵法精神、公徳心〉と変更されている。法やきまりが他者への思いやりや配慮、公徳心に支えられていることを理解し、自他の権利を大切にして行動できる実践力の育成が一層重要となるであろう。吉野作造や菊池寛の格言、「重点化ページ」は、「規範」の意味や大切さを理解する手がかりとなり、「公徳心」の学習と連動させた活用が可能である。

(3) 人物探訪「香川綾」の活用　内容 1-(1)

　内容 1-(1)〈節度・節制〉は、「望ましい」生活習慣について自分なりの考えを持ち、生活をコントロールできる意欲や態度を養う内容である。現代の中学生は、部活動や塾、習い事、スマートフォンの使用などにより生活リズムが乱れやすい傾向にあり、心身の不調が学習意欲や体力、将来的な自立にも影響を与えている。規則正しい生活が心と体の健康につながる

ことを自覚し、価値実現への意欲を育てるためには、正しい知識や事実に基づいて自分の生活習慣をみつめたり、実際のモデルに触れたりする学習が有効と考えられる。ここでは、「健康な人間をつくることも医学の役目ではないか　香川綾」と書き込み部分を併用した授業展開を考える。

　香川綾（1899-1997）は、医学と栄養学を結びつけ、生涯をかけて実践した女性である。押さえたい点は、①誰もが正しい栄養知識をもち、健康になるための調理法や食べ方を実践できるようにしたいという願い、②自分自身が健康で幸福に生きるために正しい食生活を実践し、食事日記を晩年まで書き続けたことである。コラムだけでは伝わりにくい先人の生き方や思いを感じ取れるように、食事日記の一部を参考に資料提示し、自作ワークシートを作成するなどの工夫を加えたい（資料6-2）。

資料6-2　人物探訪「香川綾」の活用例（略案）

主題名：節度・節制　1-(1) 資料等：香川綾「健康な人間をつくることも医学の役目ではないか」 p.14、p.12、13、15 ねらい：心身の健康のために、望ましい生活習慣を身につけようとする意欲を高める。	
指導過程	導入：「自分の生活習慣をチェックしてみよう」 p.12-13 展開：「食は生命なり」という言葉は、どのような考えを表しているか。 　　　食事日記を書き続けたのは、どのような思いからだろうか。 終末：格言（フランクリン）の紹介　p.15　教師の説話 　　　授業で学んだことや自分の課題についてワークシートに記入する。
他の教育活動との関連：理科　技術・家庭科　保健体育科　特別活動	

出典）文部科学省『「私たちの道徳」活用のための指導資料（中学校）』（2014）をもとに作成.

　事前学習として p.12 のチェック欄に記入する。導入では、通常よりも時間をとり、大切にしていること、改善したいことやその理由についてペアまたはグループで聴き合いやインタビューを行う。仲間のよい習慣に気づき、朝食抜きや睡眠不足のときの体調にも眼を向けられるようにしたい。展開前段では数名に音読させ、脚気と胚芽米、生活習慣病についても補足説明をしておきたい。ここでは、「食は命なり」、食事日記に焦点化した発問を考え、ワークシートに記入したことをもとにグループで話し合い、全体でシェアリングする。毎日の食べ物が命の源となることや、よい習慣を続けることの大切さに気づけるようにしたい。終末では、フランクリンの「13の徳」にまつわるエピソードや格言の紹介、説話をし、授業で学んだこ

とや自分の課題についてワークシートにまとめる。学級通信などを利用して授業内容を紹介するとともに、人物エピソードをミニコラムにするなどして、家庭との連携を図っていきたい。

　香川綾は、14歳のときに母を肺炎で亡くし、このことが医学の道を決心させた。父親の意向に逆らえず師範学校の教員になるが、22歳で東京女子医学専門学校に入学する。4群点数法を提唱したのは71歳のときである（香川綾，1997）。一般的に、教材に登場する人物は偉大すぎて自分とは別世界の人と感じることも多いが、その業績や理想像のみに眼を向けるのではなく、健康に生きることは人間共通の願いであることを伝えていきたい。

[4] 新しい道徳授業のために

　道徳科においては、その今日的課題に対応して、読み物資料その他の多様な教材を活用した授業づくりが求められている。そこで、『私たちの道徳』を教員の授業力向上に役立てていくことが重要な課題といえよう。

　まず、内容の探究である。各内容項目の説明文は、1つの正解に誘導している印象を受けるが、これを右から左に教え込むことは道徳授業の本質から大きく外れることになる。大切なことは、これらと学習指導要領の解説書における「内容の観点」とをすり合わせて、価値への洞察を深めることであろう。また、学習者の視点で書き込み欄に記入してみることで、自身の「思い込み」や「当たり前」に対する学び直しができるだけでなく、「何を問い、何を考えるのか」について多角的に考え、発問やワークシート、指導方法や評価方法を改善していけるのではないだろうか。

　次に、教材の研究と開発である。道徳科においては、先人の伝記、自然、伝統と文化、スポーツなどを題材とした魅力的な教材や、生命の尊厳、社会参画、情報化への対応等の現代的課題を題材として生徒が問題意識をもって考えることができる教材の開発・活用が求められている。そして、道徳授業においては、検定教科書を主たる教材として、副読本や郷土資料、『私たちの道徳』、教員の自作資料など、多様な教材の活用が想定されている。

　教員が連携協力して『私たちの道徳』を吟味研究し、資料の特質を生かした授業を構想し実践を重ねることにより、新しい道徳授業への橋渡しが期待できる。

2 「特別の教科」化に伴う道徳授業

　本節では、「特別の教科」化に伴う道徳の授業のあり方について考えていくことにしたい。まず、「道徳科」がどのようなものを目指しているのか、その方向性を確認する。次に、従来の道徳授業における問題点を明確にする。そのうえで、今後どのような授業を構想していくのかを検討していきたい。

A 「特別の教科」化に伴う道徳授業の方向性

　今後の道徳教育の方向性を理解するため、中央教育審議会答申「道徳に係る教育課程の改善等について」（2014〔平成26〕年10月21日）で強調されている内容について確認していく。

　答申では、「道徳教育の使命」と題して、「道徳教育の本来の使命に鑑みれば、特定の価値観を押し付けたり、主体性をもたず言われるままに行動するよう指導したりすることは、道徳教育が目指す方向の対極にあるものと言わなければならない。むしろ、多様な価値観の、時に対立がある場合を含めて、誠実にそれらの価値に向き合い、道徳としての問題を考え続ける姿勢こそ道徳教育で養うべき基本的資質であると考えられる」と述べられている。ここでは、特定の価値観の「押しつけ」や「教え込み」に対する強い批判と、多様な道徳的価値を前提としながら、問題を考え続ける姿勢を重視しているのである。

　また、「これらの指導の真の目的は、ルールやマナー等を単に身につけさせることではなく、そのことを通して道徳性を養うことであり、道徳教育においては、発達の段階も踏まえつつ、こうしたルールやマナー等の意義や役割そのものについても考えを深め、さらには、必要があればそれをよりよいものに変えていく力を育てることをも目指していかなくてはならない」とされる。ここでは、ルールやマナーにただ従うだけでなく、さまざまな観点から意味を検討することが求められている。たとえば、誰かを助けるために嘘をつく場合など、状況に応じてより道徳的な別の選択肢を検討する必要があるだろう。また、ルールによって、不公平の状況が生じて

いないかなど、ルールが社会にどう役立っているのかをきちんと吟味しながら、必要に応じて新たなルールを創造していくことも考えられる。

さらに、「実生活においては、同じ事象でも立場や状況によって見方が異なったり、複数の道徳的価値が対立し、単一の道徳的価値だけでは判断が困難な状況に遭遇したりすることも多い。(中略) それぞれの人生において出会うであろう多様で複雑な具体的事象に対し、一人一人が多角的に考え、判断し、適切に行動するための資質・能力を養うことを目指さなくてはならない」と述べられている。

たとえば、今日の原発問題や環境問題などの複雑な社会問題においては、道徳観の違いをめぐる葛藤や対立が生じている。これらの問題は、個々の生き方や社会のあり方と関わる問題であるため、簡単に合意できる問題でもないだろう。今後、生徒はこれからの人生において、これらのように多様な諸課題と向き合っていかなければならない。そうであるならば、道徳科の授業は、異質な生き方や考え方をしている人たちと理解し合うためにはどうすべきかを考える場となっていく必要があるだろう。

以上のように、道徳科の実施に伴う道徳の授業は、従来の道徳の授業の見直しを迫ると同時に、今後の社会をどう生きていくか、あるいはどのような社会を創造していくかなどの観点を見据えた転換なのである。

B 従来の道徳授業に対する批判

先の答申では、これまでの道徳教育の指導方法に関して、「読み物の登場人物の心情理解のみに偏った形式的な指導」や「発達の段階などを十分に踏まえず、児童生徒に望ましいと思われる分かりきったことを言わせたり書かせたりする授業」などの課題を指摘している。ここでは、何が問い直されようとしているのか、これからの道徳授業のあり方を考える手がかりともなるため、この問題について考えてみよう。

[1] 従来の道徳授業の見直し
(1) 学習指導過程の見直し

従来の道徳授業では、道徳的価値を教えることを目的として、導入・展開・終末という学習指導過程を採用しながら、生徒たちの心情に働きかけ

る授業が広く展開されてきた。

　まず、導入場面で、自分の生活や体験の振り返り、教師が価値への方向づけをする。たとえば、「席を譲ったことがありますか」と問い、「席を譲るときに緊張した」「席を譲れて嬉しかった」などの感想を聞きながら、学習課題への方向づけを行っていく。

　次に、展開場面で、1回聞いただけで内容を理解させるため、教師による資料の範読が行われることが多い。その後、主人公の心情を場面ごとに問いかけ、「どんな気持ちだったか」「なぜそうしたか」を確認していく。場合によっては、展開場面を前段と後段に分け、展開後段において、これまでの生活の振り返り、資料における特殊な事例に限定せず、自分自身の問題として受け止め、価値の一般化を図ることもあった。

　最後に、終末においては、教師による説話などが行われることが多い。授業の最後が教師の説話で終わることによって、ねらいから逸脱することを避け、教えたい価値を強調することができた。しかし、このような方法が特定の価値の「押しつけ」になる危険性を帯びていたといえる。また、これまでの日常生活を振り返り、自分自身はどうだったのかを書く活動なども広く行われてきた。

(2) 心情に訴える指導方法の見直し

　道徳の「読み物資料」は多様な読み方ができるのだが、主人公の道徳的行為への共感が主となり、立ち止まって吟味し、省察することがほとんどなかったといえる。そのため、教師の意図通りに読みとるだけの授業になってしまったといえよう。

　また、「心を揺さぶる」「心に働きかける」教育と呼ばれるように、子どもの心情に働きかける教育方法への傾斜が問題となっている。実際に、道徳の授業のねらいも心情や態度の育成に力点が置かれてきた。道徳授業用の全国版副読本に掲載された全資料（中学校用945資料）において、道徳授業のねらいが、どのような観点（諸様相）に立って進められているのかについて調査した結果によると、中学校は「心情の育成 (33.4%)」「判断力・認知の育成 (2.1%)」「意欲の育成 (13.9%)」「態度の育成 (44.6%)」「そのほか (6.0%)」とされる[1]。この調査結果を踏まえると、これまでの道徳の授業では判断力の育成にほとんど力が入れられてこなかったことになる。

しかしながら、多様な見方や考え方が絡み合う複雑な社会の問題を考えていく際には、従来の心情に訴える方法だけでは対応できない。それゆえに、今後の授業では、具体的な場面で多面的・多角的に考え、道徳的な判断力を育てていくことが求められるのである。

[2] 形式化と硬直化した指導の問い直し

　また、このような道徳の授業が広く展開されてきた背景には、指導の形式化と硬直化が指摘されている。この課題について、永田繁雄は「安全運転」という表現を用いて、その問題点を指摘している[2]。永田によると、「安全運転」型の授業とは、「①全員が授業という電車に乗り込む。②資料の場面ごとに停車（各駅停車）して問い掛け、子どもは主人公の思いをその都度考える。③全員がゴールにたどり着き、自分たちのことを振り返る。④教師の話などを聞いてまとめる」とされる。

　ティーチャー・プルーフ（Teacher Proof）と呼ばれることもあるが、どのような教師にも有効なマニュアル、言い換えれば「こうすればできる」という誰でもどこでも通用する授業のマニュアル化が進んでいるということである。この点については、これまでも教師たちの職人的な技法や実践的な見識や文化的・学問的な感化力を「無能化」すると批判されてきた[3]。教材に即した授業のマニュアルに依存すると、教師自身が教材を批判的かつ多角的に分析する機会を逸するため、教材研究能力が養われないことにつながる。また、そのことが授業の中で生じる多様な意見や疑問などに臨機応変に対応することを困難にし、教え込みという事態を生んできたと考えられる。

C　これからの道徳授業について考える

　それでは、道徳科ではどのような授業を展開していけばよいのだろうか。次では、『中学校学習指導要領解説』や近年の研究動向を踏まえながら、1つの提案を試みることにしたい。道徳の授業を構想する際の参考にしてほしい。

[1] 教材研究の方法

　従来の道徳授業の課題を乗り越えるためには、教材研究が重要となる。教材研究とは、教材を詳しく調べて、授業のための準備をする作業ではない。教材研究は、教材を多角的に捉えたり、生徒の思考を捉えたりするための活動である。

(1)「読み物資料」の批判的・多角的な読み方

　「読み物の登場人物の心情理解のみに偏った形式的な指導」に陥らないためには、「読み物資料」について、主人公に共感する読み方ではなく、批判的かつ多角的な読み方が求められることになるだろう。たとえば、他の登場人物の立場から考えることや、主人公の行為について別の選択肢はないのか、その行為が及ぼす影響は他に考えられないだろうかと教師自身が問いかけながら読むことなどが挙げられる。

　また、著者不明の資料もあるが、童話や著作から抜粋された資料については、著者について調べたり、原作と読み比べたりすることができる。また、挿絵などがある場合、それが解釈に与える影響することなども十分に考慮する必要がある。

(2) 多角的教材研究方法論

　しかし、「読み物資料」だけでは、現実とのズレが生じ、生徒の関心を失わせることになっていたのではないだろうか。それゆえに、「読み物資料」を入り口としつつも、その限られた資料の世界から出ることも考えなければならない。

　また、道徳科の目標でもある「自己を見つめ、物事を広い視野から多面的・多角的に考え、人間としての生き方についての考えを深める学習」を展開していくためには、「生徒の日常生活とどう関わるのか」、「そのことが社会のあり方とどう関わるのか」などを視野に入れながら検討しておくことが求められる。

　さらに、わかりきったことを追認する活動を乗り越えるためには、当たり前だと思い込んでいる価値や取り扱うテーマについて再検討してみることが不可欠である。

　そこで、教材研究の方法の参考として、「多角的教材研究方法論」を紹介する[4]。これは、教材研究を従来よりも内容研究の面で、より広い文脈で

とらえ直す試みであり、「発生的方法：その知の成長してきた歴史や語源を調べる」、「文化的方法：その知の私たちの生活とのかかわりを調べる」、「構造的方法：その知と他の知との関係を調べる」という３つの方法によるものである。

①発生的方法：主要な概念について古語辞典や百科事典等で調べてみる。歴史や語源について調べるという行為は、私たちの偏見や習慣化された考え方から距離を置いて考えてみるという試みでもある。

②文化的方法：生徒の認識を知るために、文化的・社会的背景を考えてみる。新聞やニュースはもちろんのこと、インターネットにおけるさまざまな意見についても調べる。また、生徒にとって身近な文化である童話・アニメ等にも触れておく。

③構造的方法：哲学・倫理学・社会学等の学問領域を視野に入れて、関連する事項を調べてみる。これは、生徒の多様な認識を整理し、発展させる手がかりとなる。

以上のような観点から教材研究に取り組むことで、取り扱うテーマや道徳的価値について、生徒の実態と関連させながら検討し、将来的に身につけてほしい力なども考察することができる。また、生徒の実態に応じた資料を発見し、提示することもできるだろう。

(3) 情報モラルと現代的な課題について

先の答申では、「情報モラル、生命倫理など現代社会を生きる上での課題の扱いを充実すること」の必要性に関しても言及がされている。とりわけ、生命倫理等の現代的な課題に関しては、教師にとっても複雑な問題であり、「よくわからない」という場合もあるだろう。

しかし、『中学校学習指導要領解説』では「中学生には、こうした解決の難しい、答えの定まっていない問題や葛藤について理解を深め、多面的・多角的に考えることができる思考力が育ってきている」(「第４章　指導計画の作成と内容の取扱い」「第３節　指導の配慮事項」の6）と述べられており、中学生においても「課題を自分との関係で捉え、その解決に向けて考え続けようとする意欲や態度を育てる」必要があるという認識が示されている。そのため、教師も「よくわからない」という段階から教材研究に取り組み、生徒とともに解決に向けて考える姿勢を示さなければならない。

現代的な課題としては、科学技術の発展に伴う生命倫理の問題や社会の持続可能な発展等が挙げられており、「生命や人権、自己決定、自然環境保全、公正・公平、社会正義など様々な道徳的価値に関わる葛藤がある」と述べられている。そこでまず、このような道徳的価値に関する葛藤や対立が生じる問題状況について理解する。また、「複数の内容項目を関連付けて扱う指導によって、生徒の多様な考え方を引き出せるように工夫することなどが考えられる」と述べられているように、いくつかの内容項目を関連付けて、教材研究を行うことになる。

　人工妊娠中絶や出生前診断、脳死や臓器移植、安楽死や尊厳死などの生命倫理の問題に関しては、「生命」や「人権」をめぐるさまざまな葛藤場面が挙げられよう。また、持続可能な発展についても、未来の世代への義務や責任という「世代間倫理」の問題や環境に関する不平等や格差という「自然環境保全」と「社会正義」が関連している問題が挙げられる。

　このように、哲学、倫理学、社会学、法学、医学、自然科学などのさまざまな学問領域を踏まえることで、複合的な課題を題材として取り上げることができるのであり、教師自身の多角的な教材研究とそれに関する知見を有することが求められているのである。そのために、まずは生命倫理や環境倫理などに関する入門書や事典を読み、「葛藤や対立軸」などの論点を整理しておくことである[5]。そのうえで、関連する書籍を読み、理解を深めておく。そこでは、生徒が理解すべき知識、考えるべき論点を明確にするとともに、それに関する社会の反応（新聞やニュースなどでどのように扱われているのか、インターネット上ではどのような議論が交わされているのか）や諸外国の政策なども踏まえておく。その際に、それぞれの立場における根拠や理由をいくつか挙げて検討しておくとよいだろう。

　なお、これらの教材研究に基づいて、生徒が切実な問題として受け止められるような具体的な事例を選択し、複数の立場を示す補助的な資料として提示することもできるだろう。

> **コラム** モラル・ジレンマ
>
> 　『アンネの日記』を読んだことがあるだろうか。ユダヤ人への迫害を恐れ、隠れ家で潜伏生活を過ごすことになった。この日記にはそこでの不安と未来の希望が綴られている。その後、アンネたちはナチスの秘密警察に見つかり、連行されてしまった。もし、彼女がそこに隠れていることを知っていて、そのことをナチスに問われたら、あなたはどうするだろうか。真実を言うのか、それとも嘘をつくのか。このような個別の場面で、2つの道徳観が対立して調停が困難な状況を「モラル・ジレンマ」と呼んでいる。
> 　ただし、「モラル・ジレンマ」について考えるときに大切なことは、そもそもこのようなジレンマ状況を生じさせている社会のしくみについても批判的に考えることが重要となる。

[2] 考え、議論する道徳の授業

　ここでは、「考え、議論する道徳」の授業を展開していくためには、どのような点に留意すべきか、どのような試みを取り入れるべきかなどを考えてみたい。

　先の答申では、「道徳教育においては、児童生徒一人一人がしっかりと課題に向き合い、教員や他の児童生徒との対話や討論なども行いつつ、内省し、熟慮し、自らの考えを深めていくプロセスが極めて重要である」と述べられている。そこで、「生徒がしっかりと課題に向き合う」ことや「対話や討論」による「自らの考えを深めていくプロセス」について考えてみたい。

(1) 問題意識を持つこと

　「生徒がしっかりと課題に向き合う」ためには、問題意識を持つことが重要となる。授業の導入場面では「本時の主題に関わる問題意識を持たせる導入、教材の内容に興味や関心をもたせる導入などが考えられる」（「第4章　指導計画の作成と内容の取扱い」「第2節　道徳科の指導」の2）と述べられているように、教材内容に興味や関心を持たせるだけでなく、生徒の「問題意識」を持つことを重視している。

それでは、なぜ導入場面において問題意識を持つことが重要なのだろうか。従来の道徳の授業においては、導入場面で自分の生活や体験の振り返りと価値への方向づけが行われてきた。しかし、十分な問題意識を持たせることができなかった場合、指導内容を教え込むことになり、取り扱う課題を自分自身や他者（社会）との関わりで捉え、生徒自身が切実な問題として受けとめて考えることができない。そのためにも、生徒が興味・関心のある日常生活の問題や新聞やニュース等の話題と関連づけた教材を提示したり、「何が問題なのだろうか」や「本当にそれでいいのだろうか」などといかに発問したりするかを事前に検討しておくとよいだろう。

(2) 議論することの意味

　問題意識を持たせる活動で導入した後に、課題を多面的・多角的に考え、人間としての生き方についての考えを深める学習へと移っていく。ここでは、主題における葛藤や対立軸を明確にしつつ、その理由や根拠を示しながら議論していくことになる。

　ここで重要となるのは、個々の生徒が教材などと向き合い、自分自身はどう考えるかを整理することである。その際に、単に賛成あるいは反対の意見を考えるだけではなく、「なぜそう考えるのか」や「どうしてそうするのか」などの根拠や理由を考えていくことである。なぜならば、話し合いが進んで、多様な見方や考え方が示されると、その場の状況に流されてしまう可能性があるからである。他の意見の異同を確かめたり、自分自身の考えや価値観を省察したりするためにも、根拠や理由を問いながら授業を展開していくことになる。

　また、授業の展開場面に際して、切り返しや揺さぶりの発問、視点を変えた発問などを行い、一面的な理解から「安易な結論」を導こうとしないように工夫する必要がある。とりわけ、正論に流されそうな場合には、教師自身があえて反対意見を提示するという役割も重要となる。

　さらに、限られた知識や短絡的な考え方で解釈しようとすると、偏った考え方や見方になる危険性がある。特に留意すべき点は、情報モラルや現代的な課題について話し合う場合、その前提となる知識が不可欠であり、情報を収集し、それを吟味しながら判断していくことが求められる。なぜならば、知的な理解がなされていなければ、正確な判断をすることも、明

らかな誤りを判断することすらできないからである。この点は、『中学校学習指導要領解説』において明確な記載がなされていないが、情報を収集・分析し、知的な理解を踏まえた議論を行っていく必要があるだろう。また、各教科や総合的な学習の時間における学びとの関連がこれまでよりも重要となるため、相互の学びを活かした道徳の授業を計画的に構想していくことも考慮するべき点となろう。

　授業のまとめに際しては、特に現代的な課題を取り扱う場合、誰もが合意できるような解決策へと導くことは困難である。確かに、明確な答えや解決策は、生徒にとって安心感が得られるものであるかもしれない。しかし、それでは生徒の思考を停止させることになる。生徒自身が「答えが定まらない」課題とどう向き合うか、それをどう受け止めるか、解決に向けてどう考えるか、その取り組みこそが「考え続ける姿勢」を形成していくことになるだろう。

　以上のように、議論することの意味は、どちらが正しいかという勝敗を決めたり、最終的な結論を導き出したりすることにあるのではなく、それにいたるまでのプロセスにあるといえる。また、どうすればよいのかを考えていくと、また新たな問いが生まれてくることもある。このように、問いを広げたり、問いを深めたりすることで、問題を多角的にみるようになることが重要となる。

(3) 議論する場の形成

　生徒同士で議論を行う際に、生徒が多様な感じ方や考え方に表現し合うことになる。しかし、ここで留意すべきは、そのような議論する場をどう形成するかという点である。学習指導要領解説の「言語活動の充実」においても「学校や学級内の人間関係や環境を整えるとともに、一人一人の生徒が安心して意見を述べ、互いに学べるような場の設定が必要である」(「第4章　指導計画の作成と内容の取扱い」「第3節　指導の配慮事項」の4)とされている。

　ここでは、生徒同士の人間関係においては、お互いに傷つけないように繊細な気配りをする「優しい関係」が指摘されていることを踏まえておきたい。周りの空気を読み、お互いに傷つけないようにする「優しい関係」が異なる意見を許容しない過度な同調を生むことなどが指摘されている[6]。

確かに、生徒にとって、理解することのできない異質な見方や考え方は不安にさせるかもしれない。だからこそ、感情的ではなく、論理的に話し合っていく取り組みが欠かせないのである。

この問題自体は生徒指導などにおいて、具体的な生活場面で指導しながら、改善していくべき事項であるが、他者と簡単に同調できないということを学び、異質な考え方をする人々とどう対話していくのかという点も道徳科の授業における重要な学びの1つとなる。これは、道徳の授業のみならず、学校における授業の変革を迫るものとなるかもしれない。なぜならば、他の教科の授業においても同様に、生徒が自分の考えを自由に表現できる場へと転換してくことが要請されるからである。

[3] 授業の展開について

最後に、「思いやり」について考える授業を参考例として挙げてみたい[7]。「考え、議論する」授業へと転換されたといえども、「読み物資料」をまったく用いないということはないであろう。

たとえば、最初に「思いやり」について描かれた資料を読み、無理やり共感させようとするのではなく、「これは本当に思いやりのある行為といえるのか」と資料を批判的に読むことや「別の登場人物の立場から見たらどうだろうか」と資料における複数の登場人物に着目しながら問題を捉え直してみる。

また、自分と他者や社会の関わりを踏まえて考えるために、身近な社会生活に目を向けてみる。生徒から具体的な事例や問題を挙げてもらうこともできるだろう。たとえば、「席を譲る」という場面等が挙げられよう。席を譲るべきかどうか、さまざまな葛藤を抱いた人も多いだろう。なぜならば、席を譲った際に、年寄り扱いされたとして、相手に不快な思いをさせてしまうこともあるからである。

そこで、「なぜ相手を不快にさせるのか」について考え、話し合ってみる。たとえば、「型通りの反応をしたため、他者への想像力や配慮に欠けた行為として受け止められたからだろうか」、「『年寄り』という弱い立場に位置づけられたからだろうか」と必要に応じて教師が問いかけながら議論を深めていく。このように「思いやり」は大切であると一面的に捉えるのではな

く、高齢者への「思いやり」の背景にある強い立場と弱い立場という上下関係の構造から目を向けることもできる。特に、ケアされる側が自分の意見を言えない受動的な存在に位置づけられることの問題を考えることも必要だろう。

　さらに、社会との関連を考える発展的な課題として、介護などのケアする側とされる側をめぐる問題等の社会のあり方についても関心を向けながら調べたり話し合いをすることが考えられる。たとえば、ケアの現場では、患者本人だけでなく、医師、看護師、病院や施設の経営者、患者の家族などのそれぞれの立場や考えが錯綜し、意見が対立する。そのような社会のしくみと関連する場面を取り上げて、どのような価値を重視すべきかを考えてみるができる。

　以上のように、道徳的価値を批判的かつ多角的に理解し、状況に応じて解釈や判断をしながら、他者や社会とのかかわり方や自分の生き方について考えていく。そのうえで、あらためて「思いやりとは何か」や「他者の立場を尊重するとはどのようなことか」、「支え合う社会とはどのような社会か」などを生徒に問いかけてみることにしたい。

　道徳の授業のあり方は多種多様であるが、形骸化や硬直化をしないためにも、教師の教材研究が不可欠である。このことは、教師自身が答えの定まらない課題と真剣に向き合い、多面的・多角的に考える姿勢を生徒に見せていくことでもある。それゆえに、毎回の授業に覚悟を持って挑む必要がある。これからの道徳の授業に臨む際には、相当な準備と覚悟を要する。けれども、社会の問題に関心を持ち、どうすべきかを判断する力を養い、よりよい生き方やよりよい社会のあり方を考えていく生徒を育てることが教師の大きな喜びとなることを期待したい。

注）
1) 柄本健太郎・永田繁雄「全国版道徳副読本の資料の傾向をデータから探る――基礎的データを踏まえた実証的な授業と研究のために」日本道徳教育方法学会編『道徳教育方法研究』第19号，日本道徳教育方法学会，2013．
2) 永田繁雄「『安全運転』の授業から『冒険運転』の授業へ」『道徳教育』明治図書，9月号，2011．

3) 佐藤学『教育方法学』岩波書店，1996，p.144
4) 小笠原喜康・柴山英樹「教材研究の方法論――知識観と学習観の問い直しから」日本教材学会編『「教材学」現状と展望　日本教材学会設立20周年記念論文集（上巻）』協同出版，2002．
5) 生命倫理や環境倫理は「応用倫理学」という現実的な問題を扱う学問として分類されることもある。事典としては、『現代倫理学事典』大庭健編集代表，弘文堂，2006）、『応用倫理学事典』（加藤尚武編集代表，丸善，2008）、『新版増補　生命倫理事典』（酒井明夫・中里巧ほか編，太陽出版，2010）などがある。また、社会との関連を踏まえて考えるならば、『現代社会学事典』（貝田宗介編集顧問／大澤真幸ほか編，弘文堂，2012）も参考になる。
6) 土井隆義『友だち地獄』ちくま新書，筑摩書房，2008．や森真一『ほんとうはこわい「やさしさ社会」』ちくまプリマー新書，筑摩書房，2008．などを参照してほしい。
7) 本授業案は次の論文を踏まえたものである。柴山英樹「中学校の道徳教育における教材研究と指導方法に関する一考察――小学校読み物資料を中学校で読み直すための試案」日本大学教育学会機関誌編集委員会編『教育学雑誌』第50号，2014，pp.97-108．

知識を確認しよう

問題
(1) 『私たちの道徳』の作成の趣旨、特徴についてまとめてみよう。
(2) 道徳科における『私たちの道徳』の活用について、理解したことをまとめてみよう。
(3) 現代的な課題を1つ取り上げ、教材研究を行ったうえで、授業のプランを立ててみよう。

解答への手がかり
(1) 教育再生実行会議の提言内容や、『心のノート』から『私たちの道徳』への改訂趣旨を踏まえ、その内容構成と特徴について理解しよう。
(2) 道徳の教材の役割を理解し、『私たちの道徳』の特徴を活かした活用のあり方について考え、整理してみよう。
(3) 現代的な課題における「葛藤や対立軸」を整理し、論点を明確にしておこう。また、異なる立場の複数の資料等を教材として提示するなどの工夫をしながら、授業の展開について考えてみよう。

参考文献

序章
渥美利夫ほか編『上田薫著作集 6（道徳教育論）』黎明書房，1993．
勝田守一『勝田守一著作集 4（人間形成と教育）』国土社，1972．
ルソー，J.-J. 著／今野一雄訳『エミール』〔全 3 冊〕岩波文庫，岩波書店，1962-1964．

第 1 章
小野雅章『御真影と学校――「奉護」の変容』東京大学出版会，2014．
小野雅章「戦後教育改革における教育勅語の処置問題」日本大学教育学会機関誌編集委員会編『教育学雑誌』22，1988．
貝塚茂樹『戦後教育改革と道徳教育問題』日本図書センター，2001．
教育史編纂会編『明治以降教育制度発達史』1-3，教育資料調査会，1964-65．
国立教育研究所編『日本近代教育百年史』1，国立教育研究所，1973．
高橋陽一『新版 道徳教育講義』第 2 版，武蔵野美術大学出版局，2012．
肥田野直・稲垣忠彦編『教育課程 総論』戦後日本の教育改革 6，東京大学出版会，1971．
船山謙次『戦後道徳教育論史（上・下）』青木書店，1981．

第 2 章
デュルケム，E. 著／麻生誠・山村健訳『道徳教育論』講談社学術文庫，講談社，2010．
ピアジェ，J. 著／大伴茂訳『児童道徳判断の発達』臨床児童心理学 3，同文書院，1957．
文部科学省『小学校学習指導要領解説 特別の教科 道徳編』文部科学省ウェブサイト，2015（2016 年 4 月 1 日閲覧）．
　　http://www.mext.go.jp/component/a_menu/education/micro_detail/__icsFiles/afieldfile/2016/01/08/1356257_4.pdf
文部科学省『小学校学習指導要領解説 道徳編』東洋館出版社，2008．
道徳教育の充実に関する懇談会「今後の道徳教育の改善・充実方策について（報告）」（平成 25 年 12 月 26 日）文部科学省，2013（2016 年 4 月 1 日閲覧）．
　　http://www.mext.go.jp/b_menu/shingi/chousa/shotou/096/houkoku/__icsFiles/afieldfile/2013/12/27/1343013_01.pdf
中央教育審議会「道徳に係る教育課程の改善等について（答申）」（平成 26 年 10 月 21 日）文部科学省，2014（2016 年 4 月 1 日閲覧）．
　　http://www.mext.go.jp/b_menu/shingi/chukyo/chukyo0/toushin/__icsFiles/afieldfile/2014/10/21/1352890_1.pdf

第3章
小寺正一・藤永芳純編『道徳教育を学ぶ人のために』3訂，世界思想社，2014．
柴原弘志編『平成 28 年版　中学校新学習指導要領の展開　特別の教科　道徳編』明治図書，2016．
沼田裕之・増渕幸男・伊勢孝之編『道徳教育 21 の問い』福村出版，2014．
羽田積男・関川悦雄編『現代教職論』Next 教科書シリーズ，弘文堂，2016．

第4章
押谷由夫・内藤俊史編『道徳教育』教職専門シリーズ，ミネルヴァ書房，1993．
二宮皓編『新版　世界の学校』学事出版，2016．
長谷徹「道徳から『特別の教科・道徳』へ」②～④『教育新聞』（2015 年 8 月 31 日，9 月 17・28 日）教育新聞社，2015．

第5章
青柳宏幸「道徳の教科化は教員の意識を変える？」下司晶・須川公央・関根宏朗編『教員養成を問いなおす―制度・実践・思想』東洋館出版社，2016．
小寺正一・藤永芳純編『道徳教育を学ぶ人のために』3訂，世界思想社，2009．
コールバーグ，ローレンス・ヒギンス，アン著/岩佐信道訳『道徳性の発達と道徳教育――コールバーグ理論の展開と実践』麗澤大学出版会，1987．
堺正之『道徳教育の方法』放送大学教育振興会，2015．
田中耕治編『教育評価の未来を拓く』ミネルヴァ書房，2003．
早田幸政『道徳教育の理論と指導法』エイデル研究所，2015．
西岡加奈恵『教科と総合に活かすポートフォリオ評価法――新たな評価基準の創出に向けて』図書文化社，2003．

第6章
小笠原喜康「知徳としての道徳教育の実践」岩手大学教育学部附属教育実践総合センター編『岩手大学教育学部附属教育実践総合センター研究紀要』第 14 号，2015，pp. 555-573．
小笠原道雄・田代尚弘・堺正之編『道徳教育の可能性――徳は教えられるか』福村出版，2012．
香川綾『香川綾――栄養学と私の半世紀』日本図書センター，1997．
ケイ，シャロン&トムソン，ポール著/河野哲也監訳『中学生からの対話する哲学教室』玉川大学出版部，2012．
柴原弘志『「私たちの道徳」完全活用ガイドブック――文部科学省発行・道徳教材中学校編』明治図書出版，2015．
田沼茂紀編『やってみよう！　新しい道徳授業――教科化時代の「私たちの道徳」活用例』学研，2014．
松下良平『道徳教育はホントに道徳的か？――「生きづらさ」の背景を探る』日本図書

センター，2011．
松下良平編/田中智志・橋本美保監修『道徳教育論』新・教職課程シリーズ，一藝社，2014．
文部科学省『心のノート――中学校』廣済堂あかつき，2009．
文部科学省『私たちの道徳――中学校』廣済堂あかつき，2014．
鷲田清一『わかりやすいはわかりにくい？――臨床哲学講座』ちくま新書，筑摩書房，2010．

資料編
「学習指導要領データベース」（2014年12月26日：最終訂正）
　　http://www.nier.go.jp/guideline（2016年7月1日閲覧）．
岩本敏郎・志村欣一・田沼朗・浪本勝年編『史料道徳教育の研究』北樹出版，1994．
米田俊彦編著『近代日本教育関係法令体系』港のひと，2009．

文部科学省ウェブサイト「現行学習指導要領・生きる力」（2016年6月1日閲覧）．
- 「小学校学習指導要領解説」
http://www.mext.go.jp/a_menu/shotou/new-cs/youryou/syokaisetsu/
- 一部改正学習指導要領等（平成27年3月）
http://www.mext.go.jp/a_menu/shotou/new-cs/youryou/1356248.htm

1) 「小学校学習指導要領（平成27年3月）」
   http://www.mext.go.jp/a_menu/shotou/new-cs/youryou/__icsFiles/afieldfile/2015/03/26/1356250_1.pdf
2) 「中学校学習指導要領（平成27年3月）」
   http://www.mext.go.jp/a_menu/shotou/new-cs/youryou/__icsFiles/afieldfile/2015/03/26/1356251_1.pdf
3) 「特別支援学校学習指導要領（平成27年3月）」
   http://www.mext.go.jp/a_menu/shotou/new-cs/youryou/__icsFiles/afieldfile/2015/03/27/1356252_1.pdf
4) 「小学校学習指導要領解説　特別の教科　道徳編」
   http://www.mext.go.jp/component/a_menu/education/micro_detail/__icsFiles/afieldfile/2016/01/08/1356257_4.pdf
5) 「小学校学習指導要領解説　総則編（抄）」
   http://www.mext.go.jp/component/a_menu/education/micro_detail/__icsFiles/afieldfile/2015/07/31/1356257_3_2.pdf
6) 「中学校学習指導要領解説　総則編（抄）」
   http://www.mext.go.jp/component/a_menu/education/micro_detail/__icsFiles/afieldfile/2015/07/06/1282846_3_1_1.pdf
7) 「中学校学習指導要領解説　特別の教科　道徳編」
   http://www.mext.go.jp/component/a_menu/education/micro_detail/__icsFiles/afieldfile/2016/01/08/1356257_5.pdf
8) 文部科学省「高等学校学習指導要領（平成21年3月）」
   http://www.mext.go.jp/a_menu/shotou/new-cs/youryou/kou/kou.pdf
9) 「『私たちの道徳』活用のための指導資料（中学校）」
   http://www.mext.go.jp/a_menu/shotou/doutoku/detail/1353662.htm

資料編

Ⅰ．戦前（明治5年から昭和20年まで）
1. 學事獎勵ニ關スル被仰出書　　　　　學制序文
2. 「小学教則改正」（抄）　　　　　　第1章、第2章（部分）
3. 「教学聖旨」　　　　　　　　　　　聖旨（教学大旨、小学条目二件）
4. 「小学校教員心得」（抄）　　　　　序文、小学校教員心得（一部略）
5. 「教育ニ関スル勅語」　　　　　　　全文

Ⅱ．戦後（昭和20年から現在まで）
1. 「米国教育使節団報告書（要旨）」（抄）　部分のみ
2. 「中学校学習指導要領」（抄）　　　第1章第1の1、第2の1（部分）・2、第3、第3章第1節第1・第2の1・2（部分）・第3、第3章第1節第1、第2の1-3、第3の1-8
3. 「教育基本法」　　　　　　　　　　前文、第1章（第1条、第2条の1-5、第3条、第4条の2・3）、第2章（第5条の2-4、第6条の2、第7条の2、第8条、第9条の2、第10条の2、第11条、第12条の2、第13条、第14条の2、第15条の2）、第3章（第16条の2-4、第17条の2）、第4章（第18条）、附則抄（1）
4. 「中学校学習指導要領（一部改正）」　序文、第1章（第1の1・2、第2の3）、第3章（第1、第2のA-D、第3の1・3・4）

Ⅰ．戦前（明治5年から昭和20年まで）

1．學事獎勵ニ關スル被仰出書（學制序文）
　　　　太政官布告第二百十四號（明治5壬申年8月2日）

人々自ラ其身ヲ立テ其産ヲ治メ其業ヲ昌ニシテ以テ其生ヲ遂ル所以ノモノハ他ナシ身ヲ脩メ智ヲ開キ才藝ヲ長スルニヨルナリ而テ其身ヲ脩メ智ヲ開キ才藝ヲ長スルハ學ニアラサレハ能ハス是レ學校ノ設アル所以ニシテ日用常行言語書算ヲ初メ士官農商百工技藝及ヒ法律政治天文醫療等ニ至ル迄凡人ノ營ムトコロノ事學アラサルハナシ人能ク其才ノアル所ニ應シ勉勵シテ之ニ從事シ而シテ後初テ生ヲ治メ産ヲ興シ業ヲ昌ニスルヲ得ヘシサレハ學問ハ身ヲ立ルノ財本共云ヘキ者ニシテ人タルモノ誰カ學ハスシテ可ナランヤ夫ノ道路ニ迷ヒ飢餓ニ陥リ家ヲ破リ身ヲ喪ノ徒ノ如キハ畢竟不學ヨリシテカヽル過チヲ生スルナリ從來學校ノ設アリテヨリ年ヲ歴ルコト久シト雖トモ或ハ其道ヲ得サルヨリシテ人

其方向ヲ誤リ學問ハ士人以上ノ事トシ農工商及ヒ婦女子ニ至ツテハ之ヲ度外ニヲキ學問ノ何物タルヲ辨セス又士人以上ノ稀ニ學フ者モ動モスレハ國家ノ爲ニスト唱ヘ身ヲ立ルノ基タルヲ知ラスシテ或ハ詞章記誦ノ末ニ趨リ空理虛談ノ途ニ陷リ其論高尙ニ似タリト雖トモ之ヲ身ニ行ヒ事ニ施スコト能ハサルモノ少カラス是卽チ沿襲ノ習弊ニシテ文明普ネカラス才藝ノ長セスシテ貧乏破產喪家ノ徒多キ所以ナリ是故ニ人タルモノハ學ハスンハ有ヘカラス之ヲ學フニハ宜シク其旨ヲ誤ヘカラス之ニ依テ今般文部省ニ於テ學制ヲ定メ追々敎則ヲモ改正シ布吿ニ及フヘキニツキ自今以後一般ノ人民華士族卒農工商及婦女子必ス邑ニ不學ノ戶ナク家ニ不學ノ人ナカラシメン事ヲ期ス人ノ父兄タル者宜シク此意ヲ體認シ其愛育ノ情ヲ厚クシ其子弟ヲシテ必ス學ニ從事セシメサルヘカラサルモノナリ　高上ノ學ニ至テハ其人ノ材能ニ任カスト雖トモ幼童ノ子弟ハ男女ノ別ナク小學ニ從事セシメサルモノハ其父兄ノ越度タルヘキ事

　但從來沿襲ノ弊學問ハ士人以上ノ事トシ國家ノ爲ニスト唱フルヲ以テ學費及其衣食ノ用ニ至ル迄多ク官ニ依賴シ之ヲ給スルニ非サレハ學ハサル事ト思ヒ一生ヲ自棄スルモノ少カラス是皆惑ヘルノ甚シキモノナリ自今以後此等ノ弊ヲ改メ一般ノ人民他事ヲ抛チ自ラ奮テ必ス學ニ從事セシムヘキ樣心得ヘキ事

右之通被仰出候條地方官ニ於テ邊隅小民ニ至ル迄不洩樣便宜解譯ヲ加ヘ精細申諭文部省規則ニ隨ヒ學問普及致候樣方法ヲ設可施行事

2.「小学教則改正」（抄）　　明治6年5月19日　文部省布達第76号

第1章
小学ヲ分テ上下二等トス下等ハ六歳ヨリ九歳ニ止リ上等ハ十歳ヨリ十三歳ニ終リ上下合セテ在学八年トス

第2章
下等小学ノ課程ヲ分テ八級トス毎級六ケ月ノ習業ト定メ始テ学ニ入ル者ヲ第八級トシ次第ニ進テ第一級ニ至ル今其毎級課業授ケ方ノ一例ヲ挙テ左ニ示ス尤一般必行ノモノニハ非スト雖トモ各其地其境ニ随ヒ能ク之ヲ斟酌シテ活用ノ方ヲ求ムヘシ〇第八級　六ケ月一日五時一週即四日二十時ノ課定一六ノ日ヲ除ク以下之ニ倣ヘ

綴字（カナツカヒ）　　一週四時　即一日一時
生徒残ラス順列ニ並ハセ智恵ノ糸口うひまなひ絵入智恵ノ環一ノ巻等ヲ以テ教師盤上ニ書シテ之ヲ授ク前日授ケシ分ハ一人ノ生徒ヲシテ他生ノ見エサルヤウ盤上ニ記サシメ他生ハ各石板ニ記シ畢テ盤上ト照シ盤上誤謬アラハ他生ノ内ヲシテ正サシム
習字（テナラヒ）　　一週四時
手習草紙習字本習字初歩等ヲ以テ平仮名片仮名ヲ教フ但数字西洋数字ヲモ加ヘ教フヘシ尤字形運筆ノミヲ主トシテ訓読ヲ授クルヲ要セス教師ハ順廻シテ之ヲ親示ス
単語読方（コトバノヨミカタ）　　一週四時
童蒙必読単語篇等ヲ授ケ兼テ其語ヲ盤上ニ記シ訓読ヲ高唱シ生徒一同之ニ準誦セシメ而

シテ後其意義ヲ授ク但日々前日ノ分ヲ暗誦シ来ラシム
算術（サンヨウ）　洋法ヲ主トス　　一週四時
（略）
修身口授（ギョウギノサトシ）　　一週一時
民家童蒙解童蒙教草等ヲ以テ教師口ツカラ縷々之ヲ説諭ス
（略）
○第七級−第一級　略
右卒業シ大試業ヲ経テ中学ニ入ル

3.「教学聖旨」　　　明治12年夏
聖旨
教学大旨
教学ノ要、仁義忠孝ヲ明カニシテ、智識才芸ヲ究メ、以テ人道ヲ尽スハ、我祖訓国典ノ大旨、上下一般ノ教トスル所ナリ、然ルニ輓近専ラ智識才芸ノミヲ尚トヒ、文明開化ノ末ニ馳セ、品行ヲ破リ、風俗ヲ傷フ者少ナカラス、然ル所以ノ者ハ、維新ノ始首トシテ陋習ヲ破リ、知識ヲ世界ニ広ムルノ卓見ヲ以テ、一時西洋ノ所長ヲ取リ、日新ノ効ヲ奏スト雖トモ、其流弊仁義忠孝ヲ後ニシ、徒ニ洋風是競フニ於テハ、将来ノ恐ル丶所、終ニ君臣父子ノ大義ヲ知ラサルニ至ランモ測ル可カラス、是我邦教学ノ本意ニ非サル也、故ニ自今以往、祖宗ノ訓典ニ基ツキ、専ラ仁義忠孝ヲ明カニシ、道徳ノ学ハ孔子ヲ主トシテ、人々誠実品行ヲ尚トヒ、然ル上各科ノ学ハ、其才器ニ随テ益々長進シ、道徳才芸、本末全備シテ、大中至正ノ教学天下ニ布満セシメハ、我邦独立ノ精神ニ於テ、宇内ニ恥ル丶無カル可シ、

小学条目二件
　一　　仁義忠孝ノ心ハ人皆之有リ、然トモ其幼少ノ始ニ、其脳髄ニ感覚セシメテ培養スルニ非レハ、他ノ物事已ニ耳ニ入リ、先入主トナル時ハ、後奈何トモ為ス可カラス、故ニ当世小学校ニテ絵図ノ設ケアルニ準シ、古今ノ忠臣義士孝子節婦ノ画像写真ヲ掲ケ、幼年生入校ノ始ニ先ツ此画像ヲ示シ、其行事ノ概略ヲ説諭シ、忠孝ノ大義ヲ第一ニ脳髄ニ感覚セシメン丶ヲ要ス、然ル後ニ諸物ノ名状ヲ知ラシムレハ、後来忠孝ノ性ヲ養成シ、博物ノ学ニ於テ本末ヲ誤ル丶無カルヘシ、
　一　　去秋各県ノ学校ヲ巡覧シ、親シク生徒ノ芸業ヲ験スルニ、或ハ農商ノ子弟ニシテ其説ク所多クハ高尚ノ空論ノミ、甚キニ至テハ善ク洋語ヲ言フト雖トモ、之ヲ邦語ニ訳スル丁能ハス、此輩他日業卒リ家ニ帰ルトモ、再タヒ本業ニ就キ難ク、又高尚ノ空論ニテハ、官ト為ルモ無用ナル可シ、加之其博聞ニ誇リ長上ヲ侮リ、県官ノ妨害トナルモノ少ナカラサルヘシ、是皆教学ノ其道ヲ得サルノ弊害ナリ、故ニ農商ニハ農商ノ学科ヲ設ケ、高尚ニ馳セス、実地ニ基ツキ、他日学成ル時ハ、其本業ニ帰リテ、益々其業ヲ盛大ニスルノ教則アラン丶ヲ欲ス

4.「小学校教員心得」(抄)　　(明治14年6月18日　文部省達第19号)

小学校教員心得別冊ノ通相定候条右旨趣ニ基キ懇篤教誨ヲ加ヘ教員ノ本分ヲ誤ラシメサル様可致此旨相達候事

小学校教員心得

小学校教員ノ良否ハ普通教育ノ弛張ニ関シ普通教育ノ弛張ハ国家ノ降盛ニ係ル其任タル重且大ナリト謂フヘシ今夫小学教員其人ヲ得テ普通教育ノ目的ヲ達シ人々ヲシテ身ヲ修メ業ニ就カシムルニアラスンハ何ニ由テカ尊王愛国ノ志気ヲ振起シ風俗ヲシテ淳美ナラシメ民生ヲシテ富厚ナラシメ以テ国家ノ安寧福祉ヲ増進スルヲ得ンヤ小学教員タル者宜ク深ク此意ヲ体スヘキナリ因テ其恪守実践スヘキ要款ヲ左ニ掲示ス苟モ小学教員ノ職ニ在ル者夙夜黽勉服膺シテ忽忘スルコト勿レ

　　明治十四年六月　文部卿　福岡孝弟

　　一　人ヲ導キテ善良ナラシムルハ多識ナラシムルニ比スレハ更ニ緊要ナリトス故ニ教員タル者ハ殊ニ道徳ノ教育ニ力ヲ用ヒ生徒ヲシテ皇室ニ忠ニシテ国家ヲ愛シ父母ニ孝ニシテ長上ヲ敬シ朋友ニ信ニシテ卑幼ヲ慈シ及自己ヲ重ンスル等凡テ人倫ノ大道ニ通暁セシメ且常ニ己カ身ヲ以テ之カ模範トナリ生徒ヲシテ徳性ニ薫染シ善行ニ感化セシメンコトヲ務ムヘシ

　　一　智心教育ノ目的ハ専ラ人々ヲシテ智識ヲ広メ材能ヲ長シ以テ其本文ヲ尽スニ適当ナラシムルニ在リ豈徒ニ声名ヲ博取シ奇功ヲ貧求セシメンカ為メナランヤ故ニ教員タル者ハ宜ク此旨ヲ体認シ以テ生徒智心上ノ教育ニ従事スヘシ

　　一　身体教育ハ独リ体操ノミニ依著スヘカラス宜ク常ニ校舎ヲ清潔ニシ光線温度ノ適宜及大気ノ流通ニ留意シ又生徒ノ健康ヲ害スヘキ癖習ニ汚染スル等ヲ予防シ以テ之ニ従事スヘシ

　　一　鄙吝ノ心志陋劣ノ思想ヲ懐クヘカラサルハ人々皆然リト雖モ特ニ教員タル者ハ自己ノ心上ニ於テ最モ謹テ之ヲ除去セサルヘカラス蓋シ幼童ノ智徳ヲ養成シ身体ヲ発育スルノ重任ニ膺リ以テ世ノ福祉ヲ増進スルノ実効ヲ奏スルハ固ヨリ鄙吝陋劣ニシテ偸安貧利ヲ事トスル徒ノ敢テ能クスヘキ所ニアラサレハナリ

(略)

5.「教育ニ関スル勅語」　　明治23年10月30日

朕惟フニ我カ皇祖皇宗國ヲ肇ムルコト宏遠ニ德ヲ樹ツルコト深厚ナリ我カ臣民克ク忠ニ克ク孝ニ億兆心ヲ一ニシテ世世厥ノ美ヲ濟セルハ此レ我カ國體ノ精華ニシテ教育ノ淵源亦實ニ此ニ存ス爾臣民父母ニ孝ニ兄弟ニ友ニ夫婦相和シ朋友相信シ恭儉己レヲ持シ博愛衆ニ及ホシ學ヲ修メ業ヲ習ヒ以テ智能ヲ啓發シ德器ヲ成就シ進テ公益ヲ廣メ世務ヲ開キ常ニ國憲ヲ重シ國法ニ遵ヒ一旦緩急アレハ義勇公ニ奉シ以テ天壤無窮ノ皇運ヲ扶翼スヘシ是ノ如キハ獨リ朕カ忠良ノ臣民タルノミナラス又以テ爾祖先ノ遺風ヲ顯彰スルニ足ラン斯ノ道ハ實ニ我カ皇祖皇宗ノ遺訓ニシテ子孫臣民ノ俱ニ遵守スヘキ所之ヲ古今ニ通シテ謬ラス之ヲ中外ニ施シテ悖ラス朕爾臣民ト俱ニ拳々服膺シテ咸其德ヲ一ニセンコトヲ庶

幾フ
　　明治二十三年十月三十日

　　　御名御璽

Ⅱ．戦後（昭和 20 年から現在まで）

1.「米国教育使節団報告書（要旨）」（抄）
　　　　　（昭和 21 年 3 月 31 日　文部省）

　ジョージ・D・ストダード博士を団長とする米国教育界代表二十七名より成る米国教育使節団は、本報告の作成に当り日本に本年三月の一か月間滞在し、その間連合国最高司令部民間情報教育部教育課の将校および日本の文部大臣の指名にかかる日本側教育者委員、および日本の学校および各種職域の代表者とも協議をとげたのである。本報告は本使節団の各員の審議を基礎として作製し、ここに連合国最高司令官に提出する次第である。本使節団は占領当初の禁止的指令、例えば帝国主義および国家主義的神道を学校から根絶すべしというが如きものの必要は、十分認めるものではあるが、今回は積極的提案をなすことに主要な重点を置いたのである。
　本使節団はかくすることにより、日本人がみずからその文化のなかに、健全な教育制度再建に必要な諸条件を樹立するための援助をしょうと努めた次第である。
　日本の教育の目的および内容高度に中央集権化された教育制度は、かりにそれが極端な国家主義と軍国主義の網の中に捕えられていないにしても、強固な官僚政治にともなう害悪を受けるおそれがある。教師各自が画一化されることなく適当な指導の下に、それぞれの職務を自由に発展させるためには、地方分権化が必要である。かくするとき教師は初めて、自由な日本国民を作りあげる上に、その役割をはたしうるであろう。この目的のためには、ただ一冊の認定教科書や参考書では得られぬ広い知識と、型通りの試験では試され得ぬ深い知識が、得られなくてはならない。カリキュラムは単に認容された一体の知識だけではなく、学習者の肉体的および精神的活動をも加えて構成されているものである。それには個々の生徒の異なる学習体験および能力の相違が考慮されるのである。それ故にそれは教師をふくめた協力活動によって作成され、生徒の経験を活用しその独創力を発揮させなくてはならないのである。
　日本の教育では独立した地位を占め、かつ従来は服従心の助長に向けられて来た修身は、今までとは異った解釈が下され、自由な国民生活の各分野に行きわたるようにしなくてはならぬ。平等を促す礼儀作法・民主政治の協調精神および日常生活における理想的技術精神、これらは、皆広義の修身である。これらは、民主的学校の各種の計画および諸活動の中に発展させ、かつ実行されなくてはならない。地理および歴史科の教科書は、神話は神話として認め、そうして従前より一そう客観的な見解が教科書や参考書の中に現われるよう、書き直す必要があろう。初級中級学校に対しては地方的資料を従来

より一そう多く使用するようにし、上級学校においては優秀なる研究を、種々の方法により助成しなくてはならない。
（略）

2.「中学校学習指導要領」（抄）　1958年8月28日　文部省告示72
昭和33年（1958）改訂版

第1章　総則
第1　教育課程の編成
1　一般方針

　中学校の教育課程は、必修教科、選択教科、道徳、特別教育活動および学校行事等によって編成するものとすることとなっており、必修教科は、国語、社会、数学、理科、音楽、美術・保健体育および技術・家庭の各教科、選択教科は外国語、農業、工業、商業、水産、家庭、数学、音楽および美術の各教科となっている（学校教育法施行規則（以下「規則」という。）第53条）。

　各学校においては、教育基本法、学校教育法および同法施行規則、中学校学習指導要領、教育委員会規則等に示すところに従い、地域や学校の実態を考慮し、生徒の発達段階や経験に即応して、適切な教育課程を編成するものとする。
（略）

第2　指導計画作成および指導の一般方針
1　学校においては、下記の事項に留意して、各教科、道徳、特別教育活動および学校行事等については、相互の関連を図り、全体として調和のとれた指導計画を作成するとともに、発展的、系統的な指導を行うことができるようにしなければならない。
　（1）各教科、道徳、特別教育活動および学校行事等について、第2章以下に示すところに基き、地域や学校の実態を考慮し、生徒の経験に即応して、具体的な指導の目標を明確にし、実際に指導する事項を選定し、配列して、効果的な指導を行うようにすること。
　（2）第2章に示す各教科（職業に関する教科を除く。）の内容に関する事項は、特に示す場合を除き、いずれの学校においても取り扱うことを必要とするものである。各学校において特に必要と認められる場合には、第2章に示していない事項を加えて指導することをさまたげるものではない。しかし、いたずらに、指導する事項を多くしたり、程度の高い事項を取り扱ったりして、学年別の目標や内容の趣旨を逸脱し、または生徒の負担過重とならないよう慎重に配慮すること。
　（略）
　（5）政治および宗教に関する事項の取扱については、それぞれ教育基本法第8条および第9条の規定に基き、適切に行うように配慮しなければならないこと。
2　各教科、道徳、特別教育活動および学校行事等の指導を能率的、効果的にするために

は、下記の事項について留意する必要がある。
(1) 生徒の発達段階や経験をよく理解しておくこと。
(2) 学習の目標を生徒にじゅうぶんはあくさせること。
(3) 生徒の興味や関心を重んじ、自主的、自発的な学習をするように導くこと。
(4) 生徒の個人差に留意して指導し、それぞれの生徒の個性や能力をできるだけ伸ばすようにすること。
(5) 学級における好ましい人間関係を育て、教室内外の整とんや美化に努めるなど学習環境を整えるようにすること。
(6) 教科書その他の教材、教具などについて常に研究し、その活用に努めること。また、学校図書館の資料や視聴覚教材等については、これを精選して活用するようにすること。
(7) 指導の成果を絶えず評価し、指導の改善に努めること。

第3 道徳教育

学校における道徳教育は、本来、学校の教育活動全体を通じて行うことを基本とする。したがって、道徳の時間はもちろん、各教科、特別教育活動および学校行事等学校教育のあらゆる機会に、道徳性を高める指導が行われなければならない。

道徳教育の目標は、教育基本法および学校教育法に定められた教育の根本精神に基く。すなわち、人間尊重の精神を一貫して失わず、この精神を、家庭、学校その他各自がその一員であるそれぞれの社会の具体的な生活の中に生かし、個性豊かな文化の創造、民主的な国家および社会の発展に努め、進んで平和的な国際社会に貢献できる日本人を育成することを目標とする。

道徳の時間においては、各教科、特別教育活動および学校行事等における道徳教育と密接な関連を保ちながら、これを補充し、深化し、統合し、またはこれとの交流を図り、生徒の望ましい道徳的習慣、心情、判断力を養い、社会における個人のあり方についての自覚を主体的に深め、道徳的実践力の向上を図るように指導するものとする。

道徳の時間における指導は、学級担任の教師が担当することを原則とする。

第3章 道徳、特別教育活動および学校行事等
第1節 道徳
第1 目標

人間尊重の精神を一貫して失わず、この精神を、家庭、学校その他各自がその一員であるそれぞれの社会の具体的な生活の中に生かし、個性豊かな文化の創造と民主的な国家および社会の発展に努め、進んで平和的な国際社会に貢献できる日本人を育成することを目標とする。

第2 内容

道徳教育の内容は、教師も生徒もいっしょになって理想的な人間のあり方を追求し

がら、われわれはいかに生きるべきかを、ともに考え、ともに語り合い、その実行に努めるための共通の課題である。

　道徳性を高めるに必要なことがらは、本来分けて考えられないものであって、道徳的な判断力を高めること、道徳的な心情を豊かにすること、創造的、実践的な態度と能力を養うことは、いかなる場合にも共通に必要なことであるが、上の目標を達成するためのおもな内容をまとめて示すと、次のとおりである。

1　日常生活の基本的な行動様式をよく理解し、これを習慣づけるとともに、時と所に応じて適切な言語、動作ができるようにしよう。

　(1) 生命を尊び安全の保持に努め、心身ともに健全な成長と発達を遂げるように励もう。

　　自己はもとより、他のすべてのものの生命を尊ぶことは、人間が意義ある生活を営むための第一歩である。からだも心も、いたずらにその場の気分に負けないで、節度があり均衡のとれた生活をすることによって、健康な成長と発達を遂げるように努めよう。

　(2) 正確適切なことばづかいや能率的な動作ができるように努めよう。

　　集団生活は、お互の理解と協同の上になりたつものであるから、他人に不快な感じをもたせることのないように表情や身なりにも注意し、時と所に応じて、正確適切なことばづかいや能率的な動作ができ、しかもそれらが個性的で、他人から敬愛されるものになるように努めよう。

　(3) 整理整とんの習慣を身につけて、きまりよくものごとが処理できるようにしよう。

　　平素から身のまわりを整理整とんし、清潔と美化に努めることは、気持を整え、ものごとをきまりよく処理できるもとになるから、ものぐさにならないように、よい習慣をつけよう。

　(4) 時間や物資や金銭の価値をわきまえて、これらを活用しよう。

　　合理的で充実した生活を営むために、時間や物資や金銭などの価値をよくわきまえて、これらをむだにすることなく、計画的に活用しよう。特に決められた時刻はよく守り、公共のものはそまつにしないように気をつけよう。

　(5) 仕事を進んで行い、根気よく最後までやりぬく態度や習慣を身につけよう。

　　お互の生活を向上させるために、ひとりひとりが自分の果さなければならない仕事の役割と責任を自覚して進んで行い、困難にも負けないで、根気よく最後までやりぬくように努めよう。

2　道徳的な判断力と心情を高め、それを対人関係の中に生かして、豊かな個性と創造的な生活態度を確立していこう。

　(1) 人間としての誇をもち、自分で考え、決断し、実行し、その責任をみずからとるように努めよう。

　　人は、生存を維持するための生物的な欲求に動かされ、また、社会の慣行に盲従しやすい弱くてもろい面をもつが、同時に自分で考え、決心し、自主的に行動する力を与えられている。

つとめて衝動をおさえ、冷静に考えて、正しいと信ずるところを実行し、その結果にみずから責任をとろうとすることに、誇を感ずるようになろう。

(2) すべての人の人格を尊敬して、自他の特性が、ともに生かされるように努めよう。

人格とは、人はその根本において、お互に自由であり平等であるという自覚から生れたことばである。

人間の尊重とは、現実の人間関係の中において、自分の人格をたいせつにするばかりでなく、他のすべての人格を尊敬していこうとする人間の本性に根ざした精神であって、民主的社会における基本的人権も、この精神によってささえられているものである。

この自覚にたって、お互の人格を敬愛しあい、各人の個性や長所を伸ばしあっていくようにしよう。

(3) つとめて謙虚な心をもって、他人の意見に耳を傾け、自己を高めていこう。

人は、自主自律であるとともに、謙虚であって、はじめて自己をよりよく伸ばすことができる。ことに青年期においては、一方的な自己主張にはしりやすいが、精神的に未成熟であり、経験もふじゅうぶんであるから、両親や教師や先輩などの意見に謙虚に耳を傾けて、暖かい援助に対してはすなおな感謝の心を表わしていこう。

また、省みてすぐれた先人の生き方に学び、自己のよりいっそうの向上を心がけよう。

(4) 他人と意見が食い違う場合には、つとめて相手の立場になってみて、建設的に批判する態度を築いていこう。

人は、先入観や感情にとらわれたり、無批判に他の意見に支配されたりして、しばしば真実を見失いがちである。自分の偏見を捨てるとともに、相手の立場にもなってみて、事実に基いて合理的に批判し、よりよい結論に到達しようとする建設的な態度を築いていこう。

(5) あやまちは率直に認め、失敗にはくじけないようにしよう。また、他人の失敗や不幸には、つとめて暖かい励ましをおくろう。

人は、とかくあやまちを犯したり、失敗をしがちなものである。しかも、自分のあやまちを率直に認めることはむずかしいことであって、言いわけをしようとしたり、責任を他に転嫁したりしがちである。しかし、自分のあやまちや失敗を潔く認め、卑屈になったり他人の成功をねたまないで、それらの原因を冷静に究明し、再起に役だたせよう。また、他人のあやまちに対しては寛容で、その失敗に対しては、暖かい励ましをおくることに努めよう。

(6) 異性関係の正しいあり方をよく考え、健全な交際をしよう。

男女の相互敬愛は、民主的社会において尊重されなければならない。相互の愛情は、人生にとって貴重なものであるが、そのあり方は、自己および相手の一生の運命にかかわることであるばかりでなく、その影響を周囲の人々にも及ぼすものである。

中学生の時期には、異性への関心も目ざめてくるし、そのためにかえって相互に

反発する傾向も出てくる。男女が相互に理解しあい、敬愛しあう心構えを養い、一時の軽はずみな行動をとることなく、親や教師にも相談して、公明で清純な交際をするように努めよう。
(7) 常に真理を愛し、理想に向かって進む誠実積極的な生活態度を築いていこう。

　真理を愛し、現実の困難にもかかわらず、あくまで理想を追求することは、青年にふさわしいりっぱな態度である。しかし、ともすると夢を追って空想にはしったり、また、現実のきびしさに負けて、世をいとうようになりがちであるが、それは、理想と現実の関係を正しく理解しないからである。

　人間は現実のただ中にあって、良心を失わず、真理の追求と理想実現の努力を続けることを通して成長するものであることを理解し、誠実積極的な生活態度を築いていこう。
(8) 真の幸福は何であるかを考え、絶えずこれを求めていこう。

　人はだれしも幸福を願うものであり、それは尊重されなければならない。物質的な豊かさや感覚的な快楽を求めることも、それが人間の幸福を高め、かつ、社会的に承認される形で充足されるかぎりは、意義のあることである。しかし、このような欲求の充足のみで真の幸福が得られるとはいえない。心の底から満足でき、しかも、長続きのする幸福は何かをいつも自分の心に問い、高い精神的価値を求める誠実な生活態度を築いていこう。
(9) 情操を豊かにし、文化の継承と創造に励もう。

　自然に親しみ、動植物を愛護し、健全な娯楽や身体に適したスポーツを選ぼう。また、古典を友とし、すぐれた文学、美術、音楽、映画、演劇などを鑑賞し、その伝統を尊び、みずからもその新しい創造に直接間接に参加して、日々の生活を趣味あり情操豊かなものにしよう。
(10) どんな場合にも人間愛を失わないで、強く生きよう。

　長い人生には、すべてに激しく絶望して、何もかも信じられなくなるときもあろう。その場合、宗教は多くの人に永遠なものへの信仰を与え、魂の救いとなってきた。これらの宗教を信ずる者も信じない者も、人間愛の精神だけは最後まで失わないで、正しく生き、民主的社会の平和な発展に望みをかけていこう。

3 民主的な社会および国家の成員として、必要な道徳性を発達させ、よりよい社会の建設に協力しよう。
(1) 家族員相互の愛情と思いやりと尊敬とによって、健全な家族を築いていこう。

　家族は、本来深い愛情でつながっているものであるが、親しさのあまり感情を露骨に表わして、ともすれば他人どうしの場合よりもかえって気まずい空気をかもし出しがちである。

　このようなことを反省して、お互の立場を理解することに努め、許しあい、いたわりあって、暖かく健全な家庭を築いていこう。
(2) お互に信頼しあい、きまりや約束を守って、集団生活の向上に努めよう。

　学校や職場などの集団生活は、お互が正直誠実で一定のきまりや約束を守らなければなりたたない。それゆえに、集団の意義や目標と自己の分担する役割をよく理

解し、成員としての自覚をはっきりもって、お互に信頼しあうことがたいせつである。また、各自が勤労の尊さを理解し、勤労を通じて集団生活の向上に努めよう。
(3) 狭い仲間意識にとらわれないで、より大きな集団の成員であるという自覚をもって行動しよう。

社会には、それぞれ目標や立場の違う多くの集団がある。われわれは自分の集団の目標や立場だけにとらわれがちであるが、そうすると、他の集団との間に利害の対立や、考え方の相違に基く争いが起りやすい。このような集団的利己主義を反省して、他の集団に対する理解を深め、お互により大きな集団の成員でもあるという自覚をもって連帯共同の実をあげるように努めよう。
(4) 悪を悪としてはっきりとらえ、決然と退ける強い意志や態度を築いていこう。

社会生活の中で、人は多くの悪に直面しないわけにはいかない。われわれは誘惑を受ければ、悪に陥りやすい弱さをもち、また、集団の中においては、友情や義理の名のもとに悪に引きずり込まれたり、悪を見のがしたりするものであるが、悪を悪としてはっきりとらえ、勇気をもってこれに臨む強い意志や態度を築くことに努めるとともに、みんなで力を合わせて悪を退けるくふうを続けていこう
(5) 正義を愛し、理想の社会の実現に向かって、理性的、平和的な態度で努力していこう。

正義が支配する理想の社会をつくることは、これまでも人間が絶えず願ってきたことである。しかし、人はとかく自己のいだく思想や所属する集団の立場からのみ、何が正義であるかを判断しがちであり、そのような考え方から専制や暴力や過激な感情も正当化されやすい。われわれは、制度や法の意義を理解し、公私の別を明らかにして、公共の福祉を重んじ、権利を正しく主張するとともに義務も確実に果して、少数者の意見をも尊重し、平和的、合法的方法で、よりよい社会をつくっていくことに力を合わせよう。
(6) 国民としての自覚を高めるとともに、国際理解、人類愛の精神をつちかっていこう。

われわれが、国民として国土や同胞に親しみを感じ、文化的伝統を敬愛するのは自然の情である。この心情を正しく育成し、よりよい国家の建設に努めよう。

しかし、愛国心は往々にして民族的偏見や排他的感情につらなりやすいものであることを考えて、これを戒めよう。そして、世界の他の国々や民族文化を正しく理解し、人類愛の精神をつちかいながら、お互に特色ある文化を創造して、国際社会の一員として誇ることのできる存在となろう。

第3　指導計画作成および指導上の留意事項

1　指導計画は、学校の教育活動全体に通ずる道徳教育の計画の一環として、各教科、特別教育活動および学校行事等における道徳教育と密接な関連を保ちながら、これを補充し、深化し、統合し、またはこれとの交流を図り、生徒の発達に即し、組織的、発展的に指導できるものでなければならない。この指導計画の作成にあたって

は、学校のすべての教師がこれに参加し、協力することをたてまえとする。

2　上記第2に示した内容の配列は、指導の順序を示すものではない。指導計画は、内容の各項目の単なるられつにとどまることなく、各学校において生徒の生活の実態や地域の特色などを考慮して具体化したものでなければならない。

3　指導計画は、固定的なものでなく、生徒の生活場面に時々に起ってくる問題や事時的な問題などをも適宜取り入れることのできるような弾力性をもたせることが必要である。

4　指導にあたっては、道徳的な観念や知識を明確にするとともに、理解、判断、推理などの諸能力を養い、さらに習慣、心情、態度などのすべてにわたって健全な発達を遂げさせ、これらが統合されて、自我の強さが形成されるように適切な指導を与えることが必要である。

5　生徒の道徳性は、家族、友人、学校、地域社会、職場、国家、国際社会など、いろいろの場との関連において形成されるものであることを常に念願において、指導がなされなければならない。

6　指導の効果をあげるためには、生徒の道徳性形成に関係のある家庭環境、生育歴、地域の特性や交友関係などに関する資料を収集・整理し、これを活用することが必要である。

7　教師は、深い愛情をもって公平に生徒に接し、できるだけ許容的な態度で、気長に生徒の道徳的な自覚を育てる必要がある。しかし、それとともに、生徒が悪や低俗な行為に引きずられ、望ましい転換がなかなか起らないような場合には、適時に適切な積極的指導を与えることも必要である。

　なお、生徒の道徳性の発達には、個人差のあることを考慮し、これに応じた指導をしなければならない。

8　指導にあたっては、生徒の経験や関心を考慮し、なるべくその具体的な生活に即しながら、討議（作文などの利用を含む）、問答、説話、読み物の利用、視聴覚教材の利用、劇化、実践活動など種々な方法を適切に用い、一方的な教授や、単なる徳目の解説に終ることのないように特に注意しなければならない。

3.「教育基本法」　（平成18年12月22日法律第120号）

　教育基本法（昭和22年法律第25号）の全部を改正する。

前文

　我々日本国民は、たゆまぬ努力によって築いてきた民主的で文化的な国家を更に発展させるとともに、世界の平和と人類の福祉の向上に貢献することを願うものである。

　我々は、この理想を実現するため、個人の尊厳を重んじ、真理と正義を希求し、公共の精神を尊び、豊かな人間性と創造性を備えた人間の育成を期するとともに、伝統を継承し、新しい文化の創造を目指す教育を推進する。

　ここに、我々は、日本国憲法の精神にのっとり、我が国の未来を切り拓く教育の基本を確立し、その振興を図るため、この法律を制定する。

第1章　教育の目的及び理念

（教育の目的）
第1条　教育は、人格の完成を目指し、平和で民主的な国家及び社会の形成者として必要な資質を備えた心身ともに健康な国民の育成を期して行われなければならない。

（教育の目標）
第2条　教育は、その目的を実現するため、学問の自由を尊重しつつ、次に掲げる目標を達成するよう行われるものとする。
1　幅広い知識と教養を身に付け、真理を求める態度を養い、豊かな情操と道徳心を培うとともに、健やかな身体を養うこと。
2　個人の価値を尊重して、その能力を伸ばし、創造性を培い、自主及び自律の精神を養うとともに、職業及び生活との関連を重視し、勤労を重んずる態度を養うこと。
3　正義と責任、男女の平等、自他の敬愛と協力を重んずるとともに、公共の精神に基づき、主体的に社会の形成に参画し、その発展に寄与する態度を養うこと。
4　生命を尊び、自然を大切にし、環境の保全に寄与する態度を養うこと。
5　伝統と文化を尊重し、それらをはぐくんできた我が国と郷土を愛するとともに、他国を尊重し、国際社会の平和と発展に寄与する態度を養うこと。

（生涯学習の理念）
第3条　国民一人一人が、自己の人格を磨き、豊かな人生を送ることができるよう、その生涯にわたって、あらゆる機会に、あらゆる場所において学習することができ、その成果を適切に生かすことのできる社会の実現が図られなければならない。

（教育の機会均等）
第4条　すべて国民は、ひとしく、その能力に応じた教育を受ける機会を与えられなければならず、人種、信条、性別、社会的身分、経済的地位又は門地によって、教育上差別されない。
2　国及び地方公共団体は、障害のある者が、その障害の状態に応じ、十分な教育を受けられるよう、教育上必要な支援を講じなければならない。
3　国及び地方公共団体は、能力があるにもかかわらず、経済的理由によって修学が困難な者に対して、奨学の措置を講じなければならない。

第2章　教育の実施に関する基本

（義務教育）
第5条　国民は、その保護する子に、別に法律で定めるところにより、普通教育を受けさせる義務を負う。
2　義務教育として行われる普通教育は、各個人の有する能力を伸ばしつつ社会において自立的に生きる基礎を培い、また、国家及び社会の形成者として必要とされる基本的な資質を養うことを目的として行われるものとする。
3　国及び地方公共団体は、義務教育の機会を保障し、その水準を確保するため、適切な役割分担及び相互の協力の下、その実施に責任を負う。
4　国又は地方公共団体の設置する学校における義務教育については、授業料を徴収し

ない。
　（学校教育）
第6条　法律に定める学校は、公の性質を有するものであって、国、地方公共団体及び法律に定める法人のみが、これを設置することができる。
2　前項の学校においては、教育の目標が達成されるよう、教育を受ける者の心身の発達に応じて、体系的な教育が組織的に行われなければならない。この場合において、教育を受ける者が、学校生活を営む上で必要な規律を重んずるとともに、自ら進んで学習に取り組む意欲を高めることを重視して行われなければならない。
　（大学）
第7条　大学は、学術の中心として、高い教養と専門的能力を培うとともに、深く真理を探究して新たな知見を創造し、これらの成果を広く社会に提供することにより、社会の発展に寄与するものとする。
2　大学については、自主性、自律性その他の大学における教育及び研究の特性が尊重されなければならない。
　（私立学校）
第8条　私立学校の有する公の性質及び学校教育において果たす重要な役割にかんがみ、国及び地方公共団体は、その自主性を尊重しつつ、助成その他の適当な方法によって私立学校教育の振興に努めなければならない。
　（教員）
第9条　法律に定める学校の教員は、自己の崇高な使命を深く自覚し、絶えず研究と修養に励み、その職責の遂行に努めなければならない。
2　前項の教員については、その使命と職責の重要性にかんがみ、その身分は尊重され、待遇の適正が期せられるとともに、養成と研修の充実が図られなければならない。
　（家庭教育）
第10条　父母その他の保護者は、子の教育について第一義的責任を有するものであって、生活のために必要な習慣を身に付けさせるとともに、自立心を育成し、心身の調和のとれた発達を図るよう努めるものとする。
2　国及び地方公共団体は、家庭教育の自主性を尊重しつつ、保護者に対する学習の機会及び情報の提供その他の家庭教育を支援するために必要な施策を講ずるよう努めなければならない。
　（幼児期の教育）
第11条　幼児期の教育は、生涯にわたる人格形成の基礎を培う重要なものであることにかんがみ、国及び地方公共団体は、幼児の健やかな成長に資する良好な環境の整備その他適当な方法によって、その振興に努めなければならない。
　（社会教育）
第12条　個人の要望や社会の要請にこたえ、社会において行われる教育は、国及び地方公共団体によって奨励されなければならない。
2　国及び地方公共団体は、図書館、博物館、公民館その他の社会教育施設の設置、学校の施設の利用、学習の機会及び情報の提供その他の適当な方法によって社会教育の振

興に努めなければならない。
　（学校、家庭及び地域住民等の相互の連携協力）
第13条　学校、家庭及び地域住民その他の関係者は、教育におけるそれぞれの役割と責任を自覚するとともに、相互の連携及び協力に努めるものとする。
　（政治教育）
第14条　良識ある公民として必要な政治的教養は、教育上尊重されなければならない。
2　法律に定める学校は、特定の政党を支持し、又はこれに反対するための政治教育その他政治的活動をしてはならない。
　（宗教教育）
第15条　宗教に関する寛容の態度、宗教に関する一般的な教養及び宗教の社会生活における地位は、教育上尊重されなければならない。
2　国及び地方公共団体が設置する学校は、特定の宗教のための宗教教育その他宗教的活動をしてはならない。

第3章　教育行政

　（教育行政）
第16条　教育は、不当な支配に服することなく、この法律及び他の法律の定めるところにより行われるべきものであり、教育行政は、国と地方公共団体との適切な役割分担及び相互の協力の下、公正かつ適正に行われなければならない。
2　国は、全国的な教育の機会均等と教育水準の維持向上を図るため、教育に関する施策を総合的に策定し、実施しなければならない。
3　地方公共団体は、その地域における教育の振興を図るため、その実情に応じた教育に関する施策を策定し、実施しなければならない。
4　国及び地方公共団体は、教育が円滑かつ継続的に実施されるよう、必要な財政上の措置を講じなければならない。
　（教育振興基本計画）
第17条　政府は、教育の振興に関する施策の総合的かつ計画的な推進を図るため、教育の振興に関する施策についての基本的な方針及び講ずべき施策その他必要な事項について、基本的な計画を定め、これを国会に報告するとともに、公表しなければならない。
2　地方公共団体は、前項の計画を参酌し、その地域の実情に応じ、当該地方公共団体における教育の振興のための施策に関する基本的な計画を定めるよう努めなければならない。

第4章　法令の制定

第18条　この法律に規定する諸条項を実施するため、必要な法令が制定されなければならない。

附則抄
　　（施行期日）
1　この法律は、公布の日から施行する。

4.「中学校学習指導要領（一部改正）」（抄）　　平成27年3月

○文部科学省告示第61号

学校教育法施行規則（昭和22年文部省令第11号）第74条の規定に基づき、中学校学習指導要領（平成20年文部科学省告示第28号）の一部を次のように改正し、平成31年4月1日から施行する。平成27年4月1日から平成31年3月31日までの間における中学校学習指導要領の必要な特例については、別に定める。

　　　平成27年3月27日
　　　　　文部科学大臣下村博文

第1章　総則
第1　教育課程編成の一般方針

1　各学校においては、教育基本法及び学校教育法その他の法令並びにこの章以下に示すところに従い、生徒の人間として調和のとれた育成を目指し、地域や学校の実態及び生徒の心身の発達の段階や特性等を十分考慮して、適切な教育課程を編成するものとし、これらに掲げる目標を達成するよう教育を行うものとする。

学校の教育活動を進めるに当たっては、各学校において、生徒に生きる力をはぐくむことを目指し、創意工夫を生かした特色ある教育活動を展開する中で、基礎的・基本的な知識及び技能を確実に習得させ、これらを活用して課題を解決するために必要な思考力、判断力、表現力その他の能力をはぐくむとともに、主体的に学習に取り組む態度を養い、個性を生かす教育の充実に努めなければならない。その際、生徒の発達の段階を考慮して、生徒の言語活動を充実するとともに、家庭との連携を図りながら、生徒の学習習慣が確立するよう配慮しなければならない。

2　学校における道徳教育は、特別の教科である道徳（以下「道徳科」という。）を要として学校の教育活動全体を通じて行うものであり、道徳科はもとより、各教科、総合的な学習の時間及び特別活動のそれぞれの特質に応じて、生徒の発達の段階を考慮して、適切な指導を行わなければならない。

道徳教育は、教育基本法及び学校教育法に定められた教育の根本精神に基づき、人間としての生き方を考え、主体的な判断の下に行動し、自立した人間として他者と共によりよく生きるための基盤となる道徳性を養うことを目標とする。

道徳教育を進めるに当たっては、人間尊重の精神と生命に対する畏敬の念を家庭、学校、その他社会における具体的な生活の中に生かし、豊かな心をもち、伝統と文化を尊重し、それらを育んできた我が国と郷土を愛し、個性豊かな文化の創造を図るとともに、平和で民主的な国家及び社会の形成者として、公共の精神を尊び、社会及び国家の発展に努め、他国を尊重し、国際社会の平和と発展や環境の保全に貢献し未来を拓く主体性のあ

る日本人の育成に資することとなるよう特に留意しなければならない。
（略）

第2　内容等の取扱いに関する共通的事項
3　道徳教育を進めるに当たっては、次の事項に配慮するものとする。
(1)　各学校においては、第1の2に示す道徳教育の目標を踏まえ、道徳教育の全体計画を作成し、校長の方針の下に、道徳教育の推進を主に担当する教師（以下「道徳教育推進教師」という。）を中心に、全教師が協力して道徳教育を展開すること。なお、道徳教育の全体計画の作成に当たっては、生徒、学校及び地域の実態を考慮して、学校の道徳教育の重点目標を設定するとともに、道徳科の指導方針、第3章特別の教科道徳の第2に示す内容との関連を踏まえた各教科、総合的な学習の時間及び特別活動における指導の内容及び時期並びに家庭や地域社会との連携の方法を示すこと。
(2)　各学校においては、生徒の発達の段階や特性等を踏まえ、指導内容の重点化を図ること。その際、小学校における道徳教育の指導内容を更に発展させ、自立心や自律性を高め、規律ある生活をすること、生命を尊重する心や自らの弱さを克服して気高く生きようとする心を育てること、法やきまりの意義に関する理解を深めること、自らの将来の生き方を考え主体的に社会の形成に参画する意欲と態度を養うこと、伝統と文化を尊重し、それらを育んできた我が国と郷土を愛するとともに、他国を尊重すること、国際社会に生きる日本人としての自覚を身に付けることに留意すること。
(3)　学校や学級内の人間関係や環境を整えるとともに、職場体験活動やボランティア活動、自然体験活動、地域の行事への参加などの豊かな体験を充実すること。また、道徳教育の指導内容が、生徒の日常生活に生かされるようにすること。その際、いじめの防止や安全の確保等にも資することとなるよう留意すること。
(4)　学校の道徳教育の全体計画や道徳教育に関する諸活動などの情報を積極的に公表したり、道徳教育の充実のために家庭や地域の人々の積極的な参加や協力を得たりするなど、家庭や地域社会との共通理解を深め、相互の連携を図ること。

第3章　特別の教科　道徳
第1　目標
第1章総則の第1の2に示す道徳教育の目標に基づき、よりよく生きるための基盤となる道徳性を養うため、道徳的諸価値についての理解を基に、自己を見つめ、物事を広い視野から多面的・多角的に考え、人間としての生き方についての考えを深める学習を通して、道徳的な判断力、心情、実践意欲と態度を育てる。

第2　内容
学校の教育活動全体を通じて行う道徳教育の要である道徳科においては、以下に示す項目について扱う。
A　主として自分自身に関すること
［自主、自律、自由と責任］

自律の精神を重んじ、自主的に考え、判断し、誠実に実行してその結果に責任をもつこと。
［節度、節制］
望ましい生活習慣を身に付け、心身の健康の増進を図り、節度を守り節制に心掛け、安全で調和のある生活をすること。
［向上心、個性の伸長］
自己を見つめ、自己の向上を図るとともに、個性を伸ばして充実した生き方を追求すること。
［希望と勇気、克己と強い意志］
より高い目標を設定し、その達成を目指し、希望と勇気をもち、困難や失敗を乗り越えて着実にやり遂げること。
［真理の探究、創造］
真実を大切にし、真理を探究して新しいものを生み出そうと努めること。

B　主として人との関わりに関すること
［思いやり、感謝］
思いやりの心をもって人と接するとともに、家族などの支えや多くの人々の善意により日々の生活や現在の自分があることに感謝し、進んでそれに応え、人間愛の精神を深めること。
［礼儀］
礼儀の意義を理解し、時と場に応じた適切な言動をとること。
［友情、信頼］
友情の尊さを理解して心から信頼できる友達をもち、互いに励まし合い、高め合うとともに、異性についての理解を深め、悩みや葛藤も経験しながら人間関係を深めていくこと。
［相互理解、寛容］
自分の考えや意見を相手に伝えるとともに、それぞれの個性や立場を尊重し、いろいろなものの見方や考え方があることを理解し、寛容の心をもって謙虚に他に学び、自らを高めていくこと。

C　主として集団や社会との関わりに関すること
［遵法精神、公徳心］
法やきまりの意義を理解し、それらを進んで守るとともに、そのよりよい在り方について考え、自他の権利を大切にし、義務を果たして、規律ある安定した社会の実現に努めること。
［公正、公平、社会正義］
正義と公正さを重んじ、誰に対しても公平に接し、差別や偏見のない社会の実現に努めること。
［社会参画、公共の精神］
社会参画の意識と社会連帯の自覚を高め、公共の精神をもってよりよい社会の実現に努めること。

［勤労］
勤労の尊さや意義を理解し、将来の生き方について考えを深め、勤労を通じて社会に貢献すること。
［家族愛、家庭生活の充実］
父母、祖父母を敬愛し、家族の一員としての自覚をもって充実した家庭生活を築くこと。
［よりよい学校生活、集団生活の充実］
教師や学校の人々を敬愛し、学級や学校の一員としての自覚をもち、協力し合ってよりよい校風をつくるとともに、様々な集団の意義や集団の中での自分の役割と責任を自覚して集団生活の充実に努めること。
［郷土の伝統と文化の尊重、郷土を愛する態度］
郷土の伝統と文化を大切にし、社会に尽くした先人や高齢者に尊敬の念を深め、地域社会の一員としての自覚をもって郷土を愛し、進んで郷土の発展に努めること。
［我が国の伝統と文化の尊重、国を愛する態度］
優れた伝統の継承と新しい文化の創造に貢献するとともに、日本人としての自覚をもって国を愛し、国家及び社会の形成者として、その発展に努めること。
［国際理解、国際貢献］
　世界の中の日本人としての自覚をもち、他国を尊重し、国際的視野に立って、世界の平和と人類の発展に寄与すること。

D　主として生命や自然、崇高なものとの関わりに関すること
［生命の尊さ］
生命の尊さについて、その連続性や有限性なども含めて理解し、かけがえのない生命を尊重すること。
［自然愛護］
自然の崇高さを知り、自然環境を大切にすることの意義を理解し、進んで自然の愛護に努めること。
［感動、畏敬の念］
美しいものや気高いものに感動する心をもち、人間の力を超えたものに対する畏敬の念を深めること。
［よりよく生きる喜び］
人間には自らの弱さや醜さを克服する強さや気高く生きようとする心があることを理解し、人間として生きることに喜びを見いだすこと。

第3　指導計画の作成と内容の取扱い

1　各学校においては、道徳教育の全体計画に基づき、各教科、総合的な学習の時間及び特別活動との関連を考慮しながら、道徳科の年間指導計画を作成するものとする。なお、作成に当たっては、第2に示す内容項目について、各学年において全て取り上げることとする。その際、生徒や学校の実態に応じ、3学年間を見通した重点的な指導や内容項目間の関連を密にした指導、一つの内容項目を複数の時間で扱う指導を取り入れるなどの工夫を行うものとする。

2　第2の内容の指導に当たっては、次の事項に配慮するものとする。
(1)　学級担任の教師が行うことを原則とするが、校長や教頭などの参加、他の教師との協力的な指導などについて工夫し、道徳教育推進教師を中心とした指導体制を充実すること。
(2)　道徳科が学校の教育活動全体を通じて行う道徳教育の要としての役割を果たすことができるよう、計画的・発展的な指導を行うこと。特に、各教科、総合的な学習の時間及び特別活動における道徳教育としては取り扱う機会が十分でない内容項目に関わる指導を補うことや、生徒や学校の実態等を踏まえて指導をより一層深めること、内容項目の相互の関連を捉え直したり発展させたりすることに留意すること。
(3)　生徒が自ら道徳性を養う中で、自らを振り返って成長を実感したり、これからの課題や目標を見付けたりすることができるよう工夫すること。その際、道徳性を養うことの意義について、生徒自らが考え、理解し、主体的に学習に取り組むことができるようにすること。また、発達の段階を考慮し、人間としての弱さを認めながら、それを乗り越えてよりよく生きようとすることのよさについて、教師が生徒と共に考える姿勢を大切にすること。
(4)　生徒が多様な感じ方や考え方に接する中で、考えを深め、判断し、表現する力などを育むことができるよう、自分の考えを基に討論したり書いたりするなどの言語活動を充実すること。その際、様々な価値観について多面的・多角的な視点から振り返って考える機会を設けるとともに、生徒が多様な見方や考え方に接しながら、更に新しい見方や考え方を生み出していくことができるよう留意すること。
(5)　生徒の発達の段階や特性等を考慮し、指導のねらいに即して、問題解決的な学習、道徳的行為に関する体験的な学習等を適切に取り入れるなど、指導方法を工夫すること。その際、それらの活動を通じて学んだ内容の意義などについて考えることができるようにすること。また、特別活動等における多様な実践活動や体験活動も道徳科の授業に生かすようにすること。
(6)　生徒の発達の段階や特性等を考慮し、第2に示す内容との関連を踏まえつつ、情報モラルに関する指導を充実すること。また、例えば、科学技術の発展と生命倫理との関係や社会の持続可能な発展などの現代的な課題の取扱いにも留意し、身近な社会的課題を自分との関係において考え、その解決に向けて取り組もうとする意欲や態度を育てるよう努めること。なお、多様な見方や考え方のできる事柄について、特定の見方や考え方に偏った指導を行うことのないようにすること。
(7)　道徳科の授業を公開したり、授業の実施や地域教材の開発や活用などに家庭や地域の人々、各分野の専門家等の積極的な参加や協力を得たりするなど、家庭や地域社会との共通理解を深め、相互の連携を図ること。
3　教材については、次の事項に留意するものとする。
(1)　生徒の発達の段階や特性、地域の実情等を考慮し、多様な教材の活用に努めること。特に、生命の尊厳、社会参画、自然、伝統と文化、先人の伝記、スポーツ、情報化への対応等の現代的な課題などを題材とし、生徒が問題意識をもって多面的・多角的に考えたり、感動を覚えたりするような充実した教材の開発や活用を行うこと。

(2) 教材については、教育基本法や学校教育法その他の法令に従い、次の観点に照らし適切と判断されるものであること。
ア　生徒の発達の段階に即し、ねらいを達成するのにふさわしいものであること。
イ　人間尊重の精神にかなうものであって、悩みや葛藤等の心の揺れ、人間関係の理解等の課題も含め、生徒が深く考えることができ、人間としてよりよく生きる喜びや勇気を与えられるものであること。
ウ　多様な見方や考え方のできる事柄を取り扱う場合には、特定の見方や考え方に偏った取扱いがなされていないものであること。
4　生徒の学習状況や道徳性に係る成長の様子を継続的に把握し、指導に生かすよう努める必要がある。ただし、数値などによる評価は行わないものとする。

おわりに

　小・中学校や義務教育学校における週1時間の特設道徳は、2015（平成27）年3月に学習指導要領の一部改正により「特別の教科」（「道徳科」）に格上げされた。道徳科は、小学校では2018（平成30）年度より、中学校ではその翌年度より実施される予定であり、文部科学省は目下検定教科書づくりに入っているところである。ここぞという時に、本書がタイミングよく計画され、この度上梓の運びとなった。『道徳教育の理論と方法』というこの本書は、まさしく人間としての行動規範や生き方などを真摯に考え、教職課程を履修しようとする学生の皆さんを主たる対象として編まれた入門書である。

　なお、「特別の教科」という文言は奇異に聞こえるかもしれない。もともと、「教科」という格付けは、道徳科を専門に教える教員を配置すること、道徳科のための教科書を用意すること、そして数値による成績評定をつけることの3条件が整って、初めてなされるのである。しかし、今回はこの3条件のうち、2番目の条件しか充たさないということで、「特別の教科」となったのである。

　さて、本書は7つの章で組まれているが、内容はおよそ4つの分野で構成されている。第1の分野では、道徳とは何か、その道徳はどう教えられるか、徳目主義の授業は克服され得るかといった問いなど（序章）に始まり、次いで小・中学校もしくは義務教育学校・高等学校と接続する道徳教育の中で、児童生徒の道徳性が各段階でどう把握されて、育まれて行くか（第2章）を取り扱った。第2の分野では、道徳教育の現状と課題を把握するために、日本における戦前・戦後を通じての道徳教育の政策や実施などに関する歴史を概観している（第1章）。

　第3の分野では、今日の学校における道徳教育の目標・内容・全体計画（第3章）、その道徳教育の要となる道徳科の目標・内容・内容の取扱い、さらに道徳科と他の教育活動との関係（第4章）を明らかにした。第4の分野では、道徳科の指導計画・指導方法・指導案の作成とその実践例、道徳科における評価の問題（第5章）、そして最後に「私たちの道徳」という副教材

の扱いや道徳科に関する新しい授業スタイルの模索（第6章）を扱っている。

　本書の執筆方針としては、第1には各章別の執筆者に、教育哲学・教育思想や教育史や比較教育学を専門とし、かつ教職課程の講義内容や仕事に精通している教員を配したことである。第2には、本文中には図表や統計・グラフ、巻末には史料・教育法令・学習指導要領などの資料をふんだんに挿入・掲載し、コラム欄や索引も多く採用したことである。この方針のもとに、道徳教育に関する科目を履修する読者にはわかりやすく、かつ読みやすくなるように執筆に努めたところである。

　本書が、道徳教育を行ううえで、さまざまな価値観・人生観の相克する困難な時代の中で、新たな時代を先駆的に切り拓いていこうと教員を志望する皆さんに、いささかでも寄与することができれば望外の喜びである。

　2016年7月

編者　関川悦雄・羽田積男

索引

あ行

安倍晋三…………………49
天野貞祐…………………44
池田・ロバートソン会談…45
いじめ……………………11
いじめの問題等への対応について（第1次提言）……137
井上毅……………………34
インドクトリネーション……4
上田薫………………………4
ヴォルテール
　Voltaire…………………58
エロス的人間観……………16
「思い出の残る」学校……119

か行

改正教育令…………………32
改正小学教則………………29
学事奨励に関する被仰出書
　……………………28,187
学習指導案………………145
学習指導要領……54,58,63,
　106,107,110,112,120
学習指導要領解説
　…………55,56,57,59,60,63
学制…………………………28
家族道徳……………………57
価値の一般化……………172
学級担任制………………108
学校教育法…………………82
学校教育法施行規則………99
学校行事……………………75
勝田守一……………………4
考え続ける姿勢…………179
カント　Kant, I.………2,58
規範意識……………………73

基本型……………………141
旧社会主義国の学校……118
教育改革国民会議…………49
教育基本法………43,82,198
教育再生会議………………49
教育再生実行会議
　…………50,98,112,137,159
教育審議会…………………37
教育勅語………………33,42
教育ニ関スル勅語……33,190
教育の四大指令……………40
教育令………………………30
教学刷新評議会……………37
教学聖旨………………30,189
教科書検定制度……………33
教科担任制………………108
修身口授（ぎょうぎのさとし）
　……………………………29
教材研究…………………174
教師自身の自己評価……153
現代社会……………………74
現代的な課題………169,175
検定教科書………………105
検定教科書「道徳科」……120
元徳…………………………23
行為決定……………………21
高等学校学習指導要領
　……………………71,120
公民科…………………40,74
公民教育刷新委員会………40
公民道徳……………………57
五戒…………………………7
国際的標準化の学校……119
国体護持……………………43
『国体の本義』………………37
国定教科書…………………36
国民科………………………41
国民学校令…………………37

国民実践要綱………………45
心の教育…………………112
『心のノート』……49,143,158
コールバーグ
　Kohlberg, L. ……63,134,142
今後の道徳教育の改善・充実
　方策について（報告）
　……………………137,150

さ行

自尊感情……………………73
自他の生命の尊重…………73
十戒…………………………7
実践意欲と態度…………111
実践的意欲と態度……112,113
社会科………………………41
宗教道徳……………………57
自由研究……………………42
修身…………………………28
修身科………………………40
修身、日本歴史及ビ地理停止
　ニ関スル件………………40
重点化……………………161
終末………………………147
小学教則……………………29
小学教則改正……………188
小学校学習指導要領……119
小学校教員心得………31,190
小学校教則綱領……………32
小学校教則大綱……………36
小学校祝日大祭日儀式規定
　……………………………35
小学校令……………………33
自律の道徳…………………64
新教育指針…………………41
心情…………………111,112,113
新日本建設ノ教育方針……40

信頼感や自信················73
生徒会活動··················75
生徒指導提要····56,59,60,63
生徒に対する評価·········153
説話·······················172
セルフ・スキル・トレーニング（モラル・スキル・トレーニング）··············143
全面主義··············42,133
ソクラテス Sokrates·······14

た行

他律の道徳·················64
中央教育審議会····98,140,150
中学校学習指導要領 昭和33年 改訂版··········192
中学校学習指導要領 平成27年3月 一部改正
············80,91,113,119,202
中学校学習指導要領 平成27年7月 一部改正
·······················65,121
中学校学習指導要領解説 総則編（抄）平成27年7月
·························91
中学校学習指導要領解説 特別の教科 道徳編 平成27年7月··········91,120
注入主義··················111
ティーチャー・プルーフ
·························173
デューイ Dewey, J.········20
デュルケム Durkheim, É.············57
展開······················146
道徳科···65,80,105,106,107,
108,109,110,111,112,113,
114,115,116,117,118,167
道徳教育推進教師············94
道徳教育の充実に関する懇談会··············137,150,159
道徳心····················119
道徳性············67,81,106,
111,112,114,116,117

道徳的価値········68,81,110,
112,114,116,117,121,141
道徳的行為··················66
道徳的実践··········116,117
道徳的実践意欲と態度
···········55,56,81,106,117
道徳的実践力
·············110,113,120,125
道徳的習慣············56,72
道徳的諸価値·········109,111
道徳的心情
·······55,56,69,81,106,117
道徳的な判断力·111,112,113
道徳的判断力
···········55,69,81,106,117
道徳的判断力、心情、実践意欲と態度··············125
道徳に係る教育課程の改善等について·········66,140,150
道徳の時間
···········46,65,80,107,141
道徳の授業··················57
導入······················146
特設主義···················46
特設の時間 道徳··········120
特別活動
·········75,106,109,110,113
特別教育活動···············42
特別の教科 道徳·····50,65,
80,111,112,113,118,120
徳目························4
徳目主義··············20,112

な行

西村茂樹···················31
年間指導計画·········128,132

は行

ハインツのジレンマ·······134
パフォーマンス評価·········150
ピアジェ Piaget, J.·····63,64
PDSC······················151
PDCA······················151

副読本····················158
プラトン Platon··········16
米国教育使節団報告書
······················43,191
「勉強」中心の学校········118
補充・深化・統合···········46
ポートフォリオ評価
·····················150,151
ホームルーム活動···········75
ポルトマン Portmann, A.·····················2

ま行

民間情報教育局·············40
元田永孚···················30
モラル・ジレンマ
·················135,142,177
モラル・ディスカッション・アプローチ··············142
問題意識··················177
問題解決学習···············42
問題解決型················143

や行

「豊かな心」の育成·········68
4つの視点 22内容項目···121
読み物資料············141,160

ら行

臨時教育会議···············37
臨時教育審議会·············48
倫理·······················74
ルソー Rousseau, J-J.·····2
連合国軍最高指令官総司令部
·························40

わ行

『私たちの道徳』
···············51,137,144,158

編者・執筆分担

羽田積男（はだ　せきお）…………………………はじめに、第4章3-4節、資料編
元 日本大学文理学部　教授

関川悦雄（せきかわ　えつお）……………………………第4章1-2節、おわりに
元 日本大学文理学部　教授

執筆者（五十音順）・執筆分担

今泉朝雄（いまいずみ　ともお）……………………………………第1章2節
日本大学、青山学院大学、明治学院大学、東京工業大学　非常勤講師

岩間秀幸（いわま　ひでゆき）………………………………………序章3-4節
元 日本大学経済学部　教授

宇内一文（うない　かずふみ）………………………………………第5章2・4節
常葉大学健康プロデュース学部　准教授

古賀徹（こが　とおる）………………………………………………第1章1節
日本大学通信教育部　教授

櫻井歓（さくらい　かん）……………………………………………序章1-2節
日本大学芸術学部　教授

柴山英樹（しばやま　ひでき）………………………………………第6章2節
日本大学理工学部　教授

永塚史孝（ながつか　ふみたか）……………………………………第3章1-2節
日本大学国際関係学部　教授

長谷川千恵美（はせがわ　ちえみ）…………………………………第6章1節
日本大学文理学部　非常勤講師

冨士原雅弘（ふじわら　まさひろ）…………………………………第3章3-4節
日本大学国際関係学部　教授

執筆者（五十音順）・執筆分担（続き）

藤原政行（ふじわら まさゆき）………………………………第2章3-4節
元 日本大学生物資源科学部　教授

松岡侑介（まつおか ゆうすけ）………………………………第5章1・3節
日本経済大学経営学部　講師

山岸竜治（やまぎし りゅうじ）………………………………第2章1-2節
多摩美術大学美術学部　教授／精神保健福祉士

Next 教科書シリーズ　道徳教育の理論と方法

2016（平成28）年9月30日　初版1刷発行
2023（令和5）年4月15日　同　2刷発行

編　者　羽田　積男・関川　悦雄
発行者　鯉渕　友南
発行所　株式会社 弘文堂　　101-0062　東京都千代田区神田駿河台1の7
　　　　　　　　　　　　　 TEL 03(3294)4801　振替 00120-6-53909
　　　　　　　　　　　　　 https://www.koubundou.co.jp

装　丁　水木喜美男
印　刷　三美印刷
製　本　井上製本所

©2016　Sekio Hada & Etsuo Sekikawa. Printed in Japan

JCOPY 〈(社)出版者著作権管理機構　委託出版物〉
本書の無断複写は著作権法上での例外を除き禁じられています。複写される場合は、そのつど事前に、(社)出版者著作権管理機構（電話 03-5244-5088、FAX 03-5244-5089、e-mail : info@jcopy.or.jp）の許諾を得てください。
また本書を代行業者等の第三者に依頼してスキャンやデジタル化することは、たとえ個人や家庭内の利用であっても一切認められておりません。

ISBN978-4-335-00228-1

Next 教科書シリーズ

好評既刊

授業の予習や独習に適した初学者向けの大学テキスト

(刊行順)

書名	編者	定価	ISBN
『心理学』[第4版]	和田万紀=編	定価(本体2100円+税)	ISBN978-4-335-00246-5
『政治学』[第3版]	渡邉容一郎=編	定価(本体2300円+税)	ISBN978-4-335-00252-6
『行政学』[第2版]	外山公美=編	定価(本体2600円+税)	ISBN978-4-335-00222-9
『国際法』[第4版]	渡部茂己・河合利修=編	定価(本体2200円+税)	ISBN978-4-335-00247-2
『現代商取引法』	藤田勝利・工藤聡一=編	定価(本体2800円+税)	ISBN978-4-335-00193-2
『刑事訴訟法』[第2版]	関 正晴=編	定価(本体2500円+税)	ISBN978-4-335-00236-6
『行政法』[第4版]	池村正道=編	定価(本体2800円+税)	ISBN978-4-335-00248-9
『民事訴訟法』[第2版]	小田 司=編	定価(本体2200円+税)	ISBN978-4-335-00223-6
『日本経済論』	稲葉陽二・乾友彦・伊ヶ崎大理=編	定価(本体2200円+税)	ISBN978-4-335-00200-7
『地方自治論』[第2版]	福島康仁=編	定価(本体2000円+税)	ISBN978-4-335-00234-2
『教育政策・行政』	安藤忠・壽福隆人=編	定価(本体2200円+税)	ISBN978-4-335-00201-4
『国際関係論』[第3版]	佐渡友哲・信夫隆司・柑本英雄=編	定価(本体2200円+税)	ISBN978-4-335-00233-5
『労働法』[第2版]	新谷眞人=編	定価(本体2000円+税)	ISBN978-4-335-00237-3
『刑事法入門』	船山泰範=編	定価(本体2000円+税)	ISBN978-4-335-00210-6
『西洋政治史』	杉本 稔=編	定価(本体2000円+税)	ISBN978-4-335-00202-1
『社会保障』	神尾真知子・古橋エツ子=編	定価(本体2000円+税)	ISBN978-4-335-00208-3
『民事執行法・民事保全法』	小田 司=編	定価(本体2500円+税)	ISBN978-4-335-00207-6
『教育心理学』	和田万紀=編	定価(本体2000円+税)	ISBN978-4-335-00212-0
『教育相談』[第2版]	津川律子・山口義枝・北村世都=編	定価(本体2200円+税)	ISBN978-4-335-00251-9
『法学』[第3版]	髙橋雅夫=編	定価(本体2200円+税)	ISBN978-4-335-00243-4

Next 教科書シリーズ

好評既刊

(刊行順)

『経済学入門』［第2版］　楠谷　清・川又　祐＝編
定価(本体2000円＋税)　ISBN978-4-335-00238-0

『日本古典文学』　近藤健史＝編
定価(本体2200円＋税)　ISBN978-4-335-00209-0

『ソーシャルワーク』　金子絵里乃・後藤広史＝編
定価(本体2200円＋税)　ISBN978-4-335-00218-2

『現代教職論』　羽田積男・関川悦雄＝編
定価(本体2100円＋税)　ISBN978-4-335-00220-5

『発達と学習』［第2版］　内藤佳津雄・北村世都・鏡　直子＝編
定価(本体2000円＋税)　ISBN978-4-335-00244-1

『哲学』　石浜弘道＝編
定価(本体1800円＋税)　ISBN978-4-335-00219-9

『道徳教育の理論と方法』　羽田積男・関川悦雄＝編
定価(本体2000円＋税)　ISBN978-4-335-00228-1

『刑法各論』　沼野輝彦・設楽裕文＝編
定価(本体2400円＋税)　ISBN978-4-335-00227-4

『刑法総論』　設楽裕文・南部　篤＝編
定価(本体2400円＋税)　ISBN978-4-335-00235-9

『特別活動・総合的学習の理論と指導法』　関川悦雄・今泉朝雄＝編
定価(本体2000円＋税)　ISBN978-4-335-00239-7

『教育の方法・技術論』　渡部　淳＝編
定価(本体2000円＋税)　ISBN978-4-335-00240-3

『比較憲法』　東　裕・玉蟲由樹＝編
定価(本体2200円＋税)　ISBN978-4-335-00241-0

『地方自治法』　池村好道・西原雄二＝編
定価(本体2100円＋税)　ISBN978-4-335-00242-7

『民法入門』　長瀬二三男・永沼淳子＝著
定価(本体2700円＋税)　ISBN978-4-335-00245-8

『日本国憲法』　東　裕・杉山幸一＝編
定価(本体2100円＋税)　ISBN978-4-335-00249-6

『マーケティング論』　雨宮史卓＝編
定価(本体2300円＋税)　ISBN978-4-335-00250-2